Coleção

TEMAS DE DIREITO ADMINISTRATIVO

**RESPONSABILIDADE
PATRIMONIAL DO ESTADO**

*Matriz Constitucional,
a Responsabilidade do Estado por Atos Legislativos,
a Obrigatoriedade da Prévia Indenização
e a Responsabilidade Pessoal do Parlamentar*

COLEÇÃO
TEMAS DE DIREITO ADMINISTRATIVO

Publicada sob os auspícios do
INSTITUTO DE DIREITO ADMINISTRATIVO PAULISTA

e sob a Direção de
CELSO ANTÔNIO BANDEIRA DE MELLO

1. *Da Convalidação e da Invalidação dos Atos Administrativos*
   – WEIDA ZANCANER (3ª ed.)
2. *Concessão de Serviço Público no Regime da Lei N. 8.987/1995*
   – BENEDICTO PORTO NETO
3. *Obrigações do Estado Derivadas de Contratos Inválidos*
   – JACINTHO DE ARRUDA CÂMARA
4. *Sanções Administrativas* – DANIEL FERREIRA
5. *Revogação do Ato Administrativo* – DANIELE COUTINHO TALAMINI
6. *O Serviço Público e a Constituição Brasileira de 1988*
   – DINORÁ ADELAIDE MUSETTI GROTTI
7. *Terceiro Setor* – SÍLVIO LUÍS FERREIRA DA ROCHA (2ª ed.)
8. *A Sanção no Direito Administrativo* – HERALDO GARCIA VITTA
9. *Licitação na Modalidade de Pregão* – VERA SCARPINELLA (2ª ed.)
10. *O Processo Administrativo e a Invalidação de Atos Viciados*
    – MÔNICA MARTINS TOSCANO SIMÕES
11. *A Remuneração dos Serviços Públicos* – JOANA PAULA BATISTA
12. *As Agências Reguladoras* – MARCELO FIGUEIREDO
13. *Agências Reguladoras* – ALEXANDRE MAZZA
14. *Função Social da Propriedade Pública* – SÍLVIO LUÍS FERREIRA DA ROCHA
15. *Desapropriação de Bens Públicos (À Luz do Princípio Federativo)*
    – LETÍCIA QUEIROZ DE ANDRADE
16. *Os Princípios da Razoabilidade e da Proporcionalidade no Direito Administrativo Brasileiro* – JOSÉ ROBERTO PIMENTA OLIVEIRA
17. *Princípios Constitucionais de Direito Administrativo Sancionador*
    – RAFAEL MUNHOZ DE MELLO
18. *Estrutura e Motivação do Ato Administrativo* – VLADIMIR DA ROCHA FRANÇA
19. *Efeitos dos Vícios do Ato Administrativo* – RICARDO MARCONDES MARTINS
20. *Manutenção e Retirada dos Contratos Administrativos Inválidos*
    – ANDRÉ LUIZ FREIRE
21. *Da Interenção do Estado no Domínio Social* – CAROLINA ZANCANER ZOCKUN
22. *As Competências do Poder Legislativo e as Comissões Parlamentares*
    – GABRIELA ZANCANER
23. *O Princípio da Segurança Jurídica no Direito Administrativo Brasileiro*
    – RAFAEL VALIM
24. *Poder de Polícia* – HERALDO GARCIA VITTA
25. *Responsabilidade Patrimonial do Estado* – MAURÍCIO ZOCKUN

Maurício Zockun

RESPONSABILIDADE PATRIMONIAL DO ESTADO

*Matriz Constitucional,
a Responsabilidade do Estado por Atos Legislativos,
a Obrigatoriedade da Prévia Indenização
e a Responsabilidade Pessoal do Parlamentar*

RESPONSABILIDADE PATRIMONIAL DO ESTADO
Matriz Constitucional, a Responsabilidade do Estado por
Atos Legislativos, a Obrigatoriedade da Prévia Indenização
e a Responsabilidade Pessoal do Parlamentar

© MAURÍCIO ZOCKUN

ISBN 978-85-392-0041-2

Direitos reservados desta edição por
MALHEIROS EDITORES LTDA.
Rua Paes de Araújo, 29, conjunto 171
CEP 04531-940 — São Paulo — SP
Tel.: (11) 3078-7205 Fax: (11) 3168-5495
URL: www.malheiroseditores.com.br
e-mail: malheiroseditores@terra.com.br

Composição
PC Editorial Ltda.

Capa:
Criação: Nádia Basso
Arte: PC Editorial Ltda.

Impresso no Brasil
Printed in Brazil
08.2010

À CAROL,
amor de todos os dias.
Paixão que não se apaga.
Por quem continuo e continuarei vivendo,
pois a vida ficou colorida desde o dia em que sorriu para mim.

Ao IVAN,
meu pequeno filho.
Mostrou-me uma faceta do amor que Deus reserva apenas aos pais.
Obrigado por nos escolher.

À minha MÃE.
A paternidade mostrou-me que você é ainda melhor.
Você sempre será um exemplo.

Ao professor CELSO ANTÔNIO BANDEIRA DE MELLO,
ao lado de quem, a cada dia, tenho uma lição de vida.
Cidadão por excelência e exemplo a ser sempre seguido.

À WEIDA, sogra querida.
Seu carinho e amor alegram todos ao seu redor.
A você, o carinho fraternal de uma alma afim.

Ao professor SERGIO FERRAZ,
padrinho de todas as horas e carinhosamente querido.
Jurista que nos serve de exemplo.

À GABI,
minha cunhada querida
e presença agradavelmente constante.
Com todo o meu carinho.

Aos meus irmãos, que, por décadas, me acompanham
pelos altos e baixos da vida: VITÃO, TCHÉ e FABIÃO.
A amizade não tem fim!

À minha querida avó, HENNY,
pela doçura e pelo aprendizado constante em nossas conversas.

Aos novos (e não tão novos) amigos, meu especial carinho:
GUTO DAL POZZO, LUÍS MANUEL e ALINE, RICARDO MARCONDES,
RAFAEL VALIM, CHICO e INÊS PRADO, MARCELO TOLEDO,
RAFAEL BORGES, MARCOS PORTA, LUÍS ALIENDE, KARINA,
NILMA e JOSÉ ROBERTO, MARCO AURÉLIO, CLÁUDIO MARÇAL e MARIA ODETE,
FERNANDA FRITOLI, TAIANE, RENATA PORTO, GEORGHIO TOMELIN,
FELIPE FLEURY, BRUNA NEIMAN, VÂNIA GUERREIRO, ELIANE BARROS,
GABRIEL LIRA, DINORÁ GROTTI, MÁRCIO e ANDRÉA ALBERS,
JAIME ROIZENBLAT, BRASA e MEL, ESTEVÃO HORVATH, VIVIANE SILVA,
EDUARDO BIM, RICARDO PORTUGAL GOUVÊA E ANDRÉ PERUZZOLO.

Aos amigos que a vida cuidou de nos separar,
mas que continuam em meu coração:
RICARDO RIZKALLAH, WALTER GODOY e PAULO GOZZI.

Aos professores
SÍLVIO LUÍS FERREIRA DA ROCHA, CLÓVIS BEZNOS
e MÁRCIO CAMMAROSANO.
Sem vocês a vida acadêmica não seria
tão agradável, rica e prazerosa.

Agradeço o inestimável auxílio dos professores
CELSO ANTÔNIO BANDEIRA DE MELLO,
SERGIO FERRAZ, SÍLVIO LUÍS FERREIRA DA ROCHA,
WEIDA ZANCANER e CAROLINA ZANCANER ZOCKUN,
sem os quais este trabalho não teria se concretizado.

PREFÁCIO

Tradicionalmente entendemos por "responsabilidade patrimonial extracontratual do Estado" a obrigação que lhe incumbe de reparar economicamente os danos lesivos à esfera jurídica garantida de outrem e que lhe sejam imputáveis em decorrência de comportamentos unilaterais, lícitos ou ilícitos, comissivos ou omissivos, materiais ou jurídicos. Assim, a responsabilidade pressupõe violação de um direito. Se não há violação de direito, mas apenas sacrifício de direito, previsto e autorizado pela ordem jurídica, não se põe em pauta o tema da responsabilidade do Estado.

Tal entendimento não impede, no entanto, que o Estado possa vir a ser responsabilizado pela prática de atos lícitos. Todas as vezes que a prática de um ato lícito pelo Estado acarretar – indiretamente, como consequência, e não como sua finalidade própria – lesão a um direito alheio, poderá o Estado ser responsabilizado, desde que os danos sejam considerados anormais.

Portanto, o fundamento da responsabilidade civil se biparte. No caso de comportamentos ilícitos comissivos ou omissivos, jurídicos ou materiais, o dever de reparar do Estado é a contrapartida do princípio da legalidade. Com a indenização restaura-se a legalidade ferida. No caso de comportamentos lícitos, praticados ou viabilizados pelo Poder Público, o dever de reparar do Estado ampara-se no princípio da igualdade. Com a indenização restaura-se a isonomia violada.

Agora, MAURÍCIO ZOCKUN, jovem brilhante e talentoso estudioso do Direito, digno representante da Escola Paulista de Direito Administrativo da PUC/SP, fundada por Oswaldo Aranha Bandeira de Mello e elevada ao topo por Celso Antônio Bandeira de Mello, brinda-nos, pela publicação de sua Tese de Doutorado – aprovada com nota máxima por banca composta pelos eminentes professores Romeu Felipe Bacellar Filho, Sergio Ferraz, Márcio Cammarosano, Clóvis Beznos e eu –, com um trabalho que pretende inovar algumas das concepções acima expostas e que ostenta inúmeras qualidades, duas delas facilmente perceptíveis.

A primeira, a de ser um excelente trabalho de pesquisa, devidamente atualizada por visão aguçada e crítica, que torna a leitura prazerosa, especialmente quando cuida dos temas gerais da responsabilidade civil do Estado.

A segunda, a tese propriamente dita, na qual o autor, ao tratar do tema da responsabilidade do Estado por ato legislativo, apresenta proposta inovadora, a partir do primado republicano – que, por razões óbvias, não adiantarei para não privar o leitor do benefício de descobri-la por si.

Trata-se, como dito, de uma obra que resulta de meticuloso labor de pesquisa, de extremo valor e leitura obrigatória para os que cultivam o gosto pela boa ciência do direito administrativo.

SÍLVIO LUÍS FERREIRA DA ROCHA
Mestre e Doutor em Direito Civil pela PUC/SP
– Doutor e Livre-Docente em Direito Administrativo
pela PUC/SP
– Professor das disciplinas Direito Civil e Direito Administrativo
nos Cursos de Graduação e Pós-Graduação da PUC/SP
– Juiz Federal em São Paulo

SUMÁRIO

PREFÁCIO 9

Capítulo I – **INTRODUÇÃO** 15

Capítulo II – **OS FUNDAMENTOS DA RESPONSABILIDADE PATRIMONIAL DO ESTADO**

II – 1 As bases ordinariamente utilizadas para o estudo do tema 19

II – 2 Conceito de "responsabilidade" 21

II – 3 Fundamento conceitual da responsabilidade patrimonial do Estado 29

II – 3.1 Harmonia e desarmonia jurídica: formas de ocorrência e formas de recomposição 29

II – 3.2 A responsabilidade patrimonial do Estado como forma de recomposição da harmonia de um ordenamento jurídico violado 34

II – 4 Fundamento jurídico da responsabilidade patrimonial do Estado 50

II – 4.1 Coletânea das posições doutrinárias sobre os fundamentos jurídicos da responsabilidade patrimonial do Estado 51

II – 4.2 Fundamentos da responsabilidade patrimonial do Estado à luz da doutrina nacional 51

II – 4.2.1 Apreciação crítica do pensamento nacional sobre os fundamentos da responsabilidade patrimonial do Estado 56

II – 4.3 Nossa posição sobre o fundamento jurídico da responsabilidade do Estado 61

Capítulo III – **FUNÇÕES ESTATAIS E O ATO LEGISLATIVO**

III – 1 Poder e função estatal: necessária vinculação 65

12 RESPONSABILIDADE PATRIMONIAL DO ESTADO

III – 2 CRITÉRIOS DE DEFINIÇÃO DO "ATO LEGISLATIVO" 67
III – 3 NOSSO CONCEITO DE "ATO LEGISLATIVO" E "PROCESSO LEGISLATIVO" 72
III – 3.1 Processo legislativo e ato legislativo 75

Capítulo *IV* – **RESPONSABILIDADE DO ESTADO POR ATOS LEGISLATIVOS**

*IV – 1 RESPONSABILIDADE PATRIMONIAL DO ESTADO, SACRIFÍCIO DE DIREITO
E LIMITAÇÕES ADMINISTRATIVAS À LIBERDADE E À PROPRIEDADE* 78
*IV – 1.1 Conceito de "princípio", supremacia do interesse público so-
bre o interesse privado e cedência recíproca dos princípios* . 84
IV – 2 O "DANO LÍCITO" E A SUA RECOMPOSIÇÃO PATRIMONIAL 94
*IV – 2.1 Elementos deflagradores do dever do Estado de indenizar
por dano lícito* 95
IV – 2.2 Causas excludentes do dano lícito 106
*IV – 2.3 Regime de indenização dos "danos lícitos" (e, portanto,
oriundos de sacrifício de direito)* 108
*IV – 3 FUNDAMENTO JURÍDICO AUTORIZADOR DA RESPONSABILIDADE PATRI-
MONIAL DO ESTADO POR ATOS LEGISLATIVOS* 119
*IV – 3.1 A construção da teoria da responsabilidade do Estado por
danos lícitos oriundos de atos legislativos*
IV – 3.1.1 A omissão legislativa lícita causa dano lícito indenizável? ... 120
IV – 3.1.2 A comissão legislativa lícita "pode causar" dano lícito "inde-
nizável"? 123
IV – 3.1.2.1 O óbice decorrente do exercício da soberania 123
IV – 3.1.2.2 A segurança jurídica como óbice ao desenvolvimento desta
Nação e os atos de império 129
IV – 3.1.2.3 O Parlamento não age com culpa e, por isso, não há respon-
sabilidade do Estado 132
IV – 3.1.2.4 Óbice da generalidade e abstração das leis 133
IV – 3.1.3 A necessidade de prévia indenização por "danos lícitos" 137
IV – 3.1.3.1 Direito à prévia indenização em face de sacrifício de direito
(i) antecipadamente conhecido e determinável, (ii) economicamente mensurável, (iii) especial e (iv) anormal 139
IV – 3.1.3.2 As formas de sacrifício de direito estão englobadas no con-
ceito de "direito de propriedade" e o direito de propriedade pode
ser objeto de desapropriação 151
IV – 3.1.3.3 Aplicam-se as garantias do regime de desapropriação às
hipóteses de sacrifício de direito 156
*IV – 3.2 A construção da teoria da responsabilidade do Estado por
danos ilícitos oriundos de atos legislativos*
IV – 3.2.1 A omissão legislativa ilícita causa dano ilícito indenizável?... 162

SUMÁRIO 13

IV – 3.2.2 A comissão legislativa ilícita causa dano ilícito indenizável? .. 170

Capítulo V – **RESPONSABILIDADE PATRIMONIAL DO ESTADO E A IMUNIDADE PARLAMENTAR**

V – 1 COLOCAÇÃO DO PROBLEMA 173

V – 2 ANTECEDENTES HISTÓRICOS 175

V – 3 OS LIMITES DA IMUNIDADE PARLAMENTAR 175

V – 4 A "VENDA" DE VOTO E O NASCIMENTO DA RESPONSABILIDADE PESSOAL DO PARLAMENTAR POR DANO CAUSADO PELO ESTADO 180

V – 4.1 Responsabilidade parlamentar por danos causados em razão de omissão legislativa ilícita 181

V – 4.2 Responsabilidade parlamentar por danos causados em razão de comissão legislativa ilícita 184

CONCLUSÕES 185

BIBLIOGRAFIA 189

ÍNDICE ALFABÉTICO-REMISSIVO 198

Capítulo I
INTRODUÇÃO

1. Por meio do presente trabalho pretendemos estabelecer um sistema dentro do qual sejam encartáveis as hipóteses em que o Estado deve ser responsabilizado patrimonialmente pelo exercício ou pela falta de exercício da função legislativa.

Por essa razão, aliás, o título do trabalho deveria fazer alusão, em termos rigorosamente técnicos, à *responsabilidade patrimonial do Estado*.

Daí por que, dentre a multiplicidade de rótulos que pretendem identificar esta espécie de responsabilidade,[1] pensamos que a expressão "res-

1. Uns dizem "responsabilidade do Estado" (Maria Emília Mendes de Alcântara, *Responsabilidade do Estado por Atos Legislativos e Jurisdicionais*, São Paulo, Ed. RT, 1988; Maria Lúcia C. A. Amaral Pinto Correia, *Responsabilidade do Estado e Dever de Indemnizar do Legislador*, Coimbra, Coimbra Editora, 1998; Jean Rivero, Capítulo V, Seção I, do seu *Direito Administrativo*, Coimbra, Livraria Almedina, 1981, pp. 339-350).

Outros utilizam a expressão "responsabilidade civil do Estado" (Odete Medauar, item 17 do seu *Direito Administrativo Moderno*, 12ª ed., São Paulo, Ed. RT, 2008, pp. 365-374; Alexandre de Moraes, Capítulo 9, item 12, do seu *Direito Constitucional*, 15ª ed., São Paulo, Atlas, 2004, pp. 352-355; Edilson Pereira Nobre Jr., "Responsabilidade civil do Estado por atos legislativos (Revivescimento de uma antiga questão)", *RTDP* 43/79-95, São Paulo, Malheiros Editores, 2003; José dos Santos Carvalho Filho, Capítulo X do seu *Manual de Direito Administrativo*, 17ª ed., Rio de Janeiro, Lumen Júris, 2007, pp. 471-510; José Afonso da Silva, Terceira Parte, Título IV, Capítulo II, item 9, do seu *Curso de Direito Constitucional Positivo*, 33ª ed., São Paulo, Malheiros Editores, 2010, pp. 673-675; Jorge Miranda, itens 62-63 do seu *Manual de Direito Constitucional*, 3ª ed., t. IV – "Direitos Fundamentais", Coimbra, Coimbra Editora, 2000, pp. 286-299; Seabra Fagundes, itens 82-85 do seu *O Controle dos Atos Administrativos pelo Poder Judiciário*, 7ª ed., Rio de

16 RESPONSABILIDADE PATRIMONIAL DO ESTADO

ponsabilidade patrimonial do Estado" abrange o gênero das hipóteses em que o Estado pode ser obrigado a indenizar ou ressarcir em determinada quantia a outrem por atitude sua (comissiva ou omissiva).[2]

Não visualizamos utilidade na inserção da expressão "extracontratual", pois ela é ordinariamente empregada para apartar a responsabili-

Janeiro, Forense, 2006, pp. 217-248; Diógenes Gasparini, Capítulo XVI do seu *Direito Administrativo Brasileiro*, 13ª ed., São Paulo, Saraiva, 2008, pp. 1.025-1.047; Amaro Cavalcanti, *Responsabilidade Civil do Estado*, Rio de Janeiro, Laemmert & Cia. Editores, 1905; José de Aguiar Dias, "Responsabilidade civil do Estado", *RDA* 11, Rio de Janeiro, FGV; Romeu Felipe Bacellar Filho, "Responsabilidade civil da Administração Pública – Aspectos relevantes. A Constituição Federal de 1988. A questão da omissão. Uma visão a partir da doutrina e da jurisprudência brasileiras", in Juarez Freitas (org.), *Responsabilidade Civil do Estado*, São Paulo, Malheiros Editores, 2006, pp. 293-336), e "Responsabilidade civil extracontratual das pessoas jurídicas de direito privado prestadoras de serviços públicos no Brasil", in *Reflexões sobre Direito Administrativo*, Belo Horizonte, Fórum, 2009, pp. 271-326).

Há aqueles que se referem ao tema como "responsabilidade da Administração", porquanto abordaram a responsabilidade do Estado apenas no desempenho da função administrativa (Ruy Cirne Lima, § 24 do seu *Princípios de Direito Administrativo*, 7ª ed., revista e elaborada por Paulo Alberto Pasqualini, São Paulo, Malheiros Editores, 2007, pp. 537-548; Carlos E. Delpiazzo, Capítulo 19 do seu *Derecho Administrativo Uruguayo*, México/DF, Porrúa, 2005, pp. 399-416; Guido Zanobini, Capítulo VIII do seu *Corso di Diritto Amministrativo*, 8ª ed., vol. I, Milão, Giuffrè, 1958, pp. 335-359).

A variedade de utilização da nomenclatura se estende, pois há quem também trate o tema como "responsabilidade extracontratual do Estado" (Weida Zancaner, *Da Responsabilidade Extracontratual da Administração Pública*, São Paulo, Ed. RT, 1981; Maria Sylvia Zanella Di Pietro, item 15 do seu *Direito Administrativo*, 20ª ed., São Paulo, Atlas, 2007, pp. 595-610).

O maior publicista de nossos tempos prefere a expressão "responsabilidade patrimonial extracontratual do Estado" (Celso Antônio Bandeira de Mello, Capítulo XX do seu *Curso de Direito Administrativo*, 27ª ed., São Paulo, Malheiros Editores, 2010, pp. 993-1.053).

Por entender que só há responsabilidade do Estado por atos da Administração, há quem, ainda, tenha rotulado o tema de "responsabilidade civil da Administração" (Hely Lopes Meirelles, *Direito Administrativo Brasileiro*, 15ª ed., 1990, pp. 529-530; 36ª ed., São Paulo, Malheiros Editores, 2010, pp. 680-695).

De forma derradeira, mas não exaustiva, noticiamos que o tema é, ainda, nomeado como "responsabilidade patrimonial do Estado" (Fernando Garrido Falla, Capítulo VII do seu *Tratado de Derecho Administrativo*, 11ª ed., vol. II, Madri, Tecnos, 2002, pp. 296-353).

2. Mais adiante esclarecemos o porquê de empregarmos as expressões "indenizar" e "ressarcir" para, com elas, designar hipóteses em que o Estado se vê na contingência de entregar determinada soma de dinheiro ao particular por ter esgarçado seu patrimônio.

INTRODUÇÃO 17

dade do Estado fora das hipóteses previstas nos denominados "contratos administrativos". E, na hipótese de responsabilidade legislativa do Estado, não se coloca em pauta a existência de "vínculo contratual", ao menos da mesma forma como é empregada para designar os "contratos administrativos".

2. Nesta medida, examinaremos as bases históricas e ideológicas do instituto da responsabilidade do Estado, de forma a apreendermos em que medida e extensão esta construção foi juridicamente acolhida entre nós.

Para tanto, debruçar-nos-emos sobre o pilar que – pensamos – é tanto o ponto de partida como o ponto de chegada do estudo: o *primado republicano*.[3]

Pretendemos, assim, demonstrar que dizer "responsabilidade do Estado" é o mesmo que dizer "obediência ao *primado republicano*". Mais adiante revelaremos a plenitude do nosso pensamento a este respeito.

3. Concluída esta primeira etapa, segregaremos as funções estatais de modo a que possamos, então, limitar nosso objeto de estudo.

Com efeito, se pretendemos analisar a possível responsabilidade do Estado por sua ação ou inação no exercício da função legislativa, é imperioso que, preliminarmente, apartemos as diversas funções estatais e elucidemos o que, para nós, é *função legislativa*.

4. Ultrapassada esta etapa, abordaremos qual a disciplina constitucional da responsabilidade do Estado – oportunidade em que nos posicionaremos a respeito da responsabilidade por ato lícito e ato ilícito.

5. Como se pode perceber, os tópicos até aqui revelados pretendem fixar as premissas elementares do nosso estudo, sem o quê se construiria apenas um "castelo de cartas".

A partir daí procuraremos demonstrar que, em nosso juízo, a responsabilidade patrimonial do Estado por ato legislativo lícito caracteriza hipótese de sacrifício de direito, a exigir, antes da sua implementação, prévia indenização se for possível apurar que esse ato lesará, de modo incontestável, direito subjetivo ou interesse juridicamente protegido.[4]

---

3. Essa afirmação não significa dizer que apenas em Estados Republicanos se concebe a existência da responsabilidade patrimonial do Estado. Mais adiante (Capítulo II, n. I – 4.3) procuraremos demonstrar que a responsabilidade patrimonial do Estado é uma opção da ordem jurídica de cada Nação, independentemente da sua forma de governo.

4. As noções de "direito subjetivo" e "interesse juridicamente protegido" estão grafadas no Capítulo II, nota de rodapé 33.

Após esse momento, identificaremos as possibilidades de atuação legislativa do Estado; quando se poderá responsabilizar o Estado pelo desempenho dessa atividade; a responsabilidade do Estado por exercício legítimo e ilegítimo da função legislativa e em que momento pode haver a eclosão da responsabilidade do Estado.

Procuraremos examinar na maior extensão possível as múltiplas questões relacionadas ao tema – sabendo, contudo, que essa tarefa é inesgotável.

No entanto, como pretendemos edificar um modelo de estudo sobre o tema, queremos, com isso, identificar uma regra-matriz para resolução concreta de situações que cotidianamente acodem aos operadores do Direito.

Nosso anseio é, a um só tempo, científico e pragmático. Passemos, então, a eles.

Capítulo II

OS FUNDAMENTOS DA
RESPONSABILIDADE PATRIMONIAL DO ESTADO

II – 1 As bases ordinariamente utilizadas para o estudo do tema. II – 2 Conceito de "responsabilidade". II – 3 Fundamento conceitual da responsabilidade patrimonial do Estado: II – 3.1 Harmonia e desarmonia jurídica: formas de ocorrência e formas de recomposição; II – 3.2 A responsabilidade patrimonial do Estado como forma de recomposição da harmonia de um ordenamento jurídico violado. II – 4 Fundamento jurídico da responsabilidade patrimonial do Estado: II – 4.1 Coletânea das posições doutrinárias sobre os fundamentos jurídicos da responsabilidade patrimonial do Estado; II – 4.2 Fundamentos da responsabilidade patrimonial do Estado à luz da doutrina nacional: II – 4.2.1 Apreciação crítica do pensamento nacional sobre os fundamentos da responsabilidade patrimonial do Estado; II – 4.3 Nossa posição sobre o fundamento jurídico da responsabilidade do Estado.

II – 1 As bases ordinariamente utilizadas para o estudo do tema

1. Muito já se escreveu a respeito da evolução histórica da responsabilidade patrimonial do Estado: do momento em que se apregoava sua irresponsabilidade, sua responsabilidade subjetiva e, por fim, sua responsabilidade objetiva.[1] Isso, tanto entre nós como em outras Nações.

_____

1. Dentre tantos que versaram sobre o tema, pinçamos alguns autores: Carolina Zancaner Zockun, "Da responsabilidade do Estado na omissão da fiscalização ambiental", in Juarez Freitas (org.), *Responsabilidade Civil do Estado*, São Paulo, Malheiros Editores, 2006, pp. 70-76; Celso Antônio Bandeira de Mello, *Curso de Direito Administrativo*, 27ª ed., São Paulo, Malheiros Editores, 2010, pp. 1.000-1.006; José dos Santos Carvalho Filho, *Manual de Direito Administrativo*, 13ª ed.,

20 RESPONSABILIDADE PATRIMONIAL DO ESTADO

No entanto, o desenvolvimento histórico de um instituto jurídico não implica que ele, modernamente, tenha seu conteúdo e alcance fixados em um estágio supostamente mais adiantado em relação àquele que o precedeu.

Assim, ainda que se proclame a necessidade de utilização da denominada *interpretação histórica*[2] dos textos normativos, pensamos que os arcabouços fático, social, político e, até mesmo, jurídico, que influenciaram a inovação do direito positivo, não têm a aptidão de delimitar modernamente os seus confins.

Logo, não é a vontade do legislador que orienta a interpretação da norma jurídica, mas sim o que nela se veicula. Desse modo, não importa saber o que o legislador pretendeu dispor por ocasião da formação da lei. Importa saber o que ela efetivamente dispôs.

O entendimento a respeito do mitigado alcance da interpretação histórica não é, todavia, pacífico. Basta verificar, por exemplo, que, em recente julgamento, alguns Ministros do STF já utilizaram essa forma de interpretação como razão de decidir.[3]

Isso, no entanto, não desabona a premissa eleita. Neste ponto, estamos na boa companhia de juristas de maior luminosidade, como, por

Rio de Janeiro, Lumen Juris, 2005, pp. 422-423; e Edmir Netto de Araújo, *Curso de Direito Administrativo*, São Paulo, Saraiva, 2005, pp. 716.

2. Maria Helena Diniz considera que essa técnica de interpretação "baseia-se na averiguação dos antecedentes da norma. Refere-se ao histórico do processo legislativo, desde o projeto de lei, sua justificativa ou exposição de motivos, emendas, aprovação e promulgação, ou às circunstâncias fáticas que a precederam e que lhe deram origem, às causas ou necessidade que induziram o órgão a elaborá-la, ou seja, às condições culturais ou psicológicas sob as quais o preceito normativo surgiu (*occasio legis*)" (*Compêndio de Introdução à Ciência do Direito*, São Paulo, Saraiva, s/d, p. 391).

3. STF, Tribunal Pleno, RE 379.572, rel. Min. Gilmar Mendes, *DJU* 31.1.2008. Nesse caso, a maioria dos Ministros do STF entendeu que o fato de ser proprietário de embarcação a motor não autoriza a tributação de seu proprietário por meio do imposto sobre a propriedade de veículos automotores/IPVA. E isso porque no conceito de "veículos automotores" não estão incluídas as aeronaves, nem tampouco as embarcações, pois esse imposto estadual sucede a taxa rodoviária única/TRU, que, em sua origem, excluía as embarcações e aeronaves do seu campo de incidência. Dessa *interpretação histórica* divergiram os Mins. Marco Aurélio e Joaquim Barbosa. O primeiro ao argumento de que, "como a Constituição Federal, a meu ver, não distingue, não restringe a incidência do imposto sobre a propriedade de veículos automotores, considerados automotores terrestres, não me cabe operar essa distinção". O segundo ao fundamento de que "a expressão 'veículos automotores' é ampla o suficiente para abranger embarcações, ou seja, veículos de transporte aquático. Não vejo no dispositivo constitucional pertinente a limitação que nele se vislumbrou por ocasião do precedente do RE n. 134.509".

OS FUNDAMENTOS DA RESPONSABILIDADE PATRIMONIAL   21

exemplo, Carlos Maximiliano, para quem as razões que levaram o legislador a decidir em um ou outro sentido não têm o condão de transformá-las em matéria legislada,[4] e, em sentido similar, Celso Antônio Bandeira de Mello.[5]

2. Pelas razões acima, a evolução histórica da responsabilidade patrimonial do Estado não será esmiuçada para, tomando isso como premissa, prosseguir-se no exame do tema.

Conforme anteriormente assinalado, importa-nos saber de que forma o direito positivo prevê esse instituto, e não aquilo que em outro momento do tempo e do espaço ele previu.

Diante desse quadro, iniciamos o estudo da responsabilidade patrimonial do Estado procurando identificar a natureza do objeto que se encontra subjacente a esse rótulo.

Uma vez definida a índole jurídica desse instituto, poderemos, então, analisar seu regime jurídico.

II – 2 Conceito de "responsabilidade"

3. O texto constitucional emprega a palavra "responsabilidade" e as situações que tipificam sua ocorrência em *oito* sentidos diferentes.

Os arts. 5º, XXXIII,[6] 21, XXIII, "d",[7] 37, § 8º, II,[8] 58, § 3º,[9] e 141,[10] todos da CF, utilizam a palavra "responsabilidade" para designar a con-

---

4. "Da vontade primitiva, aparentemente criadora da norma, se deduziria, quando muito, o *sentido* desta, e não o respectivo *alcance*, jamais preestabelecido e difícil de prever" (Carlos Maximiliano, *Hermenêutica e Aplicação do Direito*, 9ª ed., Rio de Janeiro, Forense, 1979, p. 44).

5. Nas palavras do autor: "A ocorrência do substrato que serviu ao legislador como ponto de referência para construção de uma dada situação normativa não tem a virtude de acarretar, por si própria, nenhum efeito de direito" (Celso Antônio Bandeira de Mello, *Natureza e Regime Jurídico das Autarquias*, São Paulo, Ed. RT, 1968, p. 10, nota de rodapé 10).

6. CF, art. 5º, XXXIII: "todos têm direito a receber dos órgãos públicos informações de seu interesse particular, ou de interesse coletivo ou geral, que serão prestadas no prazo da lei, *sob pena de responsabilidade*, ressalvadas aquelas cujo sigilo seja imprescindível à segurança da sociedade e do Estado".

7. CF, art. 21, XXIII, "d": "a *responsabilidade* civil por danos nucleares independe da existência de culpa".

8. CF, art. 37, § 8º, II: "os controles e critérios de avaliação de desempenho, direitos, obrigações e *responsabilidade* dos dirigentes".

9. CF, art. 58, § 3º: "As comissões parlamentares de inquérito, que terão poderes de investigação próprios das autoridades judiciais, além de outros previstos nos

22 RESPONSABILIDADE PATRIMONIAL DO ESTADO

sequência jurídica advinda da prática de um ilícito (ou seja, responsabilidade como objeto de uma relação jurídica de natureza sancionatória). O art. 29-A, §§ 2º[11] e 3º,[12] emprega o vocábulo para indicar a prática de uma conduta ilícita. O art. 5º, LXIX,[13] vale-se de palavra derivada para indicar a pessoa que pratica uma conduta ilícita.

O art. 5º, LXVII,[14] utiliza a expressão "responsável" para indicar o destinatário da sanção (ou seja, a palavra "responsável" é empregada para designar o sujeito passivo de uma relação jurídica de natureza sancionatória).

Esta hipótese distingue-se da anterior, pois naquela se aponta a pessoa que pratica o ilícito, e nesta a pessoa sancionada pelo ilícito.

Os arts. 39, § 1º, I,[15] e 43, § 2º, I,[16] valem-se da expressão para indicar um feixe de prerrogativas (ou seja, responsabilidade como um direito ou um poder[17]).

regimentos das respectivas Casas, serão criadas pela Câmara dos Deputados e pelo Senado Federal, em conjunto ou separadamente, mediante requerimento de um terço de seus membros, para a apuração de fato determinado e por prazo certo, sendo suas conclusões, se for o caso, encaminhadas ao Ministério Público, para que promova a *responsabilidade* civil ou criminal dos infratores".

10. CF, art. 141: "Art. 141. Cessado o estado de defesa ou o estado de sítio, cessarão também seus efeitos, sem prejuízo da *responsabilidade* pelos ilícitos cometidos por seus executores ou agentes".

11. CF, art. 29-A, § 2º: "Constitui crime de *responsabilidade* do prefeito municipal: (...)".

12. CF, art. 29-A, § 3º: "Constitui crime de *responsabilidade* do presidente da Câmara Municipal o desrespeito ao § 1º deste artigo".

13. CF, art. 5º, LXIX: "conceder-se-á mandado de segurança para proteger direito líquido e certo, não amparado por *habeas corpus* ou *habeas data*, quando o *responsável* pela ilegalidade ou abuso de poder for autoridade pública ou agente de pessoa jurídica no exercício de atribuições do Poder Público".

14. CF, art. 5º, LXVII: "não haverá prisão civil por dívida, salvo a do *responsável* pelo inadimplemento voluntário e inescusável de obrigação alimentícia e a do depositário infiel".

15. CF, art. 39, § 1º, I:
"Art. 39. A União, os Estados, o Distrito Federal e os Municípios instituirão conselho de política de administração e remuneração de pessoal, integrado por servidores designados pelos respectivos Poderes.

"§ 1º. A fixação dos padrões de vencimento e dos demais componentes do sistema remuneratório observará: I – a natureza, o grau de *responsabilidade* e a complexidade dos cargos componentes de cada carreira."

OS FUNDAMENTOS DA RESPONSABILIDADE PATRIMONIAL   23

Os arts. 71, II,[18] e 72[19] servem-se da expressão para apontar um encargo (ou seja, responsabilidade como uma obrigação ou um dever). O art. 150, § 7º,[20] fixa, ainda, a possibilidade de utilização dessa expressão para indicar o sujeito passivo de uma relação jurídica de natureza não sancionatória. O art. 222, § 2º,[21] por fim, prevê a responsabilidade como atributo do sujeito ativo de uma relação jurídica de natureza não sancionatória.

Diante disso pergunta-se: em qual desses sentidos devemos incluir a responsabilidade a que alude o art. 37, § 6º, da Constituição da República? Responde-se: em nenhum deles, mas, sim, em um *nono* e implícito sentido.

4. O art. 37, § 6º, da Constituição da República, fonte normativa da responsabilidade patrimonial do Estado, prevê que "As pessoas jurídicas de direito público e as de direito privado prestadoras de serviços

16. CF, art. 43, § 2º, I: "§ 2º. Os incentivos regionais compreenderão, além de outros, na forma da lei: I – igualdade de tarifas, fretes, seguros e outros itens de custos e preços de *responsabilidade* do Poder Público: (...)".

17. Empregamos as expressões "direito", "poder", "obrigação" e "dever" no mesmo sentido de Santi Romano (*Fragmentos de un Diccionario Jurídico*, trad. de Santiago Sentís Melendo e Marino Ayerra Redín, Buenos Aires, Ediciones Jurídicas Europa-América/EJEA, 1964). Já nos debruçamos mais profundamente sobre o tema, explicando as diferenças entre esses institutos, em nosso *Regime Jurídico da Obrigação Tributária Acessória* (São Paulo, Malheiros Editores, 2005, pp. 73 e ss.).

18. CF, art. 71, II: "Art. 71. O controle externo, a cargo do Congresso Nacional, será exercido com o auxílio do Tribunal de Contas da União, ao qual compete: "(...) II – julgar as contas dos administradores e demais *responsáveis* por dinheiros, bens e valores públicos da Administração direta e indireta, incluídas as fundações e sociedades instituídas e mantidas pelo Poder Público Federal, e as contas daqueles que derem causa a perda, extravio ou outra irregularidade de que resulte prejuízo ao erário público; (...)".

19. "CF, art. 72: Art. 72. A comissão mista permanente a que se refere o art. 166, § 1º, diante de indícios de despesas não autorizadas, ainda que sob a forma de investimentos não programados ou de subsídios não aprovados, poderá solicitar à autoridade governamental *responsável* que, no prazo de 5 (cinco) dias, preste os esclarecimentos necessários".

20. CF, art. 150, § 7º: "§ 7º. A lei poderá atribuir a *sujeito passivo* de obrigação tributária a condição de *responsável* pelo pagamento de imposto ou contribuição, cujo fato gerador deva ocorrer posteriormente, assegurada a imediata e preferencial restituição da quantia paga, caso não se realize o fato gerador presumido".

21. CF, art. 222, § 2º: "§ 2º. A *responsabilidade* editorial e as atividades de seleção e direção da programação veiculada *são privativas de brasileiros natos ou naturalizados* há mais de 10 (dez) anos, em qualquer meio de comunicação social".

24 RESPONSABILIDADE PATRIMONIAL DO ESTADO

públicos responderão pelos danos que seus agentes, nessa qualidade, causarem a terceiros, (...)".

Logo, se o Estado, ou quem lhe faça as vezes, causar dano a terceiros no desempenho de suas atividades, então, esse comando constitucional prescreve que o direito lesado deve ser patrimonialmente recomposto. Em regra essa lesão se perpetra em desfavor de um direito subjetivo,[22] mas não exclusivamente.[23]

Note-se que, neste caso, a ocorrência de um dano é *pressuposto* para o nascimento da responsabilidade. Não há responsabilidade patrimonial do Estado sem que – na dicção do art. 37, § 6º, da Constituição da República – haja lesão à esfera juridicamente protegida de outrem.

Diante desse quadro, duas figuras são imprescindíveis ao reconhecimento desta responsabilidade: (i) a situação de fato que faz nascer o vínculo intersubjetivo entre os sujeitos de direito (ou seja, o "suporte fático"[24]) e (ii) o vínculo que, nascido desse fato, une duas ou mais pessoas, obrigando a que umas *recomponham patrimonialmente* a esfera juridicamente protegida de outras, que pode ser denominada *obrigação legal de recompor*.

Desse modo, a responsabilidade patrimonial do Estado, tal como prevista entre nós, visa a recompor economicamente o patrimônio jurídico alheio que foi lesado por meio de conduta praticada por pessoa investida no exercício de uma prerrogativa pública.

Seu propósito é, portanto, reparatório, como acertadamente observou Seabra Fagundes ao assinalar que "Mas, de um modo ou de outro, a responsabilidade civil é hoje um princípio definitivamente integrado no sistema jurídico do Estado. O Estado atual caracteriza-se pela limitação de todas as suas atividades por meio do Direito escrito. Quando,

22. A conceituação de "direito subjetivo", mormente para fins de proteção judicial, foi aduzida com especial felicidade por Celso Antônio Bandeira de Mello (*Eficácia das Normas Constitucionais e Direitos Sociais*, 1ª ed., 2ª tir., São Paulo, Malheiros Editores, 2009, Capítulo IV, item 3, p. 43). Sob essa rubrica compreende-se aquela posição jurídica que garante ao particular especial proteção em face (i) dos agravos decorrentes da ruptura da ordem jurídica e (ii) do amesquinhamento de vantagem que poderia usufruir caso a ordem jurídica não fosse rompida. Daí por que não se mostra prestante, ao menos entre nós, a segregação existente alhures entre *direito subjetivo* e *interesse legítimo*.

23. V. nota de rodapé 33 neste Capítulo.

24. Utilizamos essa expressão à moda de Pontes de Miranda, para quem "o suporte fático (*Tatbestand*) da regra jurídica, isto é, aquele fato, ou grupo de fatos que o compõem, e sobre o qual a regra jurídica incide (...)" (*Tratado de Direito Privado*, t. I, Campinas/SP, Bookseller, 2001, p. 66).

OS FUNDAMENTOS DA RESPONSABILIDADE PATRIMONIAL   25

ao exercê-las, destrói ou molesta o patrimônio jurídico do indivíduo, a responsabilidade civil aparece como o meio de restaurar eficazmente o direito violado".[25]

5. Ora, se este dispositivo constitucional faz alusão à situação de *fato* que *faz nascer* o *dever* de outrem implementar uma medida patrimonialmente reparadora, então, essa dinâmica revela, no plano da Teoria Geral do Direito, a existência de uma *norma jurídica*.

Com efeito, nesse comando constitucional prevê-se que o nascimento de um *fato* (cometimento de um dano) desencadeia uma *consequência* (surgimento de um vínculo jurídico que impõe o encargo de se reparar patrimonialmente o dano causado). E é justamente essa imputação (de um fato a uma consequência) que caracteriza a existência de uma *norma jurídica*.[26]

Daí por que, nessa linha de pensamento, o art. 37, § 6º, da Constituição da República confere à responsabilidade patrimonial do Estado *status* lógico de *norma jurídica* que impõe uma consequência pelo fato de o patrimônio alheio ter sido esgarçado pelo Estado ou por quem lhe faça as vezes.

Verifique-se, graficamente, a representação desse pensamento:

25. Seabra Fagundes, *O Controle dos Atos Administrativos pelo Poder Judiciário*, 7ª ed., Rio de Janeiro, Forense, 2006, pp. 217-218. No mesmo sentido, Celso Antônio Bandeira de Mello assinala que "1. Entende-se por responsabilidade patrimonial extracontratual do Estado a obrigação que lhe incumbe de *reparar economicamente* os *danos* lesivos à esfera juridicamente garantida de outrem (...)" (*Curso de Direito Administrativo*, cit., 27ª ed., p. 993) (grifos nossos).

26. Poder-se-ia sustentar, em contraposição, que a ordem jurídica prevê, em rigor, a imputação de uma consequência a um fato. Essa consideração é acertada, mas não desqualifica a afirmativa segundo a qual a consequência é desencadeada pela ocorrência de um fato juridicamente relevante. É dizer: essas duas afirmativas convivem harmonicamente, pois elas são enunciadas por operadores que observam o mesmo fenômeno por ópticas distintas.

Acaso esse fenômeno seja observado pelo ângulo da criação do Direito, então, uma consequência é imputada a um fato. Tomando em consideração o Direito já criado, segue-se que o nascimento de um fato juridicamente relevante faz eclodir uma consequência.

Percebe-se, pois, que a primeira posição toma em conta o processo de criação do Direito. A segunda considera o Direito já criado e em funcionamento. Visões igualmente acertadas de um mesmo fenômeno.

Metaforicamente, aliás, essas considerações são equiparáveis à situação em que se encontram duas pessoas que, localizadas em pontos diferentes da Terra, veem, ao mesmo tempo, uma delas o pôr e a outra o nascer do sol. O fenômeno apreciado é exatamente o mesmo, apenas os ângulos de visão é que diferem.

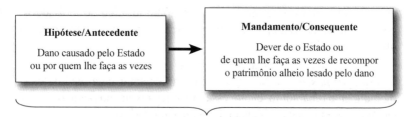

Responsabilidade Patrimonial do Estado

6. A natureza jurídica[27] da responsabilidade patrimonial do Estado não é costumeiramente abordada pelos estudiosos do direito administrativo.

Talvez isso se deva ao fato de que, aparentemente, da sua morfologia não se tenham apurado resultados práticos relevantes como aqueles obtidos em outros ramos do Direito.[28]

Entretanto, os tão conhecidos pressupostos da responsabilidade patrimonial do Estado (dano causado pelo Estado ou por quem lhe faça as vezes, dever de reparar e nexo causal) decorrem justamente de uma norma jurídica.

Com efeito, a conduta do Estado danosa ao patrimônio jurídico alheio configura o *antecedente* ou a *hipótese* de uma norma jurídica. Já, o encargo do Estado de adotar medida econômica reparadora é o *consequente* ou o *mandamento* dessa norma jurídica. Por fim, o nexo causal[29] nada mais é que o *vínculo interproposicional* que une o *antecedente* ao *consequente*.

Não é por outra razão que Maria Helena Diniz, ao tratar do tema da responsabilidade civil, acentuou, com base na opinião de Giorgio

---

27. Mais adiante (Capítulo II, n. II – 3.2) pretende-se demonstrar que esse dano é um *dano não querido pela ordem jurídica*. Ou seja, um *dano antijurídico*. Todavia, como lógica e cronologicamente ainda não nos debruçamos sobre o tema, utiliza-se, por ora, a expressão "dano", ainda que a nomenclatura correta seja *dano ilícito*.

28. É o que sucedeu, por exemplo, no campo do direito tributário por força do gênio de Geraldo Ataliba (*Hipótese de Incidência Tributária*, 6ª ed., 11ª tir., São Paulo, Malheiros Editores, 2010, pp. 21-47).

29. As questões jurídicas subjacentes ao tema do *nexo de causalidade* merecem exame em obra específica, em razão da altíssima complexidade e invulgar relevância – como, aliás, notou Ricardo Marcondes Martins (*Efeitos dos Vícios do Ato Administrativo*, São Paulo, Malheiros Editores, 2008, pp. 562-568). A propósito desse assunto, na nota de rodapé 60 lançada no Capítulo IV se faz brevíssimo registro sobre alguns pensamentos doutrinários sobre a matéria.

OS FUNDAMENTOS DA RESPONSABILIDADE PATRIMONIAL

Giorgi,[30] que não há falar em responsabilidade sem a existência de dano a um bem juridicamente protegido.[31]

Dessa noção *normativa* da responsabilidade patrimonial do Estado decorre um grande número de consequências que, na maioria das vezes, são atingidas sem se revelar ao leitor sua origem lógica. Não que seus autores desconheçam isso. Simplesmente realizam mentalmente esse *iter* lógico.

Dá-se apenas um exemplo para corroborar o que restou dito acima. Diz-se que, que no caso da responsabilidade objetiva, o Estado ou quem lhe faça as vezes deixará de responder se faltar nexo causal entre seu comportamento comissivo e o dano – como ocorre, por exemplo, no caso de culpa exclusiva do lesado ou da vítima.[32]

Pois bem, nesses casos, essas conclusões são extraídas da análise normativa da responsabilidade patrimonial do Estado. Deveras, se a lesão decorre de conduta exclusiva do lesado, o *antecedente* normativo (dano patrimonial ou extrapatrimonial economicamente relevante) não adveio de comportamento do Estado. Não está, por assim dizer, preenchida a hipótese que fará nascer a responsabilização patrimonial do Estado.

Logo, nesse caso não se aperfeiçoou a norma jurídica que tipifica o nascimento da responsabilidade patrimonial do Estado, pois seu "suporte fático" não se verificou no mundo real.

Eis apenas uma das consequências práticas da noção *normativa* da responsabilidade patrimonial do Estado.

Assim, a responsabilidade patrimonial do Estado nasce por força da desobediência a um comando normativo que, em regra, acautela um direito subjetivo[33] da prática de condutas estatais que lhe sejam danosas.

30. Giorgio Giorgi, *Teoria delle Obbligazioni*, 7ª ed., vol. 2, Turim, Unione Tipografico-Editrice Torinese/UTET, 1930, p. 137, n. 95.

31. Maria Helena Diniz, *Curso de Direito Civil Brasileiro*, 17ª ed., vol. 7, São Paulo, Saraiva, 2003, p. 58.

32. Por todos: Sergio Cavalieri Filho, *Programa de Responsabilidade Civil*, 6ª ed., 3ª tir, São Paulo, Malheiros Editores, 2006, pp. 88-90.

33. A lesão a *direito subjetivo* não é a única circunstância que faz nascer a responsabilidade patrimonial do Estado. A Lei da Ação Civil Pública e o Código de Defesa do Consumidor relevam a existência de outras categorias de direitos que, a despeito de não se ajustarem à definição de direito subjetivo, uma vez esgarçados pelo Estado ou por quem lhe faça as vezes, ensejam o nascimento da responsabilidade patrimonial do Estado.

28 RESPONSABILIDADE PATRIMONIAL DO ESTADO

7. Sem chegar à mesma conclusão, mas trilhando as mesmas premissas, José dos Santos Carvalho Filho pondera: "(...) quando o Direito trata da responsabilidade, induz de imediato a circunstância de que alguém, o responsável, deve responder perante a ordem jurídica em virtude de algum fato precedente. Esses dois pontos – o fato e a sua imputabilidade a alguém – constituem pressupostos inafastáveis do instituto da responsabilidade".[34]

Edmir Netto de Araújo também revela que a noção de responsabilidade patrimonial do Estado está umbilicalmente associada à ideia de *causa* e *efeito* que guia a lógica deôntica[35] aplicável às normas jurídicas.[36]

É o que sucede em relação aos denominados *interesses difusos*, cujo dano que lhes for causado une interessados indetermináveis por uma mesma situação de fato, ainda que suas consequências sejam individualmente indivisíveis. Ou seja, o dano é perpetrado a pessoas indetermináveis (Hugo Nigro Mazzilli, *A Defesa dos Interesses Difusos em Juízo*, 17ª ed., São Paulo, Saraiva, 2004, p. 49). Por isso mesmo, a sentença em eventual ação proposta para tutelar esses direitos produzirá efeito *erga omnes* (nesse sentido: Sílvio Luís Ferreira da Rocha, *Responsabilidade Civil do Fornecedor pelo Fato do Produto no Direito Brasileiro*, 2ª ed., São Paulo, Ed. RT, 2000, p. 119). Um exemplo disso se dá naquelas hipóteses em que uma propaganda enganosa é veiculada pela televisão, rádio ou Internet. Qual o direito subjetivo lesado na hipótese? A partir da definição aqui adotada, não haverá lesão a direito subjetivo, mas sim lesão a um interesse ou direito difuso.

O mesmo se dá com os *interesses coletivos*, qualificáveis por Hugo Nigro Mazzilli como interesses indivisíveis de um grupo determinado ou determinável de pessoas, unidas por um vínculo jurídico comum (*A Defesa dos Interesses Difusos em Juízo*, cit., 17ª ed., p. 49). Por isso mesmo, a sentença em eventual ação proposta para tutelar esses direitos fará coisa julgada *ultra partes* (nesse sentido: Sílvio Luís Ferreira da Rocha, *Responsabilidade Civil do Fornecedor pelo Fato do Produto no Direito Brasileiro*, cit., 2ª ed., p. 119).

Ainda que nessas hipóteses mencionadas acima não se coloque em pauta a existência de um direito subjetivo – à moda do que aqui se adotou –, o Estado poderá ser obrigado a reparar os danos causados a essas garantias jurídicas (direitos difusos e coletivos), havendo, outrossim, destinação específica para o produto econômico decorrente de eventual condenação pecuniária: o Fundo de Defesa dos Direitos Difusos, previsto nos arts. 13 e 20 da Lei federal 7.347/1985 e nos arts. 57, 99 e 100, parágrafo único, do Código de Defesa do Consumidor/CDC.

Assim, daqui por diante, para evitar falar em lesão a direito subjetivo, difuso e coletivo, reduz-se a expressão para lesão a *direito subjetivo* ou *interesse juridicamente protegido*.

34. José dos Santos Carvalho Filho, *Manual de Direito Administrativo*, 17ª ed., Rio de Janeiro, Lumen Juris, 2007, p. 471.

35. Entenda-se por lógica deôntica a lógica do *dever-ser*.

36. Diz ele que "a conotação da palavra 'responsabilidade' é sempre estabelecida com a ideia de imputabilidade a alguém, relativamente ao desequilíbrio

OS FUNDAMENTOS DA RESPONSABILIDADE PATRIMONIAL   29

Se entendermos que a responsabilidade patrimonial do Estado se qualifica como uma *norma jurídica*, devemos, então, identificar as hipóteses em que o direito positivo autoriza seu nascimento.

E isso de forma que, ao ensejo de definir uma dada hipótese como autorizadora do nascimento da responsabilidade patrimonial do Estado, não se descreva um fato que faz surgir uma relação jurídica de índole diversa da ora examinada.

II – 3 Fundamento conceitual
da responsabilidade patrimonial do Estado

8. A identificação da natureza jurídica da responsabilidade patrimonial do Estado entre nós foi apenas o primeiro passo para o desenvolvimento do tema.

Entretanto, justamente em razão da natureza jurídica desse instituto, ficará claro por que, mais adiante, se optará, *parcialmente*, pela construção teórica propugnada por Eduardo García de Enterría e por Renato Alessi, em detrimento daquelas propostas por Guido Zanobini e outros.

Com efeito, como a matriz da responsabilidade patrimonial do Estado funda-se nas noções mais elementares do Direito, somente examinando-se a lógica de funcionamento do sistema jurídico é que seremos capazes de desvendar sua razão de existir.

E, uma vez revelada sua razão de existir, pode-se – aí, sim – debruçar sobre sua especial forma de existência em nosso ordenamento jurídico.

II – 3.1 Harmonia e desarmonia jurídica:
formas de ocorrência e formas de recomposição

9. Por ser o Direito fruto da criação humana, ele tem por finalidade dar segurança (jurídica) às relações intersubjetivas e, por consequência, aos homens.[37]

que esse alguém causou na ordem regular ou natural das coisas" (*Curso de Direito Administrativo*, cit., p. 712).

37. Em abono a esse pensamento, cumpre reproduzir parcialmente o magistério de Márcio Cammarosano, para quem "o princípio da segurança jurídica é fundamental, constituindo-se na própria razão de ser do Direito (...)" (*O Princípio Constitucional da Moralidade e o Exercício da Função Administrativa*, Belo Horizonte, Fórum, 2006, pp. 36-37).

30   RESPONSABILIDADE PATRIMONIAL DO ESTADO

Visando a atingir seu desígnio, o Direito vale-se de um plexo de instrumentos lógicos que, em nossa visão, são as normas jurídicas, as regras e os princípios,[38] que, em seu conjunto, se denomina normas jurídicas *lato sensu*.[39]

Naquelas oportunidades em que uma norma jurídica *lato sensu* é violada, frustra-se o propósito do Direito. Frustra-se, portanto, a previsibilidade de obediência às condutas prescritas pelo direito positivo.

Para que, nesses casos, o Direito continue afinado com sua razão de existir, questiona-se: é indispensável que a ordem jurídica discipline a imposição de sanção àquele que descumpriu um de seus comandos?

Para Norberto Bobbio o ordenamento jurídico mantém sua coerência ainda que não haja sanção pela desobediência de seus comandos normativos. Em seu pensamento, "a presença de normas não sancionadas em um ordenamento jurídico é um fato incontestável. A solução para esta dificuldade, por parte de quem considera a sanção como elemento constitutivo do direito, não é certamente a de negar o fato (...). Uma saída seria a de negar às normas não sancionadas o caráter de normas jurídicas. Mas é uma solução radical, desnecessária. A dificuldade pode ser resolvida por um outro modo, isto é, observando que quando se fala em uma sanção organizada como elemento constitutivo do direito nos referimos não às normas singulares, mas ao *ordenamento normativo*

---

38. Em momento oportuno abordaremos a teoria de Robert Alexy (*Teoria dos Direitos Fundamentais*, trad. da 5ª ed. alemã por Virgílio Afonso da Silva, São Paulo, Malheiros Editores, 2008) e sua excelente demonstração, que, entre nós, foi realizada por Virgílio Afonso da Silva (*A Constitucionalização do Direito – Os Direitos Fundamentais nas Relações Entre os Particulares*, 1ª ed., 2ª tir., São Paulo, Malheiros Editores, 2008).

39. Sobre a distinção entre *regra*, *princípio* e *norma jurídica*, assinalamos:

"Diferenciamos, dentro do ordenamento jurídico, as *simples regras* – que são meros elementos dentro da perspectiva de sistema – dos *princípios* – que são as linhas mestras que conferem harmonia e coerência ao ordenamento jurídico em razão de sua finalidade aglutinante –, e estes (princípios) das *normas jurídicas* **stricto sensu** – que são as significações que se constroem a partir da análise do texto do direito positivo, tendo por finalidade regular a conduta intersubjetiva. Expliquemos. "(...).

"Assim, diferencia-se a *regra* (veiculada em proposição categorial sem função de primazia para o Direito) do *princípio* (formulado em proposição categorial com função de primazia para o Direito), e a *norma jurídica* **stricto sensu** (formulada em juízo hipotético-condicional, segundo o qual, dado um fato qualquer, dever-ser é uma consequência), ainda que todas sejam *normas jurídicas* **lato sensu**, eis que são instrumentos de que se vale o Direito para regular a conduta intersubjetiva" (*Regime Jurídico da Obrigação Tributária Acessória*, cit., pp. 39 e 41).

OS FUNDAMENTOS DA RESPONSABILIDADE PATRIMONIAL   31

tomado no seu conjunto, razão pela qual dizer que a sanção organizada distingue o ordenamento jurídico de todo o outro tipo de ordenamento *não implica* que *todas as normas desse sistema* sejam *sancionadas, mas apenas que o seja a maior parte*".[40]

Ousamos discordar dessa opinião, por não compartilharmos das mesmas premissas.

10. Para nós, todo ordenamento jurídico deve prever a imposição de sanção caso um de seus comandos seja descumprido.[41]

Ora, se o Direito só existe para dar segurança às pessoas, então, por meio dele busca-se pacificar e harmonizar as relações sociais. Diante desse postulado, conclui-se que o descumprimento de um comando normativo viola esse pressuposto, causando desarmonia social e profunda insegurança.

Se admitirmos que o direito positivo reconhece uma desarmonia social sem, contudo, contemplar mecanismo jurídico tendente a recompô-la, então, seremos obrigados a concluir que não há falar na existência de Direito, tal como concebemos. Não haverá, pois, ordenamento jurídico do modo que pensamos que ele exista.

Como não imaginamos o ordenamento jurídico de outro modo, solução diversa – que não a de Norberto Bobbio – deve ser adotada.

Daí por que, fiado nessa premissa, afigura-se necessário que a ordem jurídica *sempre* contemple, em seu bojo, prescrições destinadas ao restabelecimento da desarmonia causada pela desobediência a um de seus comandos normativos.

É claro que essa não é a posição de Norberto Bobbio, pois, como ele mesmo assinala, o que importa para qualificar um ordenamento jurídico é que a maior parte de suas normas seja provida de previsão sancionatória, mas não necessariamente todas elas. Daí por que para Bobbio a ordem jurídica acolhe em seu bojo uma norma jurídica sem correspondente sanção.

A divergência entre as construções propostas é facilmente perceptível, pois se ancoram em premissas distintas.

Com efeito, esse filósofo cita algumas normas que, na ordem jurídica italiana, não são dotadas de sanção para seu descumprimento. Dentre

40. Norberto Bobbio, *Teoria da Norma Jurídica*, 2ª ed., São Paulo, Edipro – Edições Profissionais, 2003, pp. 166-167 (negritos nossos).

41. Isso significa dizer, apenas por outras palavras, que toda norma jurídica integrada em um ordenamento deve prever a imposição de uma sanção caso um de seus comandos seja descumprido.

32 RESPONSABILIDADE PATRIMONIAL DO ESTADO

elas perfila-se o dever de os filhos respeitarem seus pais e a qualificação, pelo art. 139 da Constituição italiana, de que aquela Nação é uma República. Se esses preceitos forem desrespeitados – diz Norberto Bobbio –, não há norma cominando qualquer espécie de sanção.[42] A despeito disso, segundo o Mestre italiano, essas normas integram aquele ordenamento jurídico.

Esse pensamento é contraposto pela ideia segundo a qual normas desprovidas de sanção não se qualificam como normas jurídicas – com o quê Bobbio, evidentemente, não concorda. Para ele, retirar dessas normas o atributo de juridicidade é uma solução radical e desnecessária.[43]

Observe-se, todavia, que o atributo de uma solução ser necessária ou desnecessária soa como verdadeiro critério de utilidade a ser adotado pelo intérprete.

Por esse ângulo, a utilização de um critério para fins de utilidade enseja a construção de classificações mais ou menos úteis. Para Bobbio há utilidade na classificação de um ordenamento jurídico que acolhe em seu seio normas sem sanção – o que, pela teoria que adotamos, é inútil.

Afinal, se assim não fosse o direito positivo se converteria em um punhado de recomendações incapazes de logicamente satisfazer seu propósito, já que desprovidas de sanção.

11. Diante dessas ponderações, tem-se que a desarmonia causada pela desobediência de um comando jurídico poderá ser restaurada se o direito positivo prescrever (i) a imposição de sanção ao agente que praticou o ilícito e (ii) a caducidade da prerrogativa de exigir o cumprimento de obrigações e direitos após o transcurso de tempo razoável, a ser definido em cada ordem jurídica.[44]

42. O pensamento de Norberto Bobbio nesse aspecto é curioso, pois o art. 139 da Constituição da República Italiana prevê que: "La forma repubblicana non può essere oggetto di revisione costituzionale". Ademais, o art. 134 da mesma Constituição confere à Corte Constitucional italiana competência para julgar eventual ofensa à Carta Maior daquela Nação.

43. Norberto Bobbio, *Teoria da Norma Jurídica*, cit., 2ª ed., p. 167.

44. Antes do advento da Lei federal 9.784/1999 o STF já havia firmado entendimento no sentido de que os atos ampliativos de direitos, ainda que eivados de vício, não poderiam ser anulados pela Administração após razoável transcurso de tempo. Nesse sentido, *em decisões monocráticas*: MC no MS 28.106, Min. Menezes Direito, *DJU* 18.8.2009; MC no MS 26.200, Min. Carlos Britto, *DJU* 27.10.2006; MC no MS 28.059, Min. Cézar Peluso, *DJU* 17.6.2009; MC no MS 26.118, Min. Carlos Britto, *DJU* 29.9.2006; *em decisões colegiadas*: 2ª Turma, AgR no RE 217.141, rel. Min. Gilmar Mendes, *DJU* 4.8.2006; Tribunal Pleno, MS 26.406, rel. Min. Joaquim Barbosa, *DJU* 19.12.2008; Tribunal Pleno, MS 22.357,

OS FUNDAMENTOS DA RESPONSABILIDADE PATRIMONIAL 33

A imposição de sanção, por óbvio, não terá o condão de fazer com que a obrigação prescrita pela norma violada seja *invariavelmente* implementada. Ou seja, em certas situações a prestação originalmente prescrita já não mais poderá ser material ou juridicamente satisfeita. Diante desse quadro, a estabilidade social só será recomposta por uma presunção jurídica. Ou seja, por uma medida que, embora não irradie os efeitos originalmente queridos, lhe servirá de medida substitutiva.[45]

Se, além disso, essa medida sancionatória não for concretizada, então, cria-se outra presunção jurídica: a de que o decurso do tempo recompõe a harmonia social. E isso se dá por meio da caducidade.[46]

rel. Min. Gilmar Mendes, *DJU* 5.11.2004; Tribunal Pleno, MS 26.117, rel. Min. Eros Grau, *DJU* 6.11.2009; Tribunal Pleno, MS 24.448, rel. Min. Carlos Britto, *DJU* 14.11.2007.

A rotulação desta especial faceta da caducidade não é tranquila nem tampouco uníssona entre nós. Sob o magistério de Weida Zancaner esse instituto foi designado como "barreira à invalidação" (*Da Convalidação e da Invalidação dos Atos Administrativos*, 3ª ed., São Paulo, Malheiros Editores, 2008, pp. 72 e ss.). Ainda que a lição desta professora paulista tenha sido originalmente concebida em vista dos vícios que maculam os atos administrativos, suas bases metodológicas permitem aplicá-la em relação a quaisquer espécies de atos estatais.

Cumpriria questionar se esta ideia é integralmente aplicável em relação aos atos legislativos, mormente diante da cláusula permissiva prescrita no art. 27 da Lei federal 9.868/1999, segundo a qual: "Ao declarar a inconstitucionalidade de lei ou ato normativo, e tendo em vista razões de segurança jurídica ou de excepcional interesse social, poderá o Supremo Tribunal Federal, por maioria de dois terços de seus membros, restringir os efeitos daquela declaração ou decidir que ela só tenha eficácia a partir de seu trânsito em julgado ou de outro momento que venha a ser fixado".

Cremos que a arguição de nulidade do ato estatal por via administrativa ou judicial *antes* da ocorrência da caducidade impede a aplicação da teoria da *barreira à invalidação*, como, aliás, já decidiu o STJ (2ª Turma, ED no REsp 675.026, rel. Min. Mauro Campbell Marques, *DJU* 16.12.2008). Logo, o art. 27 da Lei federal 9.868 não se aplica a estas hipóteses, mas sim àquelas em que já tenha ocorrido impugnação judicial.

45. Daí por que Vicente de Paulo Vicente de Azevedo sustentava que a indenização se classificava em *restituição, reparação* e *ressarcimento*. A primeira ensejava a reposição da situação ao *status quo ante*. A segunda restituía a quantia ou prestação equivalente ao lesado. A última ensejava a compensação financeira pelo prejuízo sofrido (*Crime, Dano, Reparação*, São Paulo, Saraiva, s/d, pp. 72-73).

46. Emprega-se "caducidade" para nela englobar a perda de um direito pelo seu não exercício, ainda que em algumas hipóteses a expressão seja empregada para identificar a perda de um direito a título de sanção (*e.g., caducidade da concessão*).

34 RESPONSABILIDADE PATRIMONIAL DO ESTADO

II – 3.2 A responsabilidade patrimonial do Estado como forma de recomposição da harmonia de um ordenamento jurídico violado

12. Demonstrado que o ordenamento jurídico deve contemplar um comando que vise a repará-lo na hipótese de sua desobediência, então, o direito positivo deverá prever a existência de uma norma jurídica de índole sancionatória.

Com efeito, é por meio dessa norma sancionatória que se poderá recompor juridicamente a harmonia social, ainda que essa recomposição seja apenas uma presunção jurídica.[47]

Diante desse quadro, questiona-se: a responsabilidade patrimonial do Estado é uma forma de reparar a ordem jurídica lesada? Vale dizer, a responsabilidade patrimonial do Estado é uma modalidade de sanção?[48]

13. Ora, se a ocorrência de um *dano* é pressuposto para o nascimento da responsabilidade patrimonial do Estado, então, a norma jurídica que veicula esse instituto *pode ter índole sancionatória*.

Neste caso, todavia, é imperioso que o *dano* referido no art. 37, § 6º, da Constituição da República seja contrário à ordem jurídica, hipótese em que – aí, sim – a responsabilidade patrimonial do Estado se qualificaria como uma *sanção*.

Caso essa premissa seja confirmada e o sobredito dano seja ilícito, a responsabilidade patrimonial do Estado recomporia a desarmonia jurídica causada pelo exercício de uma função estatal em desacordo com os comandos prescritos pelo direito positivo. Seu "suporte fático" seria, portanto, um fato jurídico ilícito, caso em que o *dano* referido nesse dispositivo constitucional seria expressão sinônima de *dano antijurídico*.

14. Em desabono a esse pensamento poder-se-ia assinalar que o *dano* nem sempre decorre da prática de uma conduta ilícita. Vale dizer, que condutas lícitas também podem fazer nascer um *dano*. Em uma só

---

47. Em diversas oportunidades não se consegue recompor a situação fática preexistente à lesão perpetrada. Nesses casos, como o Direito edifica suas próprias realidades, presume-se que um direito lesado será recomposto por meio da adoção de uma medida de índole sancionatória, ainda que concretamente não se possa retornar ao *status quo ante*.

48. Caso venha a ser confirmado que a responsabilidade patrimonial do Estado é uma sanção tendente a reparar a ordem jurídica violada, isso não significará dizer que ela é a *única* forma de reparar a harmonia do sistema jurídico. Haveria, ao lado dela, outras sanções que poderiam ser impostas ao Estado de modo a recompor o desequilíbrio jurídico causado pela prática de conduta contrária ao Direito, tais como responsabilidade penal (*e.g.*, crime ambiental), responsabilidade administrativa, multa, limitação de exercício de direitos políticos, juros de mora etc.

OS FUNDAMENTOS DA RESPONSABILIDADE PATRIMONIAL   35

voz: o *dano* a que alude o art. 37, § 6º, da Constituição da República não é expressão sinônima de *dano ilícito*.[49]

Um exemplo que supostamente corroboraria o acerto desse pensamento estaria estampado no art. 21, XXIII, "d", da Constituição da República, segundo o qual "a responsabilidade civil por danos nucleares independe da existência de culpa".

Afinal, de acordo com esse dispositivo constitucional, pouco importa saber se as consequências patrimoniais lesivas advindas de um dano nuclear foram originadas de conduta lícita ou ilícita do Estado ou dos seus agentes. E isso porque, uma vez ocorrido o evento danoso, nascerá o dever do Estado de repará-lo.

Daí por que, para fins de responsabilização do Estado, não importa saber se o dano adveio de conduta lícita ou ilícita do Estado.

Justamente por isso, aliás, Weida Zancaner pondera que, nestes casos, a licitude ou ilicitude da conduta do agente é relevante *apenas* para que o Estado possa apurar o nascimento do dever-poder de ingressar com eventual ação de regresso contra o agente.[50]

Essa ideia, aliás, é corrente na doutrina. Sergio Cavalieri Filho, por exemplo, observa que no âmbito do direito privado há quem, nas hipóteses de responsabilidade objetiva, sustente que a obrigação de indenizar decorre do primado da *justiça comutativa*.[51] É o que se denomina *responsabilidade sem culpa*.

Não é por outra razão que Marcel Waline[52] insere a responsabilidade por atos lícitos na responsabilidade sem falta ou na teoria da responsabilidade em razão de risco.

49. Trata-se, aliás, de visão corrente na doutrina nacional e estrangeira (por todos: Oscar Álvaro Cuadros, *Responsabilidad del Estado*, Buenos Aires, Abeledo--Perrot, 2008, p. 170).

50. Weida Zancaner, *Da Responsabilidade Extracontratual da Administração Pública*, São Paulo, Ed. RT, 1981, p. 47. A propósito deste assunto, recorde-se que a pouco conhecida Lei federal 4.619/1965 comina ao Poder Público o encargo de promover a competente ação de regresso contra o agente causador do dano que obrigou o Estado a pagar indenização a terceiro. Esta lei prevê que, nos 60 dias seguintes ao trânsito em julgado da sentença condenatória do Poder Público, os procuradores da República (que à época também exerciam as funções de advogados públicos) devem ajuizar a competente ação de ressarcimento, sob pena de "falta de exação no cumprimento do dever legal".

51. Sergio Cavalieri Filho, *Programa de Responsabilidade Civil*, cit., 6ª ed., 3ª tir., p. 552.

52. Marcel Waline, *Droit Admministratif*, 8ª ed., Paris, Librairie du Recueil Sirey, 1959, p. 276.

Sob esse ângulo, poder-se-ia arguir que o art. 37, § 6º, da Constituição da República é aplicável tanto às hipóteses em que a conduta do agente é lícita quanto àquelas em que seu comportamento é ilícito. Por força disso, estaria demonstrado o desacerto da tese segundo a qual a responsabilidade patrimonial do Estado se qualifica como uma sanção.

15. As afirmações acima, entretanto, não têm o condão de amesquinhar a procedência da assertiva segundo a qual a responsabilidade patrimonial do Estado é uma modalidade de sanção.

Isso se deve ao fato de que essas construções doutrinárias estão edificadas em *critérios* classificatórios *distintos* da responsabilidade patrimonial do Estado. Ou seja, as premissas eleitas por uma e por outra corrente de pensamento divergem.

A teoria que desvenda esse nó de opiniões a respeito do assunto pode ser extraída das lições de Eduardo García de Enterría, embrionariamente utilizada neste trabalho quando se procurou demonstrar a natureza normativa da responsabilidade patrimonial do Estado.[53]

Com efeito, a teoria tradicional examina a responsabilidade patrimonial do Estado tomando em conta a conduta do agente. No entanto, Enterría desloca o eixo de exame da matéria: da conduta do agente para o resultado decorrente dessa conduta.

Ou seja, *desloca* o foco ejetor da responsabilidade patrimonial do Estado *da conduta* que enseja o nascimento do dano *para* o próprio *dano*. E isso porque, com base nesse pensamento, não importa saber se a conduta do agente foi, ou não, contrária à ordem jurídica. Importa saber, na verdade, se a consequência dessa conduta é contrária ao direito positivo.[54]

É certo que as considerações de Eduardo García de Enterría decorrem, em grande medida, da especial conformação legislativa da responsabilidade patrimonial do Estado na Espanha.[55]

No entanto, como se revelará mais adiante, o modelo normativo brasileiro é, nesta parte, bastante similar ao espanhol, o que enseja o parcial aproveitamento dessas ideias.

53. Nos §§ 4 a 7, acima.

54. Eduardo García de Enterría, *Curso de Derecho Administrativo*, 10ª ed., t. II, Madri, Civitas, 2006, pp. 382-390.

55. Naquela Nação a responsabilidade patrimonial do Estado por atos legislativos lícitos é uma forma de desapropriação. É, pois, uma hipótese legislativa de desapropriação.

OS FUNDAMENTOS DA RESPONSABILIDADE PATRIMONIAL 37

De qualquer modo, o exame da doutrina nacional revela essa radical mudança da forma de observação desse instituto entre nós.

Maria Helena Diniz, com seu reconhecido conhecimento enciclopédico do direito civil, observa que a responsabilidade civil decorre, em regra, de conduta do agente contrária ao Direito. No entanto, pondera que há hipóteses de responsabilidade sem culpa quando a atividade realizada cria um risco especial e o exercício de uma prerrogativa faz nascer o dever de reparar o prejuízo causado.[56]

Por essa lição, percebe-se que esse fenômeno jurídico (responsabilidade) é – insista-se – observado ordinariamente pelo viés da conduta do agente. Já, pela proposta de Eduardo García de Enterría esse não é o ponto central a ser observado no tema da responsabilidade.

Verifiquem-se, graficamente, essas divergências:

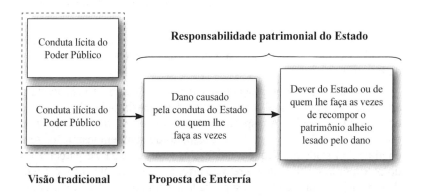

Assim, caso se adote a tradicional perspectiva de visão do tema da responsabilidade patrimonial do Estado, fatalmente se dirá que condutas lícitas ou ilícitas praticadas pelo Poder Público farão nascer o dever do Estado de recompor o patrimônio do particular. Pela proposta de Enterría essa afirmativa não poderá ser enunciada, já que somente as condutas produtoras de resultados ilícitos ensejam o nascimento dessa responsabilidade patrimonial.

16. Uma crítica, todavia, merece ser feita em relação ao pensamento de Eduardo García de Enterría. Ele não esclarece por que, sob a lógica

---

56. Maria Helena Diniz, *Curso de Direito Civil Brasileiro*, cit., 17ª ed., vol. 7, pp. 50-52.

38   RESPONSABILIDADE PATRIMONIAL DO ESTADO

de funcionamento das normas jurídicas, a responsabilidade patrimonial do Estado deve ser examinada tomando-se em conta a consequência da conduta do agente, e não a própria conduta do agente.

Essa lacuna é preenchida pela ideia segundo a qual a ocorrência do dano (e não a conduta do agente) é que faz nascer o dever do Estado ou de quem lhe faça as vezes de reparar o patrimônio alheio.

Assim, o *dano* é colocado como "suporte fático" da norma de responsabilidade patrimonial do Estado. Sem ele não há falar em responsabilidade.

Logo, o ponto de partida para a eclosão da responsabilidade patrimonial do Estado, seu verdadeiro estopim jurídico, será, sempre, o dano perpetrado no patrimônio alheio, e não a conduta do agente que ocasionou essa lesão.

Afinal, é o dano (e não a conduta do agente do Estado ou de quem lhe faça as vezes) que se qualifica como "fato gerador" da responsabilidade patrimonial do Estado.[57]

Daí por que, sob essa óptica, deve-se deslocar o exame da responsabilidade patrimonial do Estado da forma propugnada por Eduardo García de Enterría.

17. Caso essas observações sejam aceitas, como se justificaria a assertiva segundo a qual a responsabilidade patrimonial do Estado é uma forma de sanção? A resposta é de uma singeleza franciscana, ainda que o mesmo não se possa dizer a respeito de sua demonstração: se a conduta do Estado ou de quem lhe faça as vezes causou o esgarçamento do patrimônio jurídico de outrem ao arrepio da ordem jurídica, o dever de repará-lo decorre da responsabilidade patrimonial do Estado; se, pelo contrário, o patrimônio jurídico alheio puder ser legitimamente esgarçado pelo Poder Público, a hipótese poderá[58] ser de sacrifício de direito (que, em regra, acarreta o dever de realizar a *prévia indenização*).

Assim, o art. 37, § 6º, da Constituição da República utiliza a expressão "dano" como *dano antijurídico*.

---

57. A esse propósito, é importante relembrar que, tal como se demonstrou no § 6, a responsabilidade patrimonial do Estado é uma norma jurídica que tem como antecedente um dano perpetrado pelo Estado ou por quem lhe faça as vezes, e como consequente o dever de recompor o patrimônio alheio lesado pela conduta descrita no antecedente.

58. E aqui se diz "poderá" pois em algumas circunstâncias o Estado estará investido na prerrogativa de lesar juridicamente o patrimônio alheio, ainda que essa circunstância não enseje o nascimento do dever de indenizar. É que, nesses casos, o dano perpetrado pela ação estatal terá sido repartido de forma equânime pela sociedade.

OS FUNDAMENTOS DA RESPONSABILIDADE PATRIMONIAL   39

Mas como justificar essa afirmativa? A resposta é fornecida por Celso Antônio Bandeira de Mello. Segundo o magistério desse jurista, a responsabilidade patrimonial do Estado tem como fundamento (i) a contrapartida ao princípio da legalidade, no caso de comportamentos ilícitos, sejam eles comissivos ou omissivos; (ii) o primado da igualdade, no caso de comportamentos ilícitos comissivos; e, por fim, (iii) o princípio da igualdade, no caso de comportamentos lícitos e nas hipóteses de danos ligados à situação criada pelo Poder Público, uma vez que não se pode admitir que alguns suportem os prejuízos patrimoniais realizados em prol de toda a coletividade.[59]

Observe-se que em *todas* as hipóteses acima as condutas levadas a efeito pelo Poder Público ensejaram a *violação* de *direito* alheio.

Com efeito, se a responsabilidade patrimonial do Estado é contrapartida da legalidade – como aduz Celso Antônio Bandeira de Mello –, segue-se que o resultado da conduta do Estado ou de quem lhe faz as vezes *transbordou* dos limites ditados pela ordem jurídica. Se, por outro lado, a responsabilidade patrimonial do Estado for uma contrapartida do princípio da igualdade, então, isso significa dizer que a *isonomia* foi *agravada* pela atuação do Poder Público. Nas duas hipóteses – reconheça-se – a atuação do Poder Público *infringiu* a ordem jurídica.

Se não é a conduta do Estado que, à luz do art. 37, § 6º, da Constituição da República, faz nascer o dever de indenizar, mas sim o resultado da sua conduta, então, *todas* as hipóteses que ensejam a responsabilidade patrimonial do Estado têm como "fato gerador" um ilícito (o *dano ilícito*). E, nesse caso, o dever do Estado de recompor o patrimônio ilicitamente esgarçado se traduz em uma *sanção*.

Essa posição é, outrossim, exatamente a mesma professada há tempos por Weida Zancaner. Essa jurista, a despeito de tecer argutas e procedentes objeções – mais adiante examinadas – ao pensamento preliminar de Eduardo García de Enterría sobre a matéria, observa: "De nossa parte, entendemos que a causa de imputação da responsabilidade do Estado é o dano antijurídico (...). Destarte, o dano antijurídico a que nos referimos, como causa de imputação de responsabilidade ao Estado, é qualquer dano originário de ato ilícito ou o dano anormal ou especial, resultante de atividade lícita do Estado".[60]

59. Celso Antônio Bandeira de Mello, *Curso de Direito Administrativo*, cit., 27ª ed., p. 1.007.

60. Weida Zancaner, *Da Responsabilidade Extracontratual da Administração Pública*, cit., p. 55.

40 RESPONSABILIDADE PATRIMONIAL DO ESTADO

Muito embora radicadas no Direito Italiano, que saca a noção da responsabilidade do Estado do Código Civil italiano,[61] as considerações de Giovanni Miele nos parecem acertadas e inteiramente aplicáveis à nossa realidade. Com efeito, tanto lá (art. 2.043 do CC italiano) como aqui (art. 37, § 6º, da CF) a noção de responsabilidade patrimonial do Estado está atrelada à ocorrência de um fato ilícito.

Daí por que, para esse jurista italiano, responsabilidade é a consequência jurídica decorrente da prática de um *ilícito*,[62] podendo a sanção imposta ter finalidade patrimonial.[63] E isso – insista-se – está em plena consonância com nosso pensamento e com as hipóteses de nascimento da responsabilidade patrimonial do Estado.

A doutrina estrangeira também é rica em opiniões no sentido de que a responsabilidade patrimonial do Estado decorre de um ilícito.

Uma palavra em abono a esse pensamento poderia ser dada por Paul Duez,[64] segundo o qual a responsabilidade se fundiria com a ideia de imputabilidade moral e de multa, implicando, por isso, censura àquele que governou sua conduta em desacordo com a ordem jurídica.

61. Como notou Jesus Leguina Villa, *La Responsabilidad Civil de la Administración Pública*, Madri, Tecnos, 1970, pp. 130-133.

62. Não concordamos com a terminologia utilizada, pois entendemos que a consequência jurídica da prática de um ilícito deve ser designada como *sanção*, sendo que a responsabilidade é uma de suas espécies.

A despeito dessa divergência terminológica, Giovanni Miele reconhece nessa figura o caráter sancionatório ao assinalar que "Ii comportamento illecito è quello che si concreta nella *lesione di un altrui diritto o interesse giuridicamente rilevante*, allorché **siffatta lesione non sia consentita** dall'ordinamento giuridico. Due sono, quindi, gli elementi atti a qualificarlo: (1) lesione di un altrui diritto o interesse giuridicamente rilevante; (2) illegittimità della lesione (...). Queste conseguenze giuridiche si assommano tutte nel concetto di *responsabilità:* la quale si può definire come la soggezione dell'autore della lesione, o di chi per esso, a un potere giuridico avente per contenuto l'imposizione di un *obbligo* a carico del responsabile o la sottrazione di vantaggi preesistenti. In simili circostanze l'imposizione di un obbligo o la perdita di vantaggi assumono il carattere di una *sanzione*, e si sa che l'ordinamento giuridico la commisura in modo che il male minacciato in intensità ed efficacia di quel che il responsabile proverebbe in seguito all'omissione dell'atto illecito" (*Principi di Diritto Amministrativo*, Pádua, Casa Editrice Dott. Antonio Milanio/CEDAM, 1966, pp. 177-178) (destaques nossos).

63. Hipótese em que, segundo Giovanni Miele, terá finalidade ressarcitória (*Principi di Diritto Amministrativo*, cit., p. 178).

64. Paul Duez, *La Responsabilité de la Puissance Publique: en Dehors du Contrat*, Paris, Dalloz, 1927, p. VII.

OS FUNDAMENTOS DA RESPONSABILIDADE PATRIMONIAL   41

No mesmo sentido é o pensamento de Júlio R. Comadira, para quem a antijuridicidade é pressuposto para a eclosão da responsabilidade patrimonial do Estado, já que um dano só pode advir de um ato ilícito, sob pena de não se qualificar como dano. Desse modo, para ele, se o dano não advier de comportamento ilícito, emprega-se "dano" em sentido atécnico.

Justamente por isso Júlio R. Comadira sustenta que na responsabilidade patrimonial do Estado há uma relação de contradição entre o fato ou fato praticado e o Direito.[65]

Nesse ponto é necessário tecer algumas palavras em favor da lúcida exposição do ponto feita por Maria Helena Diniz.[66] Com efeito, apesar de perceber os múltiplos meios ou métodos para o exame do tema, afirma que o dano *sempre* decorre de uma *lesão a direito*. E, ao assim assinalar, acaba conferindo à responsabilidade o caráter *sancionatório*.[67]

Nesse sentido é a opinião de José dos Santos Carvalho Filho, que, sem explicitamente aderir ao pensamento de Eduardo García de Enterría, reconhece que a responsabilidade em comento tem nítido caráter sancionatório, razão por que a indenização prevista no art. 37, § 6º, da Constituição da República, revela-se como modalidade sancionatória.[68]

Isso, todavia, não amesquinha a importantíssima construção teórica a respeito dos pressupostos que ensejam o nascimento do *dano*. Deveras, as teorias da responsabilidade subjetiva e da responsabilidade objetiva esclarecem quando e de que forma se reputa ocorrido o "fato gerador" da responsabilidade patrimonial do Estado.

Daí por que a mesma Maria Helena Diniz observa que, para desencadear a responsabilidade civil, o dano deve observar o requisito da *causalidade*. Ou seja, o dano deve estar umbilicalmente associado ao

65. Júlio R. Comadira, *Derecho Administrativo*, 2ª ed., Buenos Aires, Abeledo--Perrot, 2003, p. 359. No mesmo sentido: Oscar Álvaro Cuadros, *Responsabilidad del Estado*, cit., p. 177.

66. Maria Helena Diniz, *Curso de Direito Civil Brasileiro*, cit., 17ª ed., vol. 7, especialmente pp. 58, 59, 63 e 98.

67. Daí por que, ao tratar da responsabilidade civil por dano moral, Maria Helena Diniz observa que: "Se a responsabilidade civil constitui uma sanção, não há por que não se admitir o ressarcimento do dano moral, misto de pena e de compensação" (*Curso de Direito Civil Brasileiro*, cit., 17ª ed., vol. 7, p. 59).

68. José dos Santos Carvalho Filho, *Manual de Direito Administrativo*, cit., 17ª ed., p. 473.

42   RESPONSABILIDADE PATRIMONIAL DO ESTADO

desempenho de uma conduta pelo agente lesante,[69] ainda que essa conduta tenha sido realizada com ou sem culpa do seu autor – o que, pela doutrina tradicional, se qualifica, respectivamente, como responsabilidade subjetiva e objetiva.

18. Cumpre observar, no entanto, que esse pensamento é diverso daquele apregoado por parcela das doutrinas italiana, espanhola e argentina.

Nesse sentido, relembre-se o magistério de Renato Alessi. Ele assinala o equívoco daqueles que se utilizam da expressão "responsabilidade" para designar o encargo estatal de reparar um dano advindo de ato lícito ou ilícito. Em seu juízo, se o Poder Público investe contra direito alheio de forma ilícita há responsabilidade. Se, pelo contrário, investe com autorização jurídica, a hipótese é de sacrifício de direito.[70]

Para que haja responsabilidade é necessário (i) a ocorrência de um fato danoso (consistente em um prejuízo patrimonial material ou extrapatrimonial por ele causado em razão de um nexo de causalidade, incluindo-se no conceito de dano a diminuição do patrimônio [dano emergente] e aquilo que a ele se deixou de acrescer [lucro cessante]); (ii) que esse fato seja antijurídico; e (iii) que haja imputação do fato à conduta de um agente.[71] Pelo pensamento de Renato Alessi, sempre que um fato for antijurídico o dano também o será.

Nos casos de *dano lícito* oriundo de *fato lícito* estará configurado sacrifício de direito, hipótese em que se dá a *conversão* de um direito sacrificado em seu montante econômico equivalente.[72]

Diverge-se do pensamento de Renato Alessi por força das premissas eleitas, e não das consequências atingidas. Para separar as hipóteses de responsabilidade patrimonial do Estado e de sacrifício de direito Renato

69. Maria Helena Diniz, *Curso de Direito Civil Brasileiro*, cit., 17ª ed., vol. 7, p. 63.

70. Renato Alessi, *La Responsabilità della Pubblica Amministrazione*, 3ª ed., Milão, Giuffrè, 1955, pp. 115-121. Esse pensamento também foi acolhido por Fernando Garrido Falla (*Tratado de Derecho Administrativo*, 11ª ed., vol. II, Madri, Tecnos, 2002, pp. 298-300).

71. Renato Alessi, *La Responsabilità della Pubblica Amministrazione*, cit., 3ª ed., p. 7.

72. Por isso que J. J. Gomes Canotilho, com apoio nas lições de Santi Romano (*Corso de Diritto Amministrativo*, Pádua, CEDAM, 1932, p. 307), observa que a denominada "responsabilidade por atos lícitos" é uma forma imprópria de responsabilidade, uma vez que ela impõe uma *conversão forçada* de um direito individual em outro direito que representa o valor econômico (*O Problema da Responsabilidade do Estado por Atos Lícitos*, Coimbra, Livraria Almedina, 1974, p. 234).

OS FUNDAMENTOS DA RESPONSABILIDADE PATRIMONIAL   43

Alessi leva em consideração não apenas o dano (se lícito ou ilícito, como propugna Eduardo García de Enterría), mas também a conduta do agente (se lícita ou ilícita).[73]

O que, todavia, parece ser relevante para configurar o regime jurídico da recomposição patrimonial a ser efetivada pelo Estado ou por quem lhe faça as vezes é, justamente, a natureza lícita ou ilícita do dano.

Percebe-se que a divergência com o pensamento de Renato Alessi é mínima, pois as consequências jurídicas sacadas desses dois temas – responsabilidade e sacrifício – tomarão em consideração o resultado da conduta do agente, e não propriamente sua conduta; com o quê o autor italiano parece implicitamente concordar.[74]

Na Argentina, Juan Carlos Cassagne também reconhece a procedência da diferenciação proposta por Alessi e acolhida por Fernando Garrido Falla.[75]

Para esses autores, portanto, o exame da responsabilidade reside no exame da conduta do agente, e não propriamente no dano resultante dessa conduta.

É verdade que autores de altíssima luminosidade, como Guido Zanobini, sustentam que a expressão "responsabilidade" abarca em seu

73. Por essa razão, Fernando Garrido Falla é explícito ao afirmar que, "sin duda, ha sido la doctrina italiana la que ha puesto particular énfasis en distinguir los supuestos de indemnización que tienen *su origen* en *actividad lícita* o en *actividad ilícita* del Estado" (*Tratado de Derecho Administrativo*, cit., 11ª ed., vol. II, p. 299).

74. Tanto mais isso se afigura verdadeiro que, ao tratar dos fundamentos do dever do Estado de ressarcir, Renato Alessi faz alusão ao *dano lícito*, e não à conduta do agente. Esse silêncio eloquente revela que as consequências de seu raciocínio estão mais ligadas ao resultado da conduta do agente que propriamente à sua conduta, ainda que o autor jamais tenha afirmado isso. Verifique-se que, ao tratar da hipótese de ressarcimento, Renato Alessi afirmou: "Si tratta di una forma particolare di indennizzo (mal potrebbe chiamarsi *risarcimento del danno* da risarcire) di *un danno che non è antigiuridico* in quanto cagionato nell'esplicazione di una potestà giuridica: indennizzo che la legge concede in base a principi equitativi (...) per cui va indennizzato il danno conseguente al sacrificio di un diritto disposto dalla legge in vista della realizzazione di un diritto contrapposto dall'ordinamento maggiormente meritevole di realizzazione in confronto a quelli sacrificato" (*La Responsabilità della Pubblica Amministrazione*, cit., 3ª ed., p. 18) (grifos nossos).

De forma contundente, Fernando Garrido Falla observa a importância de segregar os danos lícitos dos danos ilícitos para fins da teoria da responsabilidade patrimonial, sem, contudo abandonar o pensamento de Renato Alessi (Fernando Garrido Falla, *Tratado de Derecho Administrativo*, cit., 11ª ed., vol. II, p. 299).

75. Juan Carlos Cassagne, *Derecho Administrativo*, 7ª ed., t. I, Buenos Aires, Abeledo-Perrot, pp. 489 e 491.

44   RESPONSABILIDADE PATRIMONIAL DO ESTADO

conteúdo o encargo de reparar o patrimônio alheio decorrente de conduta lícita e ilícita. Sua opinião, verdade seja dita, decorre do fato de que o Direito Italiano dá o mesmo tratamento jurídico às duas hipóteses.

E, ainda que Renato Alessi tenha procurado demonstrar uma consequência prática de sua distinção, concordamos que na ordem jurídica daquela Nação não há, de fato, distinção. Daí por que para Zanobini o dano – assim entendido como o pressuposto da responsabilidade – pode advir de conduta lícita ou ilícita do Estado.[76]

Aliás, Pietro Virga esclarece que essa distinção proposta por Renato Alessi não tem resultados práticos no Direito Italiano, pois há dualidade de regimes para recomposição patrimonial em vista da conduta lícita do Estado.[77]

Rocco Galli nem ao menos toca nessa controvérsia, já cuidando de esclarecer que no ordenamento jurídico italiano atos lícitos e ilícitos estão submetidos ao regime jurídico da responsabilidade patrimonial do Estado. Observa, no entanto, a utilidade da distinção entre *indenização* e *ressarcimento*, ao argumento de que ela fundamenta a fluência de danos emergentes na primeira hipótese.[78]

19. Curiosamente, entretanto, foi Celso Antônio Bandeira de Mello quem, reconhecendo a procedência lógica do pensamento de Alessi, não acolheu a distinção proposta para fins de responsabilização do Estado.

Para esse professor, somente nas hipóteses em que o Estado exercita uma prerrogativa para, *especificamente*, aniquilar direito alheio é que não se poderia fala em responsabilidade patrimonial do Estado.

Daí por que, nas hipóteses em que o exercício de uma prerrogativa pública acarreta, como subproduto, a violação a um direito alheio se

76. Guido Zanobini, *Corso di Diritto Amministrativo*, 8ª ed., vol. I, Milão, Giuffrè, 1958, pp. 335-340.

77. Segundo Pietro Virga o regime jurídico da indenização por dano lícito é diverso do regime jurídico aplicável à indenização por outras condutas estatais lícitas como, por exemplo, desapropriação ou danos decorrentes de guerra (*Diritto Amministrativo*, 4ª ed., vol. I, Milão, Giuffrè, 1995, p. 421).

Assim, no Direito Italiano, sob o rótulo "indenização" existem regimes jurídicos distintos. Diante desse quadro, seria aconselhável utilizar rótulos diferentes para coisas diferentes.

No entanto, se os fatos ilícitos e parcela dos fatos lícitos da Administração estão submetidos a um mesmo tratamento jurídico – o que Renato Alessi não conseguiu infirmar –, então, não há sentido em rotulá-los de forma diversa, ainda que, sob o ângulo lógico, sejam dessemelhantes.

78. Rocco Galli, *Corso di Diritto Amministrativo*, 2ª ed., Pádua, CEDAM, 1996, pp. 866-867.

OS FUNDAMENTOS DA RESPONSABILIDADE PATRIMONIAL 45

fala em responsabilização patrimonial do Estado. Nesse sentido, Celso Antônio Bandeira de Mello acaba por "sacar para fora do campo da responsabilidade apenas os casos em que o Direito confere à Administração poder jurídico *diretamente preordenado ao sacrifício do direito de outrem*. Diversamente, consideramos inclusos no tema responsabilidade os casos em que uma atividade lícita do Estado, orientada para certo fim não necessariamente entrechocante com *direito* de outrem, vem, todavia, a compor situação na qual *este* resulta *transgredido*, como consequência mediata do comportamento estatal lícito".[79]

Note-se, no entanto, que Celso Antônio Bandeira de Mello reconhece que a conduta lícita realizada pelo Estado pode ensejar, como consequência, uma agressão a direito alheio. No entanto, como essa lesão é subproduto do exercício da competência legítima, o regime jurídico de recomposição do patrimônio particular é diferente da hipótese de sacrifício de direito.

Diante dessas considerações, percebe-se que o foco de análise da responsabilidade patrimonial do Estado, se alocado na conduta do agente, admite seu nascimento por fato lícito ou ilícito. Se, pelo contrário, alocado na consequência da conduta desse agente, traduz-se, sempre, em responsabilidade por fato ilícito.

Afinal, como esclarecido, uns examinam o tema considerando o *fato jurídico* que faz *nascer o dano*, e outros observam a questão tomando em conta o *fato jurídico* que faz *nascer o dever de indenizar*.

Como se acolhe *parcialmente* o pensamento de Eduardo García de Enterría, concluiu-se que a responsabilidade patrimonial do Estado é uma forma de sanção, seja por desobediência ao princípio da legalidade, seja por ofensa ao postulado da igualdade.

20. É claro que se poderia ponderar que a adoção dessa posição não trará qualquer resultado prático na ordem jurídica brasileira.

No enxuto e denso estudo de Weida Zancaner[80] a respeito do tema, a autora afirma que a teoria propugnada por Eduardo García de Enterría não está indene a críticas.[81]

---

79. Celso Antônio Bandeira de Mello, *Curso de Direito Administrativo*, cit., 27ª ed., p. 986 (negritos nossos).

80. Weida Zancaner, *Da Responsabilidade Extracontratual da Administração Pública*, cit., 1981.

81. Aliás, não se encontrou outra obra que se tenha debruçado com a argúcia da autora sobre essa posição.

46 RESPONSABILIDADE PATRIMONIAL DO ESTADO

E isso ao argumento de que para aquele autor o dano jurídico não é ressarcível. No entanto – pondera Weida Zancaner –, sendo a desapropriação qualificável como um dano lícito e ressarcível, como justificar esse encargo estatal à luz do pensamento de Enterría, segundo o qual o dano lícito não é ressarcível? E mais: se o que importa para qualificar o dano é sua ilicitude, e não a conduta do Poder Público, então, "se fornece aos particulares os mesmos meios legais para defender-se de danos originados de causas diversas"[82] – o que não seria uma solução aceitável, mormente porque em face das condutas ilícitas perpetradas pelo Estado o particular poderia contra elas se voltar e, até mesmo, impedir a eclosão dos seus efeitos; já, em relação às condutas lícitas o particular deve, em rigor, suportar seus efeitos.

Afora isso, pela ideia inicial de Eduardo García de Enterría, se todos os danos lícitos não fossem passíveis de indenização, isso amesquinharia o primado da solidariedade dos encargos sociais – o que não se pode admitir, ante o primado da igualdade.

A despeito das prestigiosas e serenas colocações, reconhecidas de público até mesmo por Oswaldo Aranha Bandeira de Mello,[83] pensamos que as objeções decorriam, *parcialmente*, da parca fundamentação dada por Enterría ao formular inicialmente sua ideia.

Aliás, o próprio autor reconheceu essa deficiência,[84] mormente em razão das objeções tecidas por Jesus Leguina Villa.[85]

Em edições posteriores de sua obra maior Eduardo García de Enterría passou a esclarecer que (i) o dano ilícito consiste no prejuízo patrimonial imposto ao particular sem que ele tenha o dever jurídico de suportá-lo. Nessa toada, o autor insiste na ideia segundo a qual, para os fins propostos, independe saber se o fato que originou o dano ilícito é resultante de uma conduta lícita ou ilícita do Estado;[86] e (ii) só os

82. Weida Zancaner, *Da Responsabilidade Extracontratual da Administração Pública*, cit., p. 44.
83. Weida Zancaner, *Da Responsabilidade Extracontratual da Administração Pública*, cit., pp. 9-11.
84. Eduardo García de Enterría, *Curso de Derecho Administrativo*, cit., 10ª ed., t. II, pp. 382-383.
85. Jesus Leguina Villa, "El fundamento de la responsabilidad de la Administración", *Revista Española de Derecho Administrativo* 23, Madri, Civitas.
86. Diz o autor: "Un perjuicio se hace antijurídico y se convierte en *lesión* resarcible *siempre que* y *sólo cuando* la persona que lo sufre *no tiene el deber jurídico de soportarlo*" (Eduardo García de Enterría, *Curso de Derecho Administrativo*, cit., 10ª ed., t. II, p. 383).

OS FUNDAMENTOS DA RESPONSABILIDADE PATRIMONIAL   47

encargos que se imponham à sociedade de forma equânime devem ser individualmente suportados.[87]

Todavia, Eduardo García de Enterría sustenta que a conduta lícita que enseja a imposição de ônus desigual a uma parcela restrita e específica dos administrados[88] torna-se *dano ilícito* – e, portanto, passível de indenização por meio do instituto da responsabilidade patrimonial do Estado.

Nesse ponto as críticas tecidas por Weida Zancaner procedem. Afinal, como justificar a necessidade de ressarcimento nas hipóteses de indenização por meio de desapropriação?

Para Enterría[89] os regimes da desapropriação e da responsabilidade patrimonial do Estado são distintos e, por isso, não se pode confundi-los – com o que concorda Weida Zancaner.

É curioso notar que ao tratar das denominadas *potestades ablatorias* – instituto que engloba as desapropriações, transferências coativas sem feição expropriatória etc. – Eduardo García de Enterría menciona que o dever do Estado de indenizar decorre de um ônus imposto especialmente a um grupo de administrados em prol do interesse de toda a coletividade.[90]

Observe-se que, por essa avaliação, o caso em comento ensejaria rigorosamente o dever do Estado de indenizar o particular em razão da quebra do princípio da igualdade. Logo, se o conceito "dano ilícito" fosse mantido neste caso, então, aquela hipótese ensejaria responsabilidade patrimonial do Estado. Todavia, disso resultaria uma forte objeção: como seria possível admitir dualidade de regimes para reparação pecuniária de um dano ilícito? Um precedido de prévia indenização, e outro não?

Por isso as acertadas objeções feitas por Weida Zancaner ao pensamento de Enterría, e as inconsistências da teoria por ele criada podem ser equacionadas, mesmo em relação à desapropriação.

87. Eduardo García de Enterría, *Curso de Derecho Administrativo*, cit., 10ª ed., t. II, pp. 384-385.

88. Causando dano especial e anormal.

89. O que, aliás, restou confirmado em trabalho posterior em que tratou da responsabilidade patrimonial do Estado por atos legislativos (Eduardo García de Enterría, "El principio de 'la responsabilidad de los Poderes Públicos' según el art. 9.3 de la Constitución y la responsabilidad del Estado Legislador", *Revista Española de Derecho Constitucional* 67/15-47, Madri, Civitas, janeiro-abril/2003).

90. Eduardo García de Enterría, *Curso de Derecho Administrativo*, cit., 10ª ed., t. II, p. 122.

48   RESPONSABILIDADE PATRIMONIAL DO ESTADO

Quanto à primeira crítica,[91] o problema também se resolveria diante do fato de que se empregam locuções distintas para referir o encargo estatal de manter intocado o patrimônio alheio. Se esse encargo decorrer de ato lícito, ele será denominado de *indenização*. Se, pelo contrário, esse encargo decorrer de ato ilícito, haverá *ressarcimento*.[92]

Assim, o *dano ilícito* é objeto de ressarcimento e o *dano lícito* é compulsoriamente compensado por meio de indenização. Desse modo, a desapropriação não é objeto de ressarcimento, mas sim de indenização.

Quanto à segunda crítica,[93] sempre haverá possibilidade de o particular se voltar contra um dano ilícito, impedindo que ele ocorra.

Todavia, não se concorda com o pensamento de Eduardo García de Enterría quanto aos *danos lícitos*. Diz o autor espanhol que não se indenizam nem se ressarcem *danos lícitos*, pois o dano perpetrado por conduta lícita da Administração em agressão à igualdade torna-se *dano ilícito*.

Como se exporá mais adiante, quando se souber que o subproduto da atuação lícita do Estado inequivocamente esgarçará direito de terceiro economicamente mensurável, em agressão ao princípio da isonomia, o dever do Poder Público de preservar o patrimônio jurídico alheio decorrerá do regime jurídico aplicável ao sacrifício de direito, e não da responsabilidade patrimonial do Estado.

Nesse caso deve haver prévia indenização para que não se pratique uma lesão à ordem jurídica. Ou seja, antes de o *dano lícito* se tornar *dano ilícito* deve o Poder Público realizar prévia medida patrimonial reparadora. Afinal, se o Estado tem conhecimento de que uma lesão à

91. V., acima, neste item 20, o terceiro parágrafo, primeira parte.

92. Nesse ponto, aliás, a distinção proposta por Renato Alessi e acolhida por Pietro Virga (*Diritto Amministrativo*, 4ª ed., vol. I, Milão, Giuffrè, 1995, p. 421) é rigorosamente acertada. No entanto, a Constituição da República utiliza a expressão "indenização" para designar a recomposição do patrimônio alheio tanto na hipótese de *dano lícito* como na hipótese de *dano ilícito*. Nos arts. 5º, XXIV, 7º, I, 57, § 7º, 182, § 3º, 184 e 231, § 6º, utiliza-se a palavra "indenização" para designar o ressarcimento do patrimônio particular pelo cometimento de um *dano lícito*. Já, nos arts. 5º, V, X, XXV e LXXV, 7º, XXVIII, 41, § 2º, 100, § 1º-A e 169, § 5º, há previsão de "indenização" pela prática de *dano ilícito*.

Assim, a despeito da inegável procedência da observação de Renato Alessi, utiliza-se a expressão "indenização" em seu sentido tradicional, de modo a designar tanto hipóteses de recomposição econômica por dano lícito quanto por dano ilícito.

93. V., acima, neste item 20, o terceiro parágrafo, primeira parte.

OS FUNDAMENTOS DA RESPONSABILIDADE PATRIMONIAL   49

ordem jurídica será deflagrada por sua conduta, cuja realização é obrigatória em proveito da coletividade, é seu dever impedir que o *dano ilícito* ocorra.

Como se faz isso sem amesquinhamento do interesse público? Simples: curando o interesse público! Ou seja, realizando prévia indenização. Essa, aliás, é a proposta central do trabalho, que será fundamentadamente esclarecida mais adiante.

Todavia, pode ocorrer que a constatação dessa lesão patrimonial se dê *a posteriori* da conduta estatal.

É o que se opera, por exemplo, com a edificação de uma obra pública (conduta lícita do Poder Público). Não se sabe de antemão se dela advirá (i) um benefício (passível de tributação por meio de contribuição de melhoria, nos termos do art. 145, III, da CF), (ii) neutralidade (ou seja, inalterabilidade dos confins patrimoniais do particular) ou, por fim, (ii) esgarçamento ilícito da propriedade alheia, por afronta ao primado da igualdade, em decorrência de desvalorização do imóvel.

Assim, não há como se acautelar judicialmente contra aquilo cujo resultado final é desconhecido. Afinal, a única coisa certa a respeito do incerto é a certeza da sua incerteza. Daí por que, nesses casos, não haverá ameaça de lesão a ser apreciada pelo Poder Judiciário nos termos do art. 5º, XXV, da Constituição da República.

Entretanto, se a lesão *a posteriori* da conduta estatal vier a se concretizar na hipótese, a ordem jurídica terá sido maltratada, e sua recomposição se dará por meio da responsabilidade patrimonial do Estado.

No entanto, insista-se no ponto. Acaso se saiba previamente que uma conduta lícita do Estado em benefício de todos causará um sacrifício patrimonial especial e anormal para poucos, é dever do Estado realizar prévia indenização.

Afinal, se já se sabe que à míngua de prévia indenização um ilícito será perpetrado pelo Estado ou por quem lhe faça as vezes, a ordem jurídica proíbe que primeiro seja deflagrada a lesão patrimonial ou extrapatrimonial para, em seguida, adotarem-se os expedientes necessários à concretização da medida reparadora.

21. Identificada a natureza jurídica da responsabilidade patrimonial do Estado – *norma jurídica* de *índole sancionatória* –, cumpre-nos, agora, identificar quais os preceitos jurídicos que, entre nós, justificam sua existência.

II – 4 Fundamento jurídico
da responsabilidade patrimonial do Estado

22. Por tudo aquilo que sustentamos até o presente instante, a lógica jurídica não impõe que em todo ordenamento jurídico existam sanções jurídicas, nem tampouco que uma das suas espécies seja, necessariamente, a responsabilidade patrimonial do Estado.[94]

No entanto, tomando como ponto de partida o conceito de "Direito" que adotamos, conclui-se que a ordem jurídica *sempre* deve ser reparada por meio da fixação de uma sanção, salvo se ocorrer caducidade do direito subjetivo de exigi-la.

A desobediência a uma norma jurídica rompe a coesão orgânica de um sistema jurídico-positivo. Essa coesão (normativa e do próprio ordenamento jurídico) é restaurada por uma medida reparadora.

E não há como assinalar o erro ou o acerto dessa consideração, já que sua matriz reside na eleição de uma premissa metodológica. Pode-se concordar ou discordar dessa eleição, mas não considerá-la acertada ou desacertada.

Por essa razão, se o art. 37, § 6º, da Constituição da República prevê que a responsabilidade patrimonial do Estado visa a recompor economicamente a esfera jurídica de outrem por um dano causado, então, invariavelmente, esse instituto se tipifica como uma sanção jurídica.

Sua existência entre nós é, portanto, *explicitamente* prevista nesse dispositivo constitucional, e quanto a isso não pode haver qualquer espécie de tergiversação.

Esse dispositivo constitucional não revela, entretanto, se a responsabilidade patrimonial do Estado guarda vínculo de coordenação e/ou subordinação com outros comandos constitucionais ou se, pelo contrário, o bem jurídico por ele protegido encontra-se em posição de primazia constitucional.

Com isso assinalamos que o fundamento constitucional desse instituto é explícito (art. 37, § 6º, da CF), mas não sua matriz constitucional (vale dizer, seu mais elevado fundamento de validade).

23. Essas considerações são especialmente relevantes, pois, além de a matriz constitucional desse instituto delimitar seu sentido, conteúdo e alcance, ela indicará, adicionalmente, seu patamar hierárquico no sistema jurídico. Vale dizer, se se trata de comando jurídico constitucional

---

94. É o que deflui do pensamento de Norberto Bobbio, já exposto.

OS FUNDAMENTOS DA RESPONSABILIDADE PATRIMONIAL   51

alterável por meio de emenda à Constituição ou, pelo contrário, uma cláusula pétrea.

Essa preocupação, todavia, não parece ser uniformemente reconhecida, pois há quem, ao menos em obra geral, tenha passado ao largo do tema.[95]

De qualquer modo, trata-se de tema de relevância cardeal – e, portanto, não nos furtaremos a examiná-lo.

II – 4.1 Coletânea das posições doutrinárias
sobre os fundamentos jurídicos
da responsabilidade patrimonial do Estado

24. Muito já se meditou a respeito dos fundamentos jurídicos da responsabilidade patrimonial do Estado. E, por isso mesmo, pensamos ser relevante apontar as construções já realizadas pela doutrina nacional a esse respeito.

Afinal, coligindo o pensamento de parcela proeminente do pensamento jurídico nacional sobre os fundamentos da responsabilidade patrimonial do Estado seremos capazes de reforçar nossa opinião sobre o tema ou, pelo contrário, esclarecer o porquê de aderirmos ou rejeitarmos determinadas construções teóricas.

Não nos debruçaremos detidamente sobre a opinião da doutrina estrangeira a esse respeito, pois, conforme já assinalamos, cada ordem jurídica indica, a seu modo, (i) a existência desse instituto, (ii) sua matriz jurídico-positiva e, por fim, (iii) seus confins.

Logo, o exame de pensamento estrangeiro nesse campo seria justificável por curiosidade científica – o que, todavia, não seria prestante no desenvolvimento desta *específica* parte do trabalho, eis que pautada *apenas* em nosso direito positivo.

Feitos estes esclarecimentos, vamos ao ponto.

II – 4.2 Fundamentos da responsabilidade patrimonial
do Estado à luz da doutrina nacional

25. Amaro Cavalcanti, em obra clássica sobre a matéria, observava que o moderno Estado de Direito não se compadece com a irresponsabi-

95. Como, por exemplo, Diogo de Figueiredo Moreira Neto (*Curso de Direito Administrativo*, 14ª ed., Rio de Janeiro, Forense, 2005, pp. 586-591).

52 RESPONSABILIDADE PATRIMONIAL DO ESTADO

lidade do exercício do poder, pois quem deve curar o interesse coletivo não tem a prerrogativa de lesá-lo.[96] Calçado nessa noção, Amaro Cavalcanti conclui que a responsabilidade patrimonial do Estado se funda no princípio da causalidade (e não da culpabilidade) e na lesão a direito.[97]

No período em que a responsabilidade patrimonial do Estado decorria de construção pretoriana Seabra Fagundes observava que seu fundamento jurídico era múltiplo. Ora como faceta (i) da inviolabilidade do direito adquirido, (ii) da igualdade jurídica, que vedava a imposição de cargas desiguais entre os cidadãos para, com isso, satisfazer o interesse público, (iii) do direito de propriedade, (iv) do enriquecimento sem causa do Estado e, dentre tantos outros, (v) do Estado de Direito.[98]

No entanto, a partir do momento em que esse encargo estatal foi positivado, seu fundamento passou a ser o *Estado de Direito*.

Seguindo a mesma trilha de Seabra Fagundes, Maria Emília Mendes de Alcântara assinala que a responsabilidade patrimonial do Estado decorre do Estado de Direito,[99] com o que também concorda José Afonso da Silva.[100]

96. Nas palavras do autor: "Com efeito, não se ignora que o Estado Antigo, ou, melhor dizendo, o soberano, em quem o Estado outrora se personificava, era o definidor, senão o *criador*, do Direito, e, conseguintemente, como tal, era irresponsável. Ma, assim não é, nem pode ser considerado, o moderno *Estado de Direito*. Este se manifesta e age na ordem social como um *sujeito de direito*, sem embargo dos grandes privilégios de que goza, por força dos seus elevados fins; para conseguir tais fins, é ele obrigado, como os outros sujeitos de direitos, a guardar as disposições das leis e os princípios da justiça. Consequentemente, se prevalecesse a pretensão inadmissível de que o Estado, *órgão tutelar dos direitos de todos*, se reserva, não obstante, a faculdade suprema de *violá-los* de maneira irresponsável, desrespeitados estariam os próprios princípios do chamado Estado Moderno" (Amaro Cavalcanti, *Responsabilidade Civil do Estado*, Rio de Janeiro, Laemmert & Cia. Editores, 1905, pp. 220-221).

97. Nas palavras do autor: "(...) o fundamento jurídico da responsabilidade assenta: primeiro, na *causalidade*, e não na *culpabilidade*; depois, na *lesão efetiva de um direito*, realmente adquirido" (*Responsabilidade Civil do Estado*, cit., p. 284).

98. Seabra Fagundes, *O Controle dos Atos Administrativos pelo Poder Judiciário*, cit., 7ª ed., p. 217.

99. Para a autora: "A responsabilidade patrimonial do Estado é uma conquista, embora lenta, do Estado de Direito. É, no dizer de Canotilho, um instrumento de legalidade, não apenas no sentido de submissão dos atos estatais ao Direito, mas também pelo fato de a indenização pelos sacrifícios impostos aos particulares cumprir uma outra função inelimínável no Estado de Direito material: a realização da justiça material (...) e isto se justifica na medida em que só é possível pensar-se num Estado responsável enquanto submetido a uma ordem jurídica e não pairando acima desta"

OS FUNDAMENTOS DA RESPONSABILIDADE PATRIMONIAL   53

Alguns professoram a ideia segundo a qual o Estado de Direito é a fonte lógica da teoria da responsabilidade patrimonial do Estado,[101] dentre os quais Celso Antônio Bandeira de Mello.[102]

Entretanto, esse último autor refina seu raciocínio para revelar que não se devem confundir as "condições deflagradoras da responsabilidade do Estado" com os "fundamentos da responsabilidade estatal".[103] Estes identificam as razões pelas quais são estabelecidas as hipótese de responsabilização; aquelas autorizam sua existência em cada ordem jurídica.

Sob esse ângulo, sustenta que os fundamentos da responsabilidade são: (i) "no caso de comportamentos *ilícitos* comissivos ou omissivos, jurídicos ou materiais, o dever de reparar o dano é a *contrapartida do princípio da legalidade*. Porém, no caso de comportamentos ilícitos *comissivos*, o dever de reparar já é, além disso, imposto também pelo *princípio da igualdade*"; e, "no caso de comportamentos *lícitos*, assim como na hipótese de danos *ligados a situação criada pelo Poder Público* (...), entendemos que o fundamento da responsabilidade estatal é garantir uma equânime repartição dos ônus provenientes de atos ou efeitos lesivos, evitando que alguns suportem prejuízos ocorridos por ocasião ou por causa de atividades desempenhadas no interesse de todos. De

(*Responsabilidade do Estado por Atos Legislativos e Jurisdicionais*, São Paulo, Ed. RT, 1988, pp. 13-14).

100. Esse autor afirma que a teoria da irresponsabilidade do Estado "não se compadecia com o Estado de Direito", razão por que "o Direito Brasileiro inscreveu cedo a obrigação de a Fazenda Pública compor os danos que os seus servidores, nesta qualidade, causem a terceiros, pouco importando decorra o prejuízo de atividade regular ou irregular do agente" (José Afonso da Silva, *Curso de Direito Constitucional Positivo*, 33ª ed., São Paulo, Malheiros Editores, 2010, p. 674).

101. Essa ideia é bastante disseminada no Exterior – como, por exemplo, se pode apurar da leitura de Carlos E. Delpiazzo, *Derecho Administrativo Uruguayo*, México/DF, Porrúa, 2005, p. 399). Não obstante isso, como observa Fernando Garrido Falla, a teoria da responsabilidade patrimonial do Estado teve sua gênese e posterior expansão na teoria da indenização por desapropriação. Daí por que na Espanha, por exemplo, o diploma que reconheceu esse encargo estatal teve seu primeiro fundamento de validade na Lei de Desapropriação (*Tratado de Derecho Administrativo*, cit., 11ª ed., vol. II, pp. 298-299).

102. Para ele: "Parece-nos que a responsabilidade do Estado, desde o advento do Estado de Direito, sob o ponto de vista lógico poderia independer de regra expressa para afirmar-se, bem como dispensar o apelo a normas de direito privado para lhe servirem de socorro" (*Curso de Direito Administrativo*, cit., 27ª ed., p. 999).

103. Celso Antônio Bandeira de Mello, *Curso de Direito Administrativo*, cit., 27ª ed., p. 1.006.

54 RESPONSABILIDADE PATRIMONIAL DO ESTADO

conseguinte, seu fundamento é o princípio da igualdade, noção básica do Estado de Direito".[104]

Weida Zancaner opina que a responsabilidade do Estado na hipótese de a Administração praticar atos ilícitos é mera contrapartida da violação ao princípio da legalidade; e na hipótese de ela praticar atos lícitos funda-se na igualdade dos cidadãos perante os encargos públicos.[105]

Em visão aparentemente mais universal, Alice Gonzalez Borges entende que a responsabilidade patrimonial do Estado é um postulado lógico do Estado de Direito.[106]

Em sentido próximo de Celso Antônio Bandeira de Mello, Diógenes Gasparini acolhe a distinção entre a responsabilidade patrimonial do Estado decorrente de atos lícitos ou ilícitos para, com isso, assinalar que na primeira hipótese seu fundamento é a distribuição equânime dos encargos sociais, e no segundo caso contrapartida do princípio da legalidade.[107]

Calcado no pressuposto de que a Constituição da República acolheu a teoria da responsabilidade objetiva, José dos Santos Carvalho Filho opina que a responsabilidade patrimonial do Estado deriva da *teoria do risco administrativo* e do primado da repartição equânime dos encargos, que, em suma, traduzem a necessidade de justiça social.[108]

104. Idem, p. 1.007.

105. Weida Zancaner, *Da Responsabilidade Extracontratual da Administração Pública*, cit., p. 54.

106. Segundo a autora: "(...) a responsabilidade civil do Estado, pela reparação dos danos que venha a causar aos cidadãos-administrados, é um dos mais caros fundamentos do Estado de Direito, do qual é consequência lógica e inevitável" (Alice Gonzalez Borges, "A responsabilidade civil do Estado à luz do Código Civil: um toque de direito público", in Juarez Freitas (org.), *Responsabilidade Civil do Estado*, São Paulo, Malheiros Editores, 2006, p. 19).

107. Diógenes Gasparini, *Direito Administrativo Brasileiro*, 13ª ed., São Paulo, Saraiva, 2008, pp. 1.026-1.027.

108. Diz ele: "(...) por ser mais poderoso, o Estado teria que arcar com um risco natural decorrente de suas numerosas atividades: à maior quantidade de poderes haveria de corresponder um risco maior. Surge, então, a *teoria do risco administrativo*, como fundamento da responsabilidade objetiva do Estado"; e, "além do risco decorrente das atividades estatais em geral, constitui também fundamento da responsabilidade objetiva do Estado o princípio da repartição dos encargos (...)". No entanto, esse autor considera que "os postulados que geraram a responsabilidade objetiva do Estado buscaram seus fundamentos na justiça social" (José dos Santos Carvalho Filho, *Manual de Direito Administrativo*, cit., 17ª ed., p. 476).

OS FUNDAMENTOS DA RESPONSABILIDADE PATRIMONIAL 55

Em última medida, portanto, esse jurista fluminense vê na justiça social o fundamento último da responsabilidade patrimonial do Estado.

Sustentando que a responsabilidade patrimonial do Estado pode decorrer de atos lícitos ou ilícitos, Edmir Netto de Araújo pondera que com a positivação da teoria da responsabilidade objetiva do Estado esse encargo estatal deriva da solidariedade patrimonial da coletividade em face da atuação ou omissão do Poder Público.[109]

Esclarecendo que o art. 37, § 6º, da Constituição da República acolheu a teoria da *responsabilidade objetiva* do Estado, Odete Medauar entende que esse instituto encontra seu fundamento na equidade e na repartição isonômica dos encargos estatais que beneficiem a coletividade.[110]

Percebe-se, portanto, que para esses autores a responsabilidade patrimonial do Estado, entre nós, reside nos seguintes postulados, cumulativamente considerados ou não: (i) justiça social ou equidade;[111] (ii) repartição equânime dos encargos;[112] (iii) legalidade;[113] e (iv) Estado de Direito.[114]

109. Pelo autor: "(...) a adoção, a partir da Constituição de 1946, da teoria objetiva do risco (integral ou administrativo, que para nós é o mesmo) deslocou o respaldo da obrigação de indenizar do Estado para os ditames da teoria da solidariedade patrimonial da coletividade frente ao dano sofrido por certo administrado em decorrência de atividade ou omissão do Estado, que da coletividade é a síntese" (Edmir Netto de Araújo, *Curso de Direito Administrativo*, cit., p. 735).

110. Diz a autora que esses fundamentos se assentam, (i) "em primeiro lugar", no "próprio sentido de justiça (equidade), o *neminem laedere*, o *alterum non laedere*, que permeia o Direito e a própria vida, em virtude do qual o causador do prejuízo a outrem fica obrigado a reparar o dano"; e (ii) "em segundo lugar", no "preceito da *igualdade de todos ante os ônus e encargos da Administração*, também denominado 'solidariedade social': se, em tese, todos se beneficiam das atividades da Administração, todos (representados pelo Estado) devem compartilhar do ressarcimento dos danos que essas atividades causam a alguns" (Odete Medauar, *Direito Administrativo Moderno*, 12ª ed., São Paulo, Ed. RT, 2008, 367).

111. Odete Medauar e José dos Santos Carvalho Filho.

112. Edmir Netto de Araújo, Odete Medauar, Weida Zancaner, Celso Antônio Bandeira de Mello e Diógenes Gasparini.

113. Weida Zancaner, Celso Antônio Bandeira de Mello e Diógenes Gasparini. No Exterior há diversos autores que também sustentam que o princípio da responsabilidade patrimonial do Estado é mera contrapartida do princípio da legalidade. Esse, por exemplo, é o pensamento de André de Laubadère (*Manuel de Droit Administratif*, 8ª ed., Paris, Libraire Générale de Droit et de Jurisprudence/LGDJ, 1967, p. 119).

114. Alice Gonzalez Borges, Seabra Fagundes, Celso Antônio Bandeira de Mello, José Afonso da Silva e Amaro Cavalcanti.

56   RESPONSABILIDADE PATRIMONIAL DO ESTADO

II – 4.2.1 *Apreciação crítica do pensamento nacional sobre
os fundamentos da responsabilidade patrimonial do Estado*

26. Parcela substancial da doutrina nacional apoia-se na ideia segundo a qual a responsabilidade patrimonial do Estado é uma *decorrência lógica* do Estado de Direito, de tal forma que – como afirma Eduardo Soto Kloss – "hay que ser enfático en esto: sin 'responsabilidad del Estado' no hay Derecho".[115]

Entretanto, como acertadamente expunha Seabra Fagundes, o dever do Estado de reparar os prejuízos causados a terceiros por força do Estado de Direito resulta "que, na prática, essa garantia se reduz a muito pouco. Tanto a fácil acomodação da ordem jurídica à vontade eventual dos dominadores, pela ductilidade do aparelho legiferante, como por um conceito artificial do interesse coletivo, que passa a se confundir com a vontade da pessoa ou do grupo dirigente, fica o individuo à mercê de restrições inesperadas e sem limites concretos".[116]

Essa última consideração é especialmente relevante, pois, em nosso juízo, uma Nação não deixará de se qualificar como Estado de Direito caso sua ordem jurídica não prescreva a responsabilidade patrimonial do Estado.

Primeiro porque em alguns Estados de avançada vocação democrática e com ancestral respeito à regra da lei[117] a responsabilidade patrimonial do Estado só foi reconhecida em período histórico muito recente.[118] E nem por isso se poderia sustentar que, até então, essas Nações tinham seus rumos e suas relações ditadas por um regime autoritário. Justamente o inverso: elas é que foram os berços do Estado Democrático de Direito.

Não foi por outra razão que José de Aguiar Dias, ao examinar a irresponsabilidade do Estado nos Estados Unidos da América do Norte

---

115. Eduardo Soto Kloss, "Responsabilidad del Estado, globalización, regulaciones y seguridad jurídica", *Revista Chilena de Derecho* 31(2)/302.

116. Seabra Fagundes, *O Controle dos Atos Administrativos pelo Poder Judiciário*, cit., 7ª ed., p. 218.

117. A Inglaterra, por exemplo, é o berço da noção segundo a qual apenas as prescrições ditadas pelo povo é que tinham a prerrogativa de vincular a conduta humana (o que foi sintetizado no postulado *law of land, not of the man*). Aliás, o art. 39 da Carta Magna de 1215 prescreve que: "No free man shall be taken, imprisoned, desseised, outlawed, banished, or in any way destroyed, nor will we proceed or send against him, except by the lawful judgement of his peers or by the law of the land".

118. Caso dos Estados Unidos da América do Norte e da Inglaterra.

OS FUNDAMENTOS DA RESPONSABILIDADE PATRIMONIAL   57

e na Inglaterra, observou que ela se assentava, fundamentalmente, na tradição inglesa de respeito à lei.[119]

Aliás, a gênese do Estado de Direito é sintetizada pela máxima do Direito Anglo-Saxão segundo a qual a Nação deve ser guiada em conformidade com a *rule of law, not of man*, porquanto as funções estatais são presididas pelas leis (aqui empregada em sua acepção lata, para englobar as normas jurídicas *lato sensu*), e não pela vontade dos homens (típico de Estados autoritários comandados por déspotas esclarecidos e não esclarecidos).

Logo, dizer que a irresponsabilidade patrimonial do Estado teria trânsito apenas em Estados essencialmente autoritários é, em nosso juízo, desacertado.[120]

Segundo porque a própria regra jurídica que estabelece a responsabilidade patrimonial do Estado pode ter seu alcance delimitado, de modo a prever sua incidência apenas em algumas hipóteses.

E com isso não dizemos que esse limite se restringiria àquelas circunstâncias que acabassem por conferir ao Estado a condição de "segurador universal" – tema tantas vezes mencionado pela doutrina nacional e por ela rejeitado.

É o que sucede, por exemplo, com o conhecido *Crown Proceeding Act 1947*,[121] que, ao reconhecer a responsabilidade patrimonial do Estado na Inglaterra, excluiu do seu alcance os danos suportados por aqueles que atuam nas Forças Armadas daquela Nação. Ou seja, o Estado Inglês é *irresponsável* naquelas hipóteses.[122]

119. Nas palavras do autor: "Acrescente-se que, sem embargo da tradição inglesa de liberdade e de respeito às leis, o que até certo ponto explica a sobrevivência do sistema, não está este isento de censura (...)" (José de Aguiar Dias, *Da Responsabilidade Civil*, 6ª ed., vol. 2, Rio de Janeiro, Forense, 1979, p. 226).

120. É o que, por exemplo, sustentou José Aguiar Dias (*Da Responsabilidade Civil*, cit., 6ª ed., vol. 2, p. 234).

121. Cf. *www.opsi.gov.uk/RevisedStatutes/Acts/ukpga/1947/cukpga_19470044_en_1*.

122. Diz o art. 10 desse dispositivo legal que:

"**Provisions relating to the armed forces.** (1) Nothing done or omitted to be done by a member of the armed forces of the Crown while on duty as such shall subject either him or the Crown to liability in tort for causing the death of another person, or for causing personal injury to another person, in so far as the death or personal injury is due to anything suffered by that other person while he is a member of the armed forces of the Crown if – (a) at the time when that thing is suffered by that other person, he is either on duty as a member of the armed forces of the Crown or is, though not on duty as such, on any land, premises, ship, aircraft, or vehicle for

58 RESPONSABILIDADE PATRIMONIAL DO ESTADO

Foi o que muito bem observou Mario Serfatti ao assinalar que *"Crown Proceeding Bill* (...) excluye expresamente la responsabilidad por daños a las personas llamadas al servicio militar activo, a los militares en actos de servicio o, sin tal requisito, en los casos en que la víctima se encuentre en terreno, buque, avión u otro vehículo cualquiera, usado por las fuerzas armadas. Igual excepción se establece para los daños ocasionados por el Estado en que se encuentre terreno, buque, avión u otro vehículo, usado en el servicio militar".[123]

Aliás, diversas garantias do *Crown Proceeding Act 1947* foram ampliadas e restringidas após sua edição.[124-125]

the time being used for the purposes of the armed forces of the Crown; and (b) the [Secretary of State] certifies that his suffering that thing has been or will be treated as attributable to service for the purposes of entitlement to an award under the Royal Warrant, Order in Council or Order of His Majesty relating to the disablement or death of members of the force of which he is a member.

"(2) No proceedings in tort shall lie against the Crown for death or personal injury due to anything suffered by a member of the armed forces of the Crown if – (a) that thing is suffered by him in consequence of the nature or condition of any such land, premises, ship, aircraft or vehicle as aforesaid, or in consequence of the nature or condition of any equipment or supplies used for the purposes of those forces; and (b) the [Secretary of State] certifies as mentioned in the preceding subsection.

"(3) (...) a Secretary of State, if satisfied that it is the fact: – (a) that a person was or was not on any particular occasion on duty as a member of the armed forces of the Crown; or (b) that at any particular time any land, premises, ship, aircraft, vehicle, equipment or supplies was or was not, or were or were not, used for the purposes of the said forces.

"Provided that this subsection shall not exempt a member of the said forces from liability in tort in any case in which the court is satisfied that the act or omission was not connected with the execution of his duties as a member of those forces, nor shall any act or omission of an officer of the Crown subject him to liability in tort for death or personal injury, in so far as the death or personal injury is due to anything suffered by a member of the armed forces of the Crown being a thing as to which the conditions aforesaid are satisfied. May issue a certificate certifying that to be the fact; and any such certificate shall, for the purposes of this section, be conclusive as to the fact which it certifies."

123. Mario Serfatti, "La responsabilidad civil de la Administración Pública (*Crown Proceeding Bill*, 10-11 Geo. VI, 1947)", *Boletín del Instituto de Derecho Comparado de México* 7/187-188, México/DF, Universidad Autónoma de México/ UNAM, janeiro-abril/1950.

124. A responsabilidade do Estado Inglês por danos decorrentes da má prestação de serviços postais, admitida pela redação original do art. 9º do *Crown Proceeding Act 1947*, foi posteriormente suprimida pelo *Post Office Act 1969*.

125. Hood Phillips (*The Constitutional Law of Great Britain and the Commonwealth*, 2ª ed., 1957, p. 428), citado por Caio Tácito ("Responsabilidade civil

OS FUNDAMENTOS DA RESPONSABILIDADE PATRIMONIAL 59

Entretanto, não foram o *Crown Proceeding Act 1947*, suas ressalvas e posteriores modificações que alçaram ou retiraram da Inglaterra a qualidade de Estado de Direito. Essa condição, em nosso juízo, persiste desde 1215, com a edição da Carta Magna.

Na Espanha a responsabilidade patrimonial do Estado surgiu ainda mais tardiamente. Apenas em 1954, como notou Fernando Ruiz de la Peña, com a edição da Lei de Desapropriação, esse encargo estatal foi legislativamente estabelecido.[126]

Modernamente, a atual Constituição espanhola prescreve, em seu art. 106, 2: "2. Los particulares, *en los términos establecidos por la ley*, tendrán derecho a ser indemnizados por toda lesión que sufran en cualquiera de sus bienes y derechos, salvo en los casos de fuerza mayor, siempre que la lesión sea consecuencia del funcionamiento de los servicios públicos"[127] (grifamos).

Apesar de a Constituição daquele País prever a responsabilidade patrimonial do Estado, é atribuição da lei formal fixar seus limites.[128] Quer-se, com isso, assinalar que os limites dessa responsabilidade não estão fixados antecipadamente na cúspide hierárquica daquela Nação. Esse instituto seria, na classificação das normas constitucionais sugerida por José Afonso da Silva, uma norma de eficácia limitada de princípio institutivo.[129]

do Estado – Culpa administrativa – Risco", *RDA* 55/261-272, São Paulo, FGV, janeiro-março/1959), também confirma que o *Crown Proceeding Act 1947* limita a responsabilidade patrimonial do Estado em relação às autoridades postais, judiciais e militares, exercício de atividades realizadas por empresas públicas e aqueloutras consistentes em deveres legais exclusivos.

126. "(...) se hizo extensiva la garantía de la expropiación a cualquier daño causado en el patrimonio de los particulares. Esta garantía se hace consistir en la reparación del daño que cualquier persona sufre en su patrimonio como consecuencia de la actuación administrativa (...)" (Fernando Ruiz de la Peña, "La responsabilidad de la Administración Pública", *Revista de Administración Pública* 13/60, México/ DF, outubro-dezembro/1959).

Tomás-Ramón Fernández narra, com esmero, a evolução da responsabilidade patrimonial do Estado na Espanha (*Curso de Derecho Administrativo*, 10ª ed., t. II, Espanha, Thomson-Civitas, 2006, pp. 371-374).

127. Cf. *www.tribunalconstitucional.es/constitucion/consti06.html*.

128. A Lei 30/1992 fixou essa responsabilidade naquela Nação, conforme noticia Tomás-Ramón Fernández (*Curso de Derecho Administrativo*, cit., 10ª ed., t. II, p. 378).

129. José Afonso da Silva, *Aplicabilidade das Normas Constitucionais*, 7ª ed., 3ª tir., São Paulo, Malheiros Editores, 2009, pp. 117-135.

60 RESPONSABILIDADE PATRIMONIAL DO ESTADO

E nem por isso, como se nota, a Espanha deixa de ser um Estado de Direito, até mesmo porque no "Preâmbulo" da sua Constituição está assinalado que:

"La Nación Española, deseando establecer la justicia, la libertad y la seguridad y promover el bien de cuantos la integran, en uso de su soberanía, proclama su voluntad de:

"(...).

"Consolidar un Estado de Derecho que asegure el imperio de la ley como expresión de la voluntad popular."

Terceiro porque cada ordem jurídica pode estabelecer o patamar hierárquico desse encargo estatal. Ou seja, se veiculado em nível constitucional ou infraconstitucional.

Na Inglaterra e nos Estados Unidos da América do Norte seu fundamento é legal. Entre nós, na Espanha e em Portugal, por exemplo, seu fundamento é constitucional.

Desse modo, sendo esse postulado fixado no plano infraconstitucional, nada impede que, em tese, outro comando normativo do mesmo patamar hierárquico venha a alterar seus confins (ampliando ou reduzindo essa garantia ou, de modo absolutamente indesejável, suprimindo-a[130]).

Logo, por esses três fundamentos, entendemos que o Estado de Direito não obriga à existência da responsabilidade patrimonial do Estado em um ordenamento jurídico.

27. Ora, se o Estado de Direito pressupõe a obediência à lei e a toda lesão a um comando normativo deve corresponder uma sanção, qual a sanção aplicável na hipótese de o Estado desobedecer a ela?

Como já assinalamos, a responsabilidade patrimonial do Estado é uma forma de sanção, mas não a única. Logo, na hipótese de lesão

---

130. Há quem, como J. J. Gomes Canotilho (*Direito Constitucional*, 6ª ed., Coimbra, Livraria Almedina, 1993, p. 493), propugne pela teoria segundo a qual há proibição ao retrocesso. Entre nós tais considerações encontrariam guarida, sem controvérsia, apenas se fossem contempladas nas cláusulas pétreas. Este é um campo movediço na doutrina e na jurisprudência, especialmente se tomarmos em conta que nas hipóteses em que o tema foi recentemente analisado pela Suprema Corte não se assinalou sua compostura jurídica (STF, 1ª Turma, RE 398.284, rel. Min. Menezes Direito, *DJU* 19.12.2008, especialmente a manifestação do Min. Carlos Britto, a fls. 2107; e STF, Tribunal Pleno, MS 24.875, rel. Min. Sepúlveda Pertence, *DJU* 6.10.2006, especialmente a manifestação do Min. Celso de Mello, a fls. 380-384).

OS FUNDAMENTOS DA RESPONSABILIDADE PATRIMONIAL   61

jurídica perpetrada pelo Estado poder-se-ia impor-lhe uma multa, responsabilização penal[131] etc.

Com isso assinalamos que o Estado de Direito exige a cominação de sanção às condutas ilícitas perpetradas pelo Estado. Todavia, não há necessidade de que essa sanção seja, por imperativo lógico, a responsabilidade patrimonial do Estado.

Se no plano lógico a responsabilidade patrimonial do Estado não decorre do Estado de Direito, é imperioso desvendarmos qual o tratamento dado à matéria por nosso direito positivo.

II – 4.3 Nossa posição sobre o fundamento jurídico
da responsabilidade do Estado

28. Conforme se procurou demonstrar, cada direito positivo deve prever, à sua moda, como se recomporá a ordem jurídica violada. Na maioria dos Estados Modernos uma das formas de recomposição é, justamente, a responsabilidade patrimonial do Estado.

O patamar hierárquico dessa garantia é variável entre as Nações, não havendo entre elas um denominador comum a esse respeito.

Como já assinalamos, na França a responsabilidade patrimonial do Estado é construção pretoriana. Na Espanha seu fundamento é constitucional, mas, sendo esse preceito veiculado em norma constitucional de eficácia limitada de princípio institutivo, há ampla margem de liberdade para lei formal fixar os limites dessa responsabilidade. Na Inglaterra seu fundamento é infraconstitucional.

Ou seja, não há uniformidade sobre o tema, pois, como desde o início sustentamos, a responsabilidade patrimonial do Estado é um tema jurídico-positivo (e não lógico-jurídico), de forma que cada ordem jurídica fixará seu perfil e seu regime jurídico.

Assim, deve-se analisar o que a nossa ordem jurídica prevê, para, com isso, apurar qual sua matriz principiológica.

29. O art. 1º da Constituição da República proclama que o Brasil é uma República. E, por essa razão, Geraldo Ataliba sustenta:

"A simples menção ao termo *República* já evoca um universo de conceitos intimamente relacionados entre si, sugerindo a noção do prin-

---

131. Trata-se, aliás, de tema muito interessante, a merecer estudo específico, a par de outros já existentes entre nós. Apenas a título de registro, indica-se o trabalho de Luís Eduardo Marrocos de Araújo, "A responsabilidade penal do Estado por condutas lesivas ao meio ambiente", disponível em *www.escolamp.org.br/arquivos/ Artigo_Responsabilidade%20Penal.pdf*.

62 RESPONSABILIDADE PATRIMONIAL DO ESTADO

cípio jurídico que a expressão quer designar. Dentre tais conceitos, o de responsabilidade é essencial.

"Regime republicano é regime de *responsabilidade* (...)."[132]

No entanto, é o mesmo art. 1º, em seu *caput*, que prevê que "a República Federativa do Brasil (...) constitui-se em Estado Democrático de Direito (...)".

Logo, seria difícil apurar se o regime de responsabilidade a que alude Geraldo Ataliba é, em nosso direito positivo, fruto da República ou do Estado de Direito, mormente porque a Constituição da República praticamente amalgamou esses dois conceitos.

Todavia, é o próprio Geraldo Ataliba quem nos fornece a resposta a esse dilema ao esclarecer que "a República que erigimos é a expressão concreta do Estado de Direito que a cidadania brasileira quis criar, ao plasmar suas instituições. A partir da consciência cívica da titularidade da *res publica* e da convicção da igualdade fundamental entre todos os cidadãos, estruturou-se o Estado Brasileiro na base da ideia de que o governo seria sujeito à lei e esta haveria de emanar do órgão de representação popular. (...)".[133]

Ou seja, é por força do princípio republicano que, entre nós, se edifica o Estado de Direito, daí defluindo a responsabilidade patrimonial do Estado.[134]

Não é outra a observação de Celso Antônio Bandeira de Mello, que, apoiado nas lições de Eduardo Soto Kloss,[135] pondera: "Perfilhamos ainda seu entendimento de que a ideia de República (*res publica* – 'coisa pública') traz consigo a noção de um regime institucionalizado, isto é, onde todas as autoridades são responsáveis, 'onde não há sujeitos fora do Direito'. Procede inteiramente a ilação que daí extrai: se não há sujeitos

132. Geraldo Ataliba, *República e Constituição*, 2ª ed., 4ª tir., São Paulo, Malheiros Editores, 2007, p. 65 (nosso o último grifo).

133. Idem, p. 121.

134. Acreditamos que pensamento similar é sufragado por Romeu Felipe Bacellar Filho. E, ainda que o ilustre professor não tenha seguido o mesmo *iter* da República ao Estado de Direito, ele também sufraga o entendimento no sentido de que esses são os dois primados que dão calço à responsabilidade patrimonial do Estado ("Responsabilidade civil da Administração Pública – Aspectos relevantes. A Constituição Federal de 1988. A questão da omissão. Uma visão a partir da doutrina e da jurisprudência brasileiras", in Juarez Freitas (org.), *Responsabilidade Civil do Estado*, São Paulo, Malheiros Editores, 2006, p. 297).

135. Eduardo Soto Kloss, "La responsabilidad extracontractual del Estado Administrador, un principio general del Derecho Chileno", *La Revista de Derecho Público* 21-22/152-153, Santiago, Universidad de Chile, 1977.

OS FUNDAMENTOS DA RESPONSABILIDADE PATRIMONIAL 63

fora do Direito, não há sujeitos irresponsáveis; se o Estado é um sujeito de direitos, o Estado é responsável. Ser responsável implica responder por seus atos, ou seja: no caso de haver causado dano a alguém, impõe-se-lhe o dever de repará-lo".[136]

Se essas considerações prosperam e se, entre nós, a responsabilidade patrimonial do Estado decorre do regime de observância à lei (fruto do Estado de Direito), que, por seu turno, deflui da noção elementar de República, então, tal garantia constitucional é uma cláusula pétrea por força do art. 60, § 4º, da Constituição da República.

Cumpriu a Geraldo Ataliba demonstrar, para além de qualquer espécie de dúvida, a estatura constitucional do princípio republicano. Segundo seu magistério:

"No Brasil os princípios mais importantes são os da Federação e da República. (...).[137]

"(...).

"Foram lógica e cronologicamente fixados como basilares, pela circunstância de virem em primeiro lugar (art. 1º) nos textos constitucionais republicanos (o que, por si só, nada significaria, mas assume expressão decisiva e radical à vista das considerações sistematicamente expostas).

"(...). A Constituição de 1988 foi mais explícita e arrolou as matérias substanciais que dão contexto ao princípio republicano (art. 60, § 4º), de modo a não deixar ao intérprete, mesmo o mais resistente, dúvida sobre o alcance do princípio e, pois, do preceito que o protege.[138]

"(...).

"É a disposição peremptória e categórica do § 4º do art. 60 do texto constitucional, porém, que mais patenteia e sublinha o excepcional prestígio desses dois princípios constitucionais, ao vedar terminantemente que seja 'objeto de deliberação' proposta tendente a abolir a forma federativa de Estado, o voto secreto, direto, universal e periódico, a separação de Poderes e os direitos individuais (*em uma palavra: República*)."[139]

30. Há, ainda, outra forma de demonstrar que a responsabilidade patrimonial do Estado é uma cláusula pétrea e, além disso, decorrente do primado republicano.

136. Celso Antônio Bandeira de Mello, *Ato Administrativo e Direitos dos Administrados*, São Paulo, Ed. RT, 1981, p. 129.
137. Geraldo Ataliba, *República e Constituição*, cit., 2ª ed., 4ª tir., p. 36.
138. Idem, p. 37.
139. Idem, p. 38 (grifamos).

Com efeito, a projeção econômica de direitos patrimoniais e extra-patrimoniais está acautelada explicitamente no art. 5º, V, X, XXIV, XXV e LXXV, da Constituição da República e implicitamente como direitos e garantias fundamentais (Título II da Constituição da República). Quando, por exemplo, o Estado se vê na contingência de pagar indenização pelo fato de ter cometido dano ambiental, à moral etc., essa sanção patrimonial recompõe a projeção econômica que emergiu do próprio direito esgarçado.

Logo, fora daquelas hipóteses em que o sacrifício desse direito encontra assento constitucional implícito ou explícito,[140] caso uma pessoa invista ilicitamente contra o patrimônio jurídico alheio, causando-lhe dano economicamente mensurável, a Constituição outorga ao prejudicado ou ao legitimado processual a prerrogativa de demandar a recomposição da esfera jurídica economicamente protegida desse direito.

Como o direito constitucional subjetivo de demandar a recomposição do patrimônio jurídico economicamente mensurável imputa ao seu agente uma responsabilidade patrimonial, percebe-se que essa sanção é a contrapartida jurídica que assegura e preserva esse direito.

Desse modo, não apenas um direito economicamente mensurável mas também a garantia de sua preservação têm *status* de cláusulas pétreas, por força do art. 60, § 4º, da Constituição da República.

Ademais, como o regime de responsabilidade é decorrência lógica do primado republicano, a responsabilidade patrimonial, assim entendida como forma de expressão da garantia republicana, é, também ela, uma cláusula pétrea.

Daí por que não é difícil concluir que a responsabilidade patrimonial do Estado, tal como desenhada no art. 37, § 6º, da Constituição da República, é cláusula pétrea – e, portanto, intocável por produção normativa ulterior.

31. Como se pretende analisar a responsabilidade patrimonial do Estado decorrente da atividade legislativa, cumpre-nos esclarecer o que é *função legislativa*.

Mister esclarecer que os atos comissivos e omissivos decorrentes do exercício dessa função estatal serão objeto da nossa averiguação.

Para tanto, teremos que apontar, de forma breve, quais as funções estatais, para, dentre elas, esclarecer os confins da função legislativa.

---

140. A saber: desapropriação, servidão e requisição, tal como consignado no Capítulo IV, n. IV – 2.3.

Capítulo III
FUNÇÕES ESTATAIS
E O ATO LEGISLATIVO

III – 1 Poder e função estatal: necessária vinculação. III – 2 Critérios de definição do "ato legislativo". III – 3 Nosso conceito de "ato legislativo" e "processo legislativo": III – 3.1 Processo legislativo e ato legislativo.

III – 1 Poder e função estatal: necessária vinculação

1. O art. 1º, parágrafo único, da Constituição da República proclama que "todo o poder emana do povo, (...)".

A Constituição da República, nas diversas passagens em que se utilizou da palavra "poder", ora a empregou (i) para indicar a existência de uma estrutura orgânica (arts. 2º[1] e 5º, XXIV, "a" [2]), ora (ii) para assinalar a prerrogativa de inovar a ordem jurídica, prescrevendo a realização de certa conduta (arts. 5º, XIX,[3] XX,[4] XXV[5] e LX[6]).

1. CF, art. 2º: "Art. 2º. São *Poderes* da União, independentes e harmônicos entre si, o Legislativo, o Executivo e o Judiciário".

2. CF, art. 5º, XXIV, "a": "XXXIV – são a todos assegurados, independentemente do pagamento de taxas: a) o direito de petição aos *Poderes Públicos* em defesa de direitos ou contra ilegalidade ou abuso de poder; (...)".

3. CF, art. 5º, XIX: "XIX – as associações só *poderão* ser compulsoriamente dissolvidas ou ter suas atividades suspensas por decisão judicial, exigindo-se, no primeiro caso, o trânsito em julgado; (...)".

4. CF, art. 5º, XX: "XX – ninguém *poderá* ser compelido a associar-se ou a permanecer associado; (...)".

66 RESPONSABILIDADE PATRIMONIAL DO ESTADO

Parece induvidoso que o poder a que alude o art. 1º da Constituição da República confere ao povo a prerrogativa de inovar a ordem jurídica pretendendo, com isso, dirigir comportamentos.

Primeiro porque a própria Constituição, em seu "Preâmbulo", prevê que os representantes do povo criaram, em outubro/1988, um novo Estado.

Logo, se o povo teve o *poder* para criar um Estado por meio da promulgação de uma nova Constituição, com maior razão terá o poder para estabelecer comandos jurídicos à luz dessa nova ordem jurídica, de forma a dirigir seus destinos.

Segundo porque, se a Constituição é o instrumento de criação do Estado e se o nosso Estado é guiado pelo primado republicano, então, seus membros devem ser governados pela sua própria vontade. A República garante, entre nós, o autogoverno, a soberania e a autodeterminação do povo.

Se o autogoverno é a essência de um Estado republicano, então, o vocábulo "poder" – tal como empregado no art. 1º da CF – pretende significar que o povo integrante desta Nação tem a prerrogativa para, coletivamente, determinar a realização de certos comportamentos em vista da satisfação do bem comum.

Logo, é induvidoso que entre nós deve haver plena soberania popular no estabelecimento dos meios jurídicos necessários à satisfação do interesse público.

2. No entanto, o mesmo art. 1º da Constituição da República proclama que o Brasil é um Estado.

Isso significa dizer que o poder titularizado pelo povo é exercitável por intermédio de uma organização jurídica denominada Estado.[7] Mas não apenas isso.

5. CF, art. 5º, XXV: "XXV – no caso de iminente perigo público, a autoridade competente *poderá* usar de propriedade particular, assegurada ao proprietário indenização ulterior, se houver dano; (...)".

6. CF, art. 5º, LX: "LX – a lei só *poderá* restringir a publicidade dos atos processuais quando a defesa da intimidade ou o interesse social o exigirem; (...)".

7. Para Oswaldo Aranha Bandeira de Mello, Estado é a "organização jurídica de um povo em dado território, sob um Poder supremo, para realização do bem comum dos seus membros (...)", sendo sua ordenação jurídica o "Estado Poder" (*Princípios Gerais de Direito Administrativo*, 3ª ed., vol. I, São Paulo, Malheiros Editores, 2007, p. 27).

FUNÇÕES ESTATAIS E O ATO LEGISLATIVO 67

Valendo-se de uma construção política elaborada por Monstesquieu e de ampla consagração jurídica, afirma-se que esse poder – de regular o comportamento humano – é exercitável pelo Estado de três formas distintas.

Vale dizer: três seriam as funções estatais (executiva ou administrativa, legislativa e, por fim, jurisdicional) e três seriam os órgãos investidos no seu exercício, cada qual com o mesmo nome da função precipuamente exercitável (Executivo, Legislativo e Judiciário).

Diante dessas considerações, percebe-se que o texto constitucional praticamente amalgamou as funções estatais aos órgãos investidos no seu exercício.

3. A despeito disso, pode-se examinar o exercício dessas funções estatais sob o ângulo subjetivo (hipótese em que o critério eleito levará em conta a pessoa que exerce essas funções) ou pelo ângulo objetivo (que tomará em conta apenas a atividade estatal desempenhada).

Essa observação é importante, pois, se pretendemos tratar da responsabilidade patrimonial do Estado por atos legislativos, é necessário identificar o critério por meio do qual conceituaremos "ato legislativo".

Vale dizer: definiremos "atos legislativos" tomando em conta o órgão que os produziu (Poder Legislativo), a função estatal no bojo da qual eles foram emanados (função legislativa) ou, por fim, em atenção a um regime híbrido?

Essas perguntas só poderão ser respondidas se, preliminarmente, forem revelados os critérios para a definição de "ato legislativo".

III – 2 Critérios de definição do "ato legislativo"

4. Segundo o art. 5º, II, da Constituição da República, "ninguém será obrigado a fazer ou deixar de fazer alguma coisa senão em virtude de *lei*" (grifamos).

Fiado nessa prescrição, Geraldo Ataliba esgrimiu o tema com mestria ao assinalar, de forma cirúrgica: "Se o povo é o titular da *res publica* e se o governo, como mero administrador, há de realizar a vontade do povo, é preciso que esta seja clara, solene e inequivocamente expressada. Tal é a função da lei: elaborada pelos mandatários do povo, exprime a sua vontade. Quando o povo ou o governo obedecem à lei, estão: o primeiro obedecendo a si mesmo, e o segundo ao primeiro. (...)".[8]

---

8. Geraldo Ataliba, *República e Constituição*, 2ª ed., 4ª tir., São Paulo, Malheiros Editores, 2007, p. 122.

68 RESPONSABILIDADE PATRIMONIAL DO ESTADO

Entretanto, não se pode entender que a expressão "lei" foi utilizada no art. 5º, II, da Constituição da República para se referir ao produto decorrente do *processo legislativo* (tal como arrolado no art. 59, *caput*, da Constituição da República[9]). Ou seja, lei como expressão sinônima de ato oriundo do *Poder Legislativo*.[10]

Não estamos, com isso, pretendendo ampliar as taxativas e já delimitadas exceções ao princípio da estrita legalidade estampadas na Constituição da República. Afinal, não bastasse o art. 5º, II, da CF assinalar que ninguém será obrigado a fazer ou deixar de fazer algo – ideia pedagogicamente reiterada em inúmeras passagens do texto –, o art. 48 da nossa Carta Nacional outorgou ao Congresso Nacional a prerrogativa para dispor sobre todas as matérias de competência da União.

Ora, se o art. 48 da Carta é um princípio que informa as Constituições estaduais e as Leis Orgânicas municipais, isso significa dizer que encargos adicionais só podem derivar por obra das Casas de representação da vontade popular.

A despeito disto, a própria Constituição da República indica outros veículos normativos – que não apenas aqueles originários do processo legislativo – capazes de introduzir inauguralmente novos encargos na ordem jurídica.

É o que ocorre, por exemplo, com os *convênios* (arts. 155, § 2º, XII, "g", da Constituição da República[11] e art. 34, § 8º, do Ato das Disposições Constitucionais Transitórias/ADCT[12]), com as denominadas

9. CF, art. 59: "Art. 59. O processo legislativo compreende a elaboração de: I – emendas à Constituição; II – leis complementares; III – leis ordinárias; IV – leis delegadas; V – medidas provisórias; VI – decretos legislativos; VII – resoluções".

10. E nem se sustenta que o art. 5º, II, da Constituição da República é uma garantia do indivíduo – e, portanto, voltado apenas para as relações em que ele seja parte. Mais uma vez Geraldo Ataliba, maior Mestre republicano, assinalou com pena de ouro que "O envolver das instituições publicísticas que informam a nossa civilização culmina com a consagração do princípio segundo o qual 'ninguém será obrigado a fazer ou deixar de fazer alguma coisa senão em virtude de lei' (art. 5º, II), que, no nosso contexto sistemático, aparece como a conjugação do princípio da supremacia da lei e exclusividade da lei como forma inovadora e inaugural (Oswaldo Aranha Bandeira de Mello) da vontade estatal. (...)" (*República e Constituição*, cit., 2ª ed., 4ª tir., pp. 122-123).

11. Que determina sejam as isenções, no âmbito do ICMS, concedidas mediante prévia anuência de todos os demais Estados, por meio de deliberação de seus Secretários de Fazenda, o que se dá no âmbito do denominado CONFAZ (*www. confaz.gov.br*).

12. Que permitiu, até o advento da Lei Complementar 87/1996, que o Convênio ICMS-66/1988 disciplinasse a instituição e cobrança do ICMS (nesse sentido

FUNÇÕES ESTATAIS E O ATO LEGISLATIVO   69

instruções (art. 91, § 4º, do ADCT[13]) e, ainda, com certas espécies de *resoluções* (art. 5º, § 2º, do ADCT[14] e, supostamente, art. 103-B, § 4º[15]), dentre outras espécies de instrumentos normativos.[16]

já se manifestou o STF: RE 156.287, rel. Min. Celso de Mello, *DJU* 20.5.1994; RE 213.396, rel. Min. Ilmar Galvão, *DJU* 1.12.2000; ED no RE 174.478, rel. Min. Cézar Peluso, *DJU* 30.5.2008; RE 205.262, rel. Min. Menezes Direito, *DJU* 22.8.2008).

13. Que outorga competência ao Ministério da Fazenda para, por meio de instrução, obrigar os Estado e o Distrito Federal a entregarem "obrigação tributária acessória" relativa ao ICMS. No entanto, como regra geral essas obrigações devem ser instituídas por meio de lei (art. 59, III, da Constituição da República), como já assinalamos em nosso *Regime Jurídico da Obrigação Tributária Acessória* (São Paulo, Malheiros Editores, 2005, pp. 147-158).

14. Que prevê a possibilidade de o TSE fixar norma para a realização das eleições.

15. Com base nesse preceito, o Conselho Nacional de Justiça goza da prerrogativa para, na visão do STF, *inovar inauguralmente a ordem jurídica*. Aliás, por ocasião do julgamento da MC na Ação direta de Constitucionalidade 12, aquela Corte, por meio de ementa confeccionada pelo Min. Carlos Britto, firmou o entendimento majoritário no sentido de que: "A *Resolução n. 07/2005* do CNJ reveste-se dos atributos da *generalidade* (os dispositivos dela constantes veiculam normas proibitivas de ações administrativas de logo padronizadas), *impessoalidade* (ausência de indicação nominal ou patronímica de quem quer que seja) e *abstratividade* (trata-se de um modelo normativo com âmbito temporal de vigência em aberto, pois claramente vocacionado para renovar de forma contínua o liame que prende suas hipóteses de incidência aos respectivos mandamentos). A *Resolução n. 07/2005 se dota*, ainda, de *caráter normativo primário*, dado que arranca diretamente do § 4º do art. 103-B da *Carta-cidadã* e tem como finalidade *debulhar* os próprios conteúdos lógicos dos princípios constitucionais de centrada regência de toda a atividade administrativa do Estado, especialmente o da impessoalidade, o da eficiência, o da igualdade e o da moralidade".

E, aclarando o que se entende por "caráter normativo primário", Carlos Britto explica: "Já, no plano da autoqualificação do *ato do CNJ* como *entidade jurídica primária*, permito-me apenas lembrar, ainda nesta passagem, que o Estado Legislador é detentor de duas caracterizadas vontades normativas: uma é primária, outra é derivada. A vontade *primária* é assim designada por se seguir imediatamente à vontade da própria Constituição, sem outra base de validade que não seja a Constituição mesma. Por isso que *imediatamente inovadora do ordenamento jurídico*, sabido que a Constituição não é diploma normativo destinado a tal inovação, mas à própria fundação desse ordenamento" (STF, Tribunal Pleno, MC na ADC 12, rel. Min. Carlos Britto, *DJU* 1.9.2006) (grifos nossos).

Ainda que posteriormente o STF tenha firmado o entendimento no sentido de que essa resolução proibitiva da prática do nepotismo era mera *tradução* do princípio da moralidade inscrito no art. 37, *caput*, da Constituição da República (e que, portanto, não teve o condão de inovar a ordem jurídica), não concordamos com essa visão.

16. E dizemos "dentre outras" porque há quem sustente que os regimentos internos dos tribunais, por força do art. 96, I, da Constituição da República, têm

70 RESPONSABILIDADE PATRIMONIAL DO ESTADO

Vale dizer: pode-se obrigar uma pessoa a fazer ou deixar de fazer algo não apenas por meio de ato oriundo de processo legislativo, como sugere o art. 5º, II, da Constituição da República, mas também por convênio, instruções, resoluções etc. E isso tudo por expressa autorização do texto constitucional.

5. De outra banda, não se poderia sustentar que a "lei" referida no art. 5º, II, da Constituição da República é expressão sinônima de ato oriundo de *atividade típica* do Poder Legislativo.

Com efeito, alguns atos capazes de inovar inauguralmente a ordem jurídica são produzidos em razão de *atividades típicas* de outros Poderes.

É o que sucede, por exemplo, com as medidas provisórias, que, em nossa opinião, são produzidas, tipicamente, pelo chefe do Poder Executivo no exercício de uma função estatal de índole política.[17] Ou, ainda, com os denominados *atos de supremacia especial*, que visam, na intimidade da estrutura orgânica do órgão de um dado Poder, a disciplinar o modo próprio de seu funcionamento.[18]

Assim, por exemplo, nas oportunidades em que o Conselho Nacional de Justiça, órgão de controle administrativo e financeiro do Poder Judiciário, dispõe sobre a impossibilidade de seus membros ou órgãos realizarem atos que importem prática de *nepotismo*, ele inova o ordenamento jurídico de modo inaugural no exercício de função administrativa (que, aliás, é sua função típica[19]).

aptidão para inovar a ordem jurídica. É, por exemplo, o pensamento de Seabra Fagundes, ao assinalar que "certos atos de outros Poderes, que não o Legislativo, são leis materialmente, embora sem revestir o caráter de leis, segundo a terminologia legal. Assim, os tribunais, quando elaboram os seus regimentos, legislam (...)" (*O Controle dos Atos Administrativos pelo Poder Judiciário*, 7ª ed., Rio de Janeiro, Forense, 2005, p. 280).

17. A noção de "função estatal de índole política" é reconhecida, por exemplo, por Jorge Miranda (*Teoria do Estado e da Constituição*, Coimbra, Coimbra Editora, 2002, pp. 344-345), Celso Antônio Bandeira de Mello (*Curso de Direito Administrativo*, 27ª ed., São Paulo, Malheiros Editores, 2010, p. 36) e por nós mesmos ("Natureza e limites da atuação dos tribunais administrativos", *Revista Interesse Público* 44/135-160, Belo Horizonte, Fórum, 2007).

18. É o que sucedeu na já citada MC na ADC 12, em que o Conselho Nacional de Justiça, por meio de ato intestino, criou regra inovadora na ordem jurídica para vedar o *nepotismo* no âmbito do Poder Judiciário.

19. Sua *função* é *tipicamente administrativa* – como, aliás, resulta da claríssima redação do art. 103-B, § 4º, da Constituição da República, assim vazado: "§ 4º. *Compete ao Conselho o controle da atuação administrativa e financeira* do Poder Judiciário e do cumprimento dos deveres funcionais dos juízes, cabendo-lhe, além

FUNÇÕES ESTATAIS E O ATO LEGISLATIVO   71

Essas situações caracterizam-se como *exceções* ao postulado segundo o qual a lei (decorrente do exercício da função legislativa) é o instrumento capaz de inovar a ordem jurídica. Algo que, portanto, não se encaixa em um *modelo geral* previsto na ordem jurídica.[20]

Essa exceção, aliás, pode ocorrer no bojo das atividades tipicamente desempenhadas pelo Poder Legislativo. É o que se verifica, por exemplo, naquelas oportunidades em que se produz lei (art. 59, III, da Constituição da República) que não veicula uma prescrição tendente a regular o comportamento humano.[21] Nesses casos nem ao menos existiria uma norma jurídica, já que sem uma prescrição tendente a regular o comportamento humano não se pode ter, *ipso facto*, um comando normativo.

Percebe-se, portanto, que os comandos que inovam de modo inaugural a ordem jurídica podem: (i) ser oriundos de processo legislativo levado a efeito pelo Poder Legislativo, mas há exceções, pois o Poder Judiciário e o Poder Executivo também podem produzir ato jurídico com idênticos atributos; ou, ainda, (ii) ser decorrentes do exercício da função legislativa, mas também há exceções nessa hipótese, já que normas jurídicas inauguralmente inovadoras da ordem jurídica também podem ser produzidas no desempenho da função administrativa.

de outras atribuições que lhe forem conferidas pelo Estatuto da Magistratura: (...)" (grifos nossos).

20. Ao ensejo de procurar explicar o modo de classificação de ato normativo produzido pelo Conselho Nacional de Justiça à luz das clássicas lições sobre as funções tipicamente exercidas por cada um dos Poderes, Carlos Britto, ao votar na MC na ADC 12, professorou que: "Acontece que as normas ditadas por essa lógica da mais abrangente irradiação sistêmica admitem contemporização. Comportam atenuação, exatamente para *ceder espaço* a valores e interesses outros que, embora de menor compleição material, são relevantes o bastante para merecer um tratamento heterodoxo. Um tratamento peculiar, *despadronizado*, por se traduzir numa nota de relativização àquela mais abrangente racionalidade sistêmica (...). Esta a razão pela qual a nossa Constituição, depois de fazer da lei o protótipo do ato normativo primário, e do Congresso Nacional o inequívoco editor dos diplomas da espécie, habilitou, não obstante, o Senado Federal a produzir sozinho atos normativos de igual hierarquia impositiva. Excluindo do processo, no ponto, a própria Câmara dos Deputados Federais, mesmo sendo ela a Casa Legislativa que se compõe, textualmente, 'de representantes do povo' (art. 45, cabeça)".

21. É o que sucede, por exemplo, com a Lei federal 11.642/2008, que considerou o Município de Iguape, localizado no Estado de São Paulo, como o "Berço da Colonização Japonesa no Brasil"; a Lei federal 11.675/2008, que designa o cupuaçu como fruta nacional; a Lei federal 11.928/2009, que institui o "Dia do Vaqueiro Nordestino", a ser comemorado, anualmente, no terceiro domingo do mês de julho; e, por fim, a Lei 11.927/2009, que criou o "Dia Nacional do Caminhoneiro". Os exemplos não param por aí: leis produzidas pelo Poder Legislativo fixando nome de rodovias, dias comemorativos, nome de repartições públicas etc.

72 RESPONSABILIDADE PATRIMONIAL DO ESTADO

Diante de tantas exceções, como qualificar um ato legislativo?

6. Poder-se-ia sustentar que o Poder Legislativo é soberano e todo ato por ele emanado se distingue, por essa razão, daqueles produzidos pelos demais Poderes.

Desse modo, ato estatal oriundo do processo legislativo é fruto de ato de soberania, ao passo que os atos estatais decorrentes das demais funções estatais não têm idêntica valência.

Essa distinção justifica-se em Nações como a França, em que não há controle de constitucionalidade das leis ou dos atos do Parlamento que influenciaram a produção da lei.[22]

Entre nós, onde há controle de constitucionalidade de todos os atos estatais e os Poderes são igualmente soberanos – por exteriorizarem diferentes meios do exercício do autogoverno em prol da satisfação do bem comum –, essa distinção francesa não tem assento.

7. Diante desse quadro, adotaremos a regra geral. Ou seja, acolheremos a noção que regularmente se tem por "ato legislativo". Ato, pois, decorrente de regular processo legislativo que tenha o condão de inovar inauguralmente a ordem jurídica.

Quanto às exceções, elas são o que são: exceções. E, como tais, merecem tratamento excepcional, que não cabe neste trabalho.

III – 3 Nosso conceito de "ato legislativo" e "processo legislativo"

8. Fixada essa premissa, deixamos claro que *ato legislativo* é uma norma jurídica *lato sensu* que *inova* de modo *inaugural* a *ordem jurídi-*

---

22. Jean Rivero, ao tratar de recurso por excesso de poder, assinalou: "Os *atos legislativos*, quer dizer, as leis em sentido formal, escapam de qualquer recurso, tanto perante o juiz administrativo como perante o juiz ordinário; só o Conselho Constitucional, chamado a decidir com base no art. 61º da Constituição, entre a votação e a promulgação, pode decretar a sua inconstitucionalidade" (*Direito Administrativo*, Coimbra, Livraria Almedina, 1981, p. 180).

Vê-se, portanto, que o argumento da soberania tem guarida, por exemplo, na França, mas não entre nós.

Daí por que, mais adiante, aduz: "O recurso é inaceitável não apenas contra a lei mas também contra as decisões tomadas pelos órgãos de Parlamento, mesa ou presidente das assembleias, comissões parlamentares, quando estas concorrem diretamente para a sua elaboração (...). A inaceitabilidade limita-se aos atos que dizem respeito à função legislativa em sentido formal. Desde logo o recurso é aceitável contra atos assimiláveis à lei pelo seu conteúdo e pelos poderes que exercitam, mas que emanam no entanto da autoridade governamental" (Jean Rivero, ob. cit., p. 274).

FUNÇÕES ESTATAIS E O ATO LEGISLATIVO

ca, criando direitos, obrigações, deveres ou poderes[23] que não estavam previstos no direito positivo, desde que *oriunda* de processo legislativo.

Como a República é o regime de governo volvido à satisfação do interesse de todos os membros da coletividade, é necessário que os atos legislativos sejam, outrossim, *aplicáveis a todos*. Vale dizer, que os membros da sociedade possam, em tese, ser colhidos pelo comando jurídico criado.

Por essa razão, pensamos que o ato legislativo poderá ser *geral e abstrato* ou *geral e concreto*.

Se for *geral e abstrato*, o ato legislativo será aplicável a todos os que preencham as condições descritas no seu "suporte fático", podendo ter seus efeitos reproduzidos tantas vezes quantas se verifique a efetiva ocorrência do "suporte fático".

Se for *geral e concreto*, o ato legislativo admite que uma classe determinável de sujeitos possa preencher o "suporte fático", mas seu efeito não é passível de reprodução.

Os atos legislativos *individuais e concretos*, denominados *leis de efeitos concretos*, não são lei no sentido republicano da expressão e, por isso, não estão incluídos no conceito.[24]

Ademais, sendo o ato legislativo produzido em uma República, então, as prescrições por ele veiculadas deverão conferir tratamento isonômico aos seus destinatários, como há tempos já sustentava Geraldo Ataliba.[25]

Não concebemos, ainda, que todo ato legislativo seja *coercitivo*. Com efeito, a conduta humana pode ser regulada por meio de três "modais deônticos",[26] a saber: *obrigatório*, *proibido* e *permitido*.

23. Empregamos as expressões "poder", "dever", "direito" e "obrigação" à moda de Santi Romano (*Fragmentos de un Diccionario Jurídico*, trad. de Santiago Sentís Melendo e Marino Ayerra Redín, Buenos Aires, EJEA, 1964), Massimo Severo Giannini (*Lezioni di Diritto Amministrativo*, vol. I, Milão, Giuffrè, 1950, p. 270) e Celso Antônio Bandeira de Mello (*Eficácia das Normas Constitucionais e Direitos Sociais*, 1ª ed., 2ª tir., São Paulo, Malheiros Editores, 2010, Capítulo 2, item 2, p. 22).

24. Como acolhemos as lições de Celso Antônio Bandeira de Mello, não vislumbramos a possibilidade de existência de atos jurídicos *individuais e abstratos* (*O Conteúdo Jurídico do Princípio da Igualdade*, 3ª ed., 18ª tir., São Paulo, Malheiros Editores, 2010, p. 28).

25. Geraldo Ataliba, *República e Constituição*, cit., 2ª ed., 4ª tir., p. 158.

26. Valemo-nos da expressão no mesmo sentido em que empregada por Lourival Vilanova (*Causalidade e Relação no Direito*, 4ª ed., São Paulo, Ed. RT, 2000, p. 106).

74 RESPONSABILIDADE PATRIMONIAL DO ESTADO

Por essa razão, o ato legislativo será coercitivo se veicular um comando obrigatório ou proibido. Se, pelo contrário, veicular uma faculdade, nele não se vislumbra o atributo de coercitividade.

No entanto, se se entender que o atributo "coercitivo" do ato legislativo significa dizer que, sendo contrariado um dos modais prescritos, é possível impor uma sanção tendente a recompor a desarmonia causada, então, sob esse ângulo, esse atributo (de coercitividade) *não servirá* de critério para apartar um ato legislativo de qualquer outra norma jurídica *lato sensu* veiculada no sistema.

Afinal, como já sustentamos na primeira parte desta obra, toda norma jurídica *lato sensu* deve ter seu descumprimento sancionado, para que o Direito mantenha sua coerência interna e possa satisfazer sua razão de existir.

A propósito desse assunto, cumpre registrar que as normas permissivas também são sancionadas. Por óbvio, essa sanção não se coloca em pauta pelo exercício ou pela inércia na utilização da prerrogativa normativamente outorgada. Afinal, é justamente essa faculdade que a lei pretendeu estabelecer. Daí por que se sanciona quem amesquinha o exercício dessa faculdade ou quem a exerce fora das balizas permitidas.[27]

E, por essa razão, não incluímos no conceito de "ato legislativo" o atributo de coercitividade.

Com isso concluímos nosso raciocínio esclarecendo que *ato legislativo* é o ato normativo que, inovando inauguralmente a ordem jurídica, cria direitos, obrigações, faculdades, deveres ou poderes por meio de normas jurídicas *lato sensu* gerais e abstratas ou gerais e concretas que, por força do primado republicano, devem ser necessariamente impessoais, decorrentes de processo legislativo, tal como previsto no art. 59 da Constituição da República.

27. Nesse mesmo sentido observa Hans Kelsen que as normas jurídicas que permitem também podem ser violadas tomando em conta a conduta do seu destinatário que "age ou não age de acordo com o poder ou competência que a norma lhe atribui" (*Teoria Pura do Direito*, São Paulo, Martins Fontes, 1998, p. 17).

De forma ainda mais contundente, Celso Antônio Bandeira de Mello assinala: "A feição específica da prescrição jurídica é a imposição, a exigência. Mesmo quando a norma faculta uma conduta, isto é, permite – ao invés de exigi-la –, há, subjacente a esta permissão, um comando obrigatório e coercitivamente assegurável: o obrigatório impedimento a terceiros de obstarem ao comportamento facultado a outrem e a sujeição ao poder que lhes haja sido deferido, na medida e condições do deferimento feito" (*Eficácia das Normas Constitucionais e Direitos Sociais*, cit., 1ª ed., 2ª tir., Capítulo I, item 9, pp. 12-13).

FUNÇÕES ESTATAIS E O ATO LEGISLATIVO   75

III – 3.1 Processo legislativo e ato legislativo

9. Oswaldo Aranha Bandeira de Mello notou, com argúcia, que o exercício da função legislativa pode ser segregado em dois elementos fundamentais: *matéria legislada* e *ação de legislar*.[28] A matéria legislada é o conteúdo do ato legislativo, tal como definimos.

A ação de legislar, por seu turno, é o procedimento de elaboração legislativa ou, simplesmente, processo legislativo. Uma sequência concatenada de atos jurídicos que, ligados por vínculo de imputação, devem ser ultrapassados para, ao final, ser produzida uma lei.[29]

A diferença fundamental entre esses institutos é a mesma existente entre *processo* e *produto*. Este é resultado daquele. Logo, a *ação de legislar* é processo; *matéria legislada* é produto.

10. Feitos esses esclarecimentos, percebe-se que diversos atos no curso desse procedimento influenciam, juridicamente, a formação da *matéria legislada*, quais sejam: iniciativa, emenda, votação, sanção ou veto, promulgação e referendo.[30]

Assim, quando tratarmos da responsabilidade patrimonial do Estado por atos legislativos nela incluiremos não só o ato legislativo – tal como definimos –, mas também os atos jurídicos que influenciam seu processo de formação e que, por essa razão, poderão, em tese, fazer surgir para o Estado o dever de recompor patrimonialmente a esfera jurídica lesada do particular.

E assim nos portamos não só por amor científico, mas, adicionalmente, por uma incontestável visão pragmática.

Verifique-se, por exemplo, que a Emenda Constitucional 19/1998, na parte em que alterou a redação do art. 39, *caput*, foi julgada inconstitucional pelo STF ao argumento de que houve vício em sua trami-

28. Oswaldo Aranha Bandeira de Mello, *Princípios Gerais de Direito Administrativo*, cit., 3ª ed., vol. I, p. 276.

29. Essa noção também está revelada no pensamento de José Afonso da Silva, ao assinalar que: "Por *processo legislativo* entende-se o *conjunto de atos* (iniciativa, emenda, votação, sanção, veto) *realizados pelos órgãos legislativos visando à formação das leis constitucionais, complementares e ordinárias, resoluções e decretos legislativos.* (...)" (*Curso de Direito Constitucional Positivo*, 33ª ed., São Paulo, Malheiros Editores, 2010, p. 524).

30. O referendo a que fazemos alusão é o previsto no art. 87, parágrafo único, I, da Constituição da República, por meio do qual o ministro de Estado deve referendar os atos praticados pelo chefe do Poder Executivo.

tação (ou seja, na *ação de legislar* ou, ainda, no seu *regular processo legislativo*).[31] O mesmo se diga em relação a inúmeras leis formais julgadas inconstitucionais por vício de iniciativa.[32]

Logo, é possível que a responsabilidade patrimonial do Estado por atos legislativos decorra tanto do *produto legislado* como do *processo legislativo*. Daí a importância de nos debruçarmos sobre esse dois temas no curso desta obra.

Passemos, agora, ao aspecto central do trabalho, uma vez que já delimitamos nosso objeto.

---

31. STF, Tribunal Pleno, ADI 2.135, rel. Min. Néri da Silveira, *DJU* 7.3.2008.

32. STF, Tribunal Pleno, ADI 1.594, rel. Min. Eros Grau, *DJU* 22.8.2008; STF, Tribunal Pleno, ADI 3.362, rel. Min. Marco Aurélio, *DJU* 28.3.2008. No primeiro caso julgou-se inconstitucional uma lei estadual que concedeu anistia às sanções impostas a servidores públicos estaduais, ao argumento de que o projeto de lei que deu início ao processo legislativo não havia sido encaminhado pelo chefe do Poder Executivo, tal como prescreve a Constituição. Já, no segundo caso reconheceu-se que *apenas* lei de iniciativa do Poder Judiciário pode propor a alteração do número de membros dos tribunais.

Capítulo IV

RESPONSABILIDADE DO ESTADO POR ATOS LEGISLATIVOS

IV – 1 Responsabilidade patrimonial do Estado, sacrifício de direito e limitações administrativas à liberdade e à propriedade: IV – 1.1 Conceito de "princípio", supremacia do interesse público sobre o interesse privado e cedência recíproca dos princípios. IV – 2 O "dano lícito" e a sua recomposição patrimonial: IV – 2.1 Elementos deflagradores do dever do Estado de indenizar por dano lícito; IV – 2.2 Causas excludentes do dano lícito; IV – 2.3 Regime de indenização dos "danos lícitos" (e, portanto, oriundos de sacrifício de direito). IV – 3 Fundamento jurídico autorizador da responsabilidade patrimonial do Estado por atos legislativos: IV – 3.1 A construção da teoria da responsabilidade do Estado por danos lícitos oriundos de atos legislativos: IV – 3.1.1 A omissão legislativa lícita causa dano lícito indenizável?; IV – 3.1.2 A comissão legislativa lícita "pode causar" dano lícito "indenizável"?: IV – 3.1.2.1 O óbice decorrente do exercício da soberania; IV – 3.1.2.2 A segurança jurídica como óbice ao desenvolvimento desta Nação e os atos de império; IV – 3.1.2.3 O Parlamento não age com culpa e, por isso, não há responsabilidade do Estado; IV – 3.1.2.4 Óbice da generalidade e abstração das leis; IV – 3.1.3 A necessidade de prévia indenização por "danos lícitos": IV – 3.1.3.1 Direito à prévia indenização em face de sacrifício de direito (i) antecipadamente conhecido e determinável, (ii) economicamente mensurável, (iii) especial e (iv) anormal; IV – 3.1.3.2 As formas de sacrifício de direito estão englobadas no conceito de "direito de propriedade" e o direito de propriedade pode ser objeto de desapropriação; IV – 3.1.3.3 Aplicam-se as garantias do regime de desapropriação às hipóteses de sacrifício de direito; IV – 3.2 A construção da teoria da responsabilidade do Estado por danos ilícitos oriundos de atos legislativos: IV – 3.2.1 A omissão legislativa ilícita causa dano ilícito indenizável?; IV – 3.2.2 A comissão legislativa ilícita causa dano ilícito indenizável?.

78 RESPONSABILIDADE PATRIMONIAL DO ESTADO

IV – 1 Responsabilidade patrimonial do Estado, sacrifício de direito e limitações administrativas à liberdade e à propriedade

1. Sendo o Direito uma invenção humana, ele edifica suas próprias realidades[1] e lhes dá tratamento jurídico peculiar. E isso para, pretendendo regular o comportamento humano, dar segurança às relações intersubjetivas.

Entre nós cumpriu à Constituição da República atribuir às pessoas um plexo de direitos, obrigações, poderes e deveres.[2]

Por essa razão, a liberdade e a propriedade estão confinadas aos limites prescritos pela ordem jurídica. Desse modo, os denominados direitos de liberdade e de propriedade se revelam no desenho jurídico que a liberdade e a propriedade recebem no direito positivo.[3]

Por força disso, as limitações administrativas qualificam-se como a prerrogativa outorgada ao Estado para investir contra a liberdade e a propriedade de modo a que o seu exercício se processe nos confins es-

---

1. Em texto inédito (*O Homem e a Sociedade*) mas há décadas utilizado nos primeiros anos do Curso de Graduação da Faculdade de Direito da PUC/SP, Celso Antônio Bandeira de Mello esclarece que "o órgão criador das regras jurídicas pode dar origem a 'realidades conceituais', válidas para a ordem jurídica, mesmo que estejam em flagrante contraste ou desconformidade com as realidades naturais ou morais. Assim, por exemplo, em passado recente, na África do Sul, onde os homens de raça branca e de raça negra estavam submetidos a regimes jurídicos diferentes, um homem branco, desejando casar-se com uma mulher de raça negra, necessitava passar a qualificar-se juridicamente como negro, uma vez que brancos, nos antigos termos da legislação daquele País, não podiam casar-se com negros. Por conseguinte, perante o Direito, transformou-se em negro. Obviamente, sua cor de pele e sua raça não mudaram; entretanto, converteu-se, em face da ordem normativa, em negro, 'para os efeitos de direito'. Posteriormente, havendo sido abandonado pela esposa, solicitou fosse 'transformado' em branco. Percebe-se que, diante do mundo natural, nada mudou, nem poderia. Todavia, em face do mundo jurídico-normativo, que é autônomo em relação ao mundo natural, houve real alteração jurídica".

2. Há tempos empregamos as expressões "poder", "dever", "direito" e "obrigação" à moda de Santi Romano (*Fragmentos de un Diccionario Jurídico*, trad. de Santiago Sentís Melendo e Marino Ayerra Redín, Buenos Aires, EJEA, 1964), Massimo Severo Giannini (*Lezioni di Diritto Amministrativo*, vol. I, Milão, Giuffrè, 1950, p. 270) e Celso Antônio Bandeira de Mello (*Eficácia das Normas Constitucionais e Direitos Sociais*, 1ª ed., 2ª tir., São Paulo, Malheiros Editores, 2010, Capítulo II, item 2, p. 22), como se pode verificar do nosso "A natureza jurídica das taxas destinadas ao Fundo de Fiscalização das Telecomunicações – FISTEL", in Eduardo de Carvalho Borges (org.), *Tributação nas Telecomunicações*, São Paulo, Quartier Latin, 2004, pp. 279-296).

3. Nesse sentido: Renato Alessi, *Principi di Diritto Amministrativo*, 4ª ed., vol. II, Milão, Giuffrè, 1978, p. 587.

RESPONSABILIDADE DO ESTADO POR ATOS LEGISLATIVOS   79

tabelecidos pelo ordenamento jurídico.[4] Enfim, para que a liberdade e a propriedade se ajustem aos seus limites jurídicos.

É bem verdade que se pode examinar o objeto subjacente às limitações administrativas por perspectivas distintas. Com efeito, se elas forem prescritas por força do exercício da função legislativa, tratar-se-á de limitação administrativa em sentido amplo. Se, pelo contrário, decorrerem do exercício da função administrativa, então, elas serão denominadas de limitações administrativas em sentido estrito.[5]

De qualquer modo, como as limitações administrativas balizam o perfil jurídico da propriedade e da liberdade, sua explicitação, cria-

4. Esse pensamento, aliás, é a tradução de uma ideia corrente na doutrina (por todos: Celso Antônio Bandeira de Mello, *Curso de Direito Administrativo*, 27ª ed., São Paulo, Malheiros Editores, 2010, p. 818, e Renato Alessi, *Sistema Istituzionale del Diritto Amministrativo Italiano*, 3ª ed., Milão, Giuffrè, 1960, p. 533). Entretanto, alguns – dentre os quais Hely Lopes Meirelles (*Direito Administrativo Brasileiro*, 15ª ed., 1990, p. 529; 36ª ed., São Paulo, Malheiros Editores, 2010, p. 663) e Fernando Garrido Falla (*Tratado de Derecho Administrativo*, 11ª ed., vol. II, Madri, Tecnos, 2002, p. 157) – entendem que as limitações administrativas condicionam o exercício de um direito, com o quê não se concorda. Jean Rivero (*Direito Administrativo*, Coimbra, Livraria Almedina, 1981, pp. 478-479), de outra banda, observa que a polícia administrativa se qualifica como modalidade de intervenção à livre ação dos particulares, ideia que se aproxima das lições de Celso Antônio Bandeira de Mello, Renato Alessi, Fritz Fleiner (*Instituciones de Derecho Administrativo*, trad. da 8ª ed. alemã, Madri, Editorial Labor, 1933, pp. 311-312), Seabra Fagundes (*O Controle dos Atos Administrativos pelo Poder Judiciário*, 7ª ed., Rio de Janeiro, Forense, 2006, p. 308, nota de rodapé 46), José dos Santos Carvalho Filho (*Manual de Direito Administrativo*, 17ª ed., Rio de Janeiro, Lumen Juris, 2007, p. 676) e Heraldo Garcia Vitta (*Poder de Polícia*, São Paulo, Malheiros Editores, 2010, pp. 77-85).

5. Alguns autores nem ao menos fazem essa espécie de diferenciação. José dos Santos Carvalho Filho, por exemplo, acolhe o sentido amplo da expressão sem, entretanto, narrar a existência da segunda possibilidade (*Manual de Direito Administrativo*, cit., 17ª ed., p. 678). Outros, como Edmir Netto de Araújo (*Curso de Direito Administrativo*, São Paulo, Saraiva, 2005, p. 997), entendem que as limitações administrativas abarcam em seu conteúdo apenas os atos gerais e abstratos, porquanto o enquadramento desses conceitos ao caso concreto tipificaria o nascimento de servidões administrativas ou ocupação temporária – sendo assaz criticável essa visão.

Há quem, no entanto, reconheça essa diferença, acolhendo suas consequências jurídicas (Celso Antônio Bandeira de Mello, *Curso de Direito Administrativo*, cit., 27ª ed., p. 822, e Luís Manuel Fonseca Pires, *Limitações Administrativas à Liberdade e à Propriedade*, São Paulo, Quartier Latin, 2006, pp. 126-129), e quem (como Maria Sylvia Zanella Di Pietro, *Direito Administrativo*, 20ª ed., São Paulo, Atlas, 2007, pp. 118-119), a despeito de reconhecê-la, a desacolhe, por entender que, em casos concretos, ela pode se confundir com a servidão administrativa (e não, necessariamente, se confunde, como assinala Edmir Netto de Araújo).

ção[6] ou concreta aplicação não deflagrarão a imposição de um dano (jurídico ou antijurídico).

Afinal, como as limitações obram em campo externo ao perfil jurídico da liberdade e da propriedade, nesses casos não se fala em sacrifício ou lesão de direito. Haverá – reconheça-se – sacrifício ou lesão da liberdade ou da propriedade em prol do interesse público.[7] Todavia, essa última modalidade de lesão não é passível de reparação, por não ser juridicamente tutelada.[8]

E, se isso é verdade, o Estado não será colocado na contingência de recompor o patrimônio alheio pelo fato de ter legitimamente exercido uma prerrogativa pública tendente a criar, explicitar ou dar aplicação às limitações administrativas.[9]

6. Aqui se fala em "criação" pois em determinadas hipóteses a ordem jurídica autoriza que o perfil jurídico da liberdade ou de uma faceta da propriedade seja ampliado ou reduzido legislativamente. É o que sucede, por exemplo, na hipótese do art. 5º, XIII, da Constituição da República, por meio do qual se permite que o exercício de uma atividade profissional venha a ser condicionado ao atendimento de uma qualificação prevista em lei. Tome-se por paradigma o exame de suficiência realizado pela Ordem dos Advogados do Brasil/OAB, cuja aprovação é pressuposto para o válido desempenho da Advocacia pública e privada.

7. Para Celso Antônio Bandeira de Mello *interesse público* não é o somatório dos interesses de cada um dos membros da sociedade, mas o somatório do interesse do corpo social. Ou seja, o interesse que habita em cada membro do corpo social enquanto elemento integrante da Nação, e não como partícula destacada do todo unitário. Para esse autor, *interesse público* é, pois, "o interesse resultante do conjunto dos interesses que os indivíduos pessoalmente têm quando considerados em sua qualidade de membros da sociedade e pelo simples fato de o serem" (*Curso de Direito Administrativo*, cit., 27ª ed., p. 61 – Capítulo I, item 37).

8. A jurisprudência é tortuosa nessa matéria, e muito frequentemente confunde esses institutos jurídicos, tomando uns pelos outros. É o que, por exemplo, sucedeu no STJ por ocasião do julgamento do REsp 435.128. Nesse caso constou da ementa do julgado o seguinte dizer: "*Limitação administrativa*. Consoante reiterada jurisprudência do STJ, *a limitação gera obrigação de indenizar quando resulta em prejuízo para o proprietário*" (STJ, 1ª Turma, REsp 435.128, rel. Min. Luiz Fux, *DJU* 19.5.2003). Por óbvio que a hipótese analisada era, em rigor, de sacrifício de direito ou de responsabilidade patrimonial do Estado, e não de limitação administrativa.

9. Eduardo García de Enterría reconhece esse traço nuclear da limitação administrativa, porquanto ela "no modifica el derecho subjetivo afectado, ni tampoco la capacidad jurídica o de obrar del titular, sino que actúa, exclusivamente, sobre las condiciones de ejercicio de dicho derecho, dejando inalterado todo el resto de los elementos del mismo". E, justamente por isso, observa que "una nota común a todas las limitaciones es su no *indemnizabilidad*" (*Curso de Derecho Administrativo*, 10ª ed., vol. II, Madri, Civitas, 2006, pp. 107 e 103). Entre nós é corrente a ideia segundo a qual as limitações administrativas não comportam qualquer espécie de

RESPONSABILIDADE DO ESTADO POR ATOS LEGISLATIVOS   81

2. Situação absolutamente diversa ocorre naquelas oportunidades em que se opera o sacrifício de direito. Em tais circunstâncias não há entrechoque entre as "ações dos particulares" (Jean Rivero) e o perfil jurídico dessas ações. Há, pelo contrário, um confronto entre direitos. É dizer, com base em uma prerrogativa jurídica conferida pela Constituição da República, o Poder Público investe contra direito alheio aniquilando-o ou, ainda, amesquinhando-o para, com isso, satisfazer o interesse da coletividade.[10]

Alguns autores não adotam essa forma de classificação das intervenções do Estado na liberdade e na propriedade alheia, ao argumento de que a limitação administrativa é uma espécie do gênero restrição administrativa.[11]

Outros, porém, propõem uma classificação diversa, tomando em conta sua natureza e seus efeitos jurídicos. Sob esse critério, as modalidades de "intervenção do estado na liberdade e na propriedade" classificam-se em (i) intervenções restritivas e (ii) intervenções supressivas.[12]

Há, por fim, quem leve em consideração apenas os aspectos concretos da atuação do Estado nesse campo, hipótese em que essa atividade não seria decomposta organicamente em gêneros e espécies. Em tais

medida patrimonialmente reparadora (por todos, Celso Antônio Bandeira de Mello, *Curso de Direito Administrativo*, cit., 27ª ed., pp. 819-820, e Hely Lopes Meirelles, *Direito Administrativo Brasileiro*, 15ª ed., 1990, p. 529; 36ª ed., 2010, pp. 564-565 e 671).

Todavia, é frequente a confusão na qualificação de uma limitação administrativa, inclusive pela nossa mais alta Corte. Em algumas oportunidades os Ministros do STF firmaram entendimento no sentido de que as limitações administrativas ensejam indenização se amesquinharem o exercício de dado direito (STF, 2ª Turma, RE 140.436, rel. Min. Carlos Velloso, *DJU* 6.8.1999), ainda que em outras oportunidades tenham adotado a noção corrente de limitação administrativa e, por isso mesmo, negado pleito indenizatório formulado por particular (STF, 2ª Turma, AI 129.993, rel. Min. Carlos Velloso, *DJU* 4.2.1994).

Hely Lopes Meirelles (*Direito Administrativo Brasileiro*, 15ª ed., 1990, p. 534; 36ª ed., 2010, p. 669) registra a frequência do desacerto da jurisprudência nessa matéria e revela que não se pode confundir o instituto em comento com *restrições de vizinhança*, *servidões administrativas* e, até mesmo, com *desapropriação*.

10. Essa é a classificação proposta por Celso Antônio Bandeira de Mello (*Curso de Direito Administrativo*, cit., 27ª ed., pp. 668-669).

11. É o caso, por exemplo, de Edmir Netto de Araújo (*Curso de Direito Administrativo*, cit., p. 994) e Maria Sylvia Zanella Di Pietro (*Direito Administrativo*, 20ª ed., São Paulo, Atlas, 2007, pp. 110-112).

12. Coube a José dos Santos Carvalho Filho propugnar esta tese em seu *Manual de Direito Administrativo* (cit., 17ª ed., p. 663).

82 RESPONSABILIDADE PATRIMONIAL DO ESTADO

circunstâncias cumpriria ao exegeta agrupá-las em classes, em razão de um ou outro elemento comum.[13]

Como as classificações não são certas ou erradas – o que, aliás, é corrente na doutrina[14] –, o que se coloca em pauta para adoção de uma ou outra corrente reside apenas na eleição do critério de utilidade.

Pela noção acolhida, o critério classificatório eleito mostra-se prestante a identificar as situações em que se investe contra a propriedade e a liberdade e aqueloutras em que se investe contra o perfil jurídico desses institutos. As primeiras não rendem direito a indenização, ao passo que as últimas *podem* dar ensejo a indenização.

As hipóteses tipificadoras de sacrifício de direito têm como traço comum – seu verdadeiro elemento aglutinador – a ideia segundo a qual o esgarçamento de um direito subjetivo ou de um interesse juridicamente protegido é autorizado pela ordem jurídica. Quer-se com isso dizer que a *investida* realizada pelo Poder Público contra um direito subjetivo ou interesse juridicamente protegido[15] – seja para aniquilá-lo seja para limitá-lo – é *lícita*. Existe, pois, um *dano legítimo* a direito. E nisso reside a abissal diferença entre o sacrifício de direito e a responsabilidade patrimonial do Estado.[16]

Não é por outra razão que – com base nas lições de Eduardo García de Enterría e Weida Zancaner – se acolhe a ideia segundo a qual o

13. É o que fizeram Hely Lopes Meirelles (*Direito Administrativo Brasileiro*, 15ª ed., 1990, p. 497; 36ª ed., 2010, p. 632) e Diógenes Gasparini (*Direito Administrativo Brasileiro*, 13ª ed., São Paulo, Saraiva, 2008, p. 796).

14. Genaro R. Carrió, *Notas sobre Derecho y Lenguaje*, 1ª ed., 6ª reimpr., Buenos Aires, Abeledo-Perrot, 1976.

Observe-se que pode haver um problema intestino na classificação proposta quando houver descompasso entre as premissas eleitas e as conclusões atingidas. Nesse caso, por óbvio, haverá uma classificação errada. Não se trata, contudo, de um problema inerente às classificações mas à sua edificação.

15. Aqui se diz que a investida é realizada contra um direito subjetivo ou interesse juridicamente protegido, pois se houver modificação do direito objetivo o problema não será, em regra, de sacrifício de direito, mas sim de alteração legislativa. Se, no entanto, essa alteração legislativa amesquinhar *legitimamente* um direito subjetivo ou interesse juridicamente protegido, a questão deverá ser examinada por um prisma diverso, eis que a hipótese concreta revelará uma conduta tipificadora de sacrifício de direito. Marcello Caetano (*Manual de Direito Administrativo*, 10ª ed., 7ª reimpr., t. II, Coimbra, Livraria Almedina, 2004, p. 1241) e J. J. Gomes Canotilho (*O Problema da Responsabilidade do Estado por Atos Lícitos*, Coimbra, Livraria Almedina, 1974, p. 79) explicitamente concordam com esse pensamento.

16. Sob fundamento diverso, mas escorada na mesma ideia, é a opinião de Renato Alessi (*Principi di Diritto Amministrativo*, cit., 4ª ed., vol. II, p. 611).

RESPONSABILIDADE DO ESTADO POR ATOS LEGISLATIVOS 83

dano antijurídico é o "fato gerador" da responsabilidade patrimonial do Estado. E essa opção não se deu ao arrepio da ordem jurídica (*de lege ferenda*, portanto), mas, pelo contrário, à luz dos ditames do art. 37, § 6º, da Constituição da República.

Tratando-se de sacrifício de direito, o Estado ou quem lhe faça as vezes gozará de prerrogativa jurídica para legitimamente investir[17] contra um direito subjetivo ou um interesse juridicamente protegido. Nesse caso, o *dano* infligido a direito de terceiro é *jurídico*. Há, pois, um *dano lícito*.

Entretanto, do fato de um *dano lícito* ter sido perpetrado pelo Estado ou por quem lhe faça as vezes não se segue que haja imunidade estatal ao dever de recompor o patrimônio alheio em medida correspondente à expressão econômica do direito lesado.

Afinal, poder-se-ia pensar que de um *dano lícito* causado pelo Poder Público não seria cabível qualquer espécie de medida reparadora, já que a ordem jurídica não restou lesada.

No entanto, preenchidos determinados requisitos, adiante esboçados, o Poder Público será colocado na contingência de recompor o *dano licitamente perpetrado* ao patrimônio alheio, ainda que tal medida não tenha causado desarmonia no sistema jurídico.

3. Antes de se ingressar nessa questão – sobremaneira importante para o equacionamento do tema central deste trabalho –, cumpre debruçar sobre algumas questões muito em voga nos dias que correm, eis que fundamentais ao escorreito desenvolvimento do tema.

Afinal, tendo os direitos de propriedade e de liberdade sido alçados à condição de cláusulas pétreas, qual o fundamento jurídico que autoriza seu aniquilamento ou parcial esgarçamento? Eles cedem passo a outras garantias? Há garantias intransponíveis e que, por isso, não podem ser amesquinhadas total ou parcialmente? Há um princípio que preside esse recíproco entrechoque de garantias?

Para que essas perguntas sejam respondidas é imperioso definir o que é "princípio", seu *status* normativo e o modo de sua aplicação na dinâmica de funcionamento do Direito.

---

17. Essa investida levada a efeito pelo Estado ou quem lhe faça as vezes é denominada por Jean Rivero de "fato constitutivo da responsabilidade" do Estado de indenizar o particular (*Direito Administrativo*, cit., p. 319).

84 RESPONSABILIDADE PATRIMONIAL DO ESTADO

IV – 1.1 Conceito de "princípio", supremacia do interesse público sobre o interesse privado e cedência recíproca dos princípios

4. O Direito pretende regular o comportamento humano por meio de normas jurídicas. A ciência do Direito, por seu turno, procura compreender o funcionamento das normas jurídicas de modo *sistemático*.[18] São dois mundos que não se tocam, pois à ciência do Direito cumpre descrever o direito objetivo. Por isso mesmo a ciência é enunciada em linguagem descritiva e o direito positivo em linguagem prescritiva.

Percebe-se, pois, que o direito positivo não é um sistema. É uma realidade que pode ser compreendida de forma sistemática.

Dentre as várias acepções em que se pode compreender um sistema jurídico,[19] aderimos àquela proposta por Geraldo Ataliba, segundo a qual "o caráter orgânico das realidades componentes do mundo que nos cerca e o caráter lógico do pensamento humano conduzem o homem a abordar as realidades que pretende estudar sob *critérios unitários*, de alta utilidade científica e conveniência pedagógica, em tentativa do reconhecimento coerente e harmônico da composição de diversos elementos em um todo unitário, integrado em uma realidade maior. A esta composição de elementos, sob perspectiva unitária, se denomina *sistema*".[20]

18. Alf Ross esclarece o ponto de conjugação entre direito positivo e Direito (ciência do Direito). Diz ele: "A tarefa da *ciência* do Direito é *expor o Direito* vigente. Esta tarefa requer que a *exposição possua um sistema*, que a ordem e a conexão nas quais o material é apresentado sejam dispostas segundo um plano definido. O ordenamento sistemático é valioso, primeiramente, por razões práticas: é essencial por questão de clareza, a título de meio de entrever o caminho no complexo tema do Direito (...). O sistema também serve de fundamento para uma divisão do estudo do Direito, que, pelo menos na atualidade, é indispensável. A organização sistemática é valiosa, também, por razões teóricas. Se baseada em critérios relevantes, ajuda o estudioso a analisar o material jurídico, revela problemas e exibe semelhanças e diferenças ocultas" (*Direito e Justiça*, São Paulo, Edipro – Edições Profissionais, 2000, p. 239) (grifos nossos).

19. A respeito das diversas noções de "sistema jurídico", leiam-se: Maria Helena Diniz, *As Lacunas no Direito*, 7ª ed., São Paulo, Saraiva, 2002, pp. 89-118; Francis Hamon, Michel Troper e Georges Burdeau, *Direito Constitucional*, 27ª ed., São Paulo, Manole, 2005, pp. 2-9; Paulo Bonavides, *Curso de Direito Constitucional*, 25ª ed., São Paulo, Malheiros Editores, 2010, pp. 107-140 – que oferece apanhado histórico da evolução da ideia de sistema jurídico até os dias atuais; e Jean Rivero, *Curso de Direito Administrativo Comparado*, 2ª ed., São Paulo, Ed. RT, 2004, pp. 85-116.

20. Geraldo Ataliba, *Sistema Constitucional Tributário Brasileiro*, São Paulo, Ed. RT, 1968, p. 4.

RESPONSABILIDADE DO ESTADO POR ATOS LEGISLATIVOS 85

Sob essa óptica, os critérios unitários do sistema jurídico se denominam "princípios". Não obstante isso, o conteúdo significativo do objeto subjacente à noção de princípio é ambíguo e vago.

Ou seja, a palavra "princípio" não é utilizada apenas para designar o critério unificador de um sistema jurídico. Com apoio nas lições de Genaro Carrió[21] é possível notar que há diversos sentidos possíveis para esse conceito, dentre os quais (i) parte ou ingrediente importante de algo, núcleo básico ou, ainda, característica central; (ii) regra, guia, orientação ou indicações gerais; (iii) fonte geradora, causa ou origem; (iv) finalidade, objetivo, propósito ou meta; (v) premissa, ponto de partida, verdade teórica postulada como evidente ou essência; (vi) regra prática de conteúdo evidente e verdade ética inquestionável; e, ainda (vii) uma máxima.[22]

Assim, a palavra "princípio" pode veicular objetos significativos muito distintos. Vale dizer: não há univocidade de sentido para aquilo que se pretende designar com essa palavra.

Como adotamos a noção segundo a qual um princípio orienta a interpretação e a produção das demais normas do sistema jurídico, acolhemos o sentido proposto por Celso Antônio Bandeira de Mello.[23]

21. Genaro Carrió, *Princípios Jurídicos e Positivismo Jurídico*, Buenos Aires, Abeledo-Perrot, 1970, pp. 34-38.
22. Esses vários sentidos da palavra "princípio" já haviam sido notados por Estevão Horvath (*O Princípio do Não Confisco no Direito Tributário*, São Paulo, Dialética, 2002, p. 21), Celso Antônio Bandeira de Mello (*Curso de Direito Administrativo*, cit., 27ª ed., pp. 53-54, nota de rodapé 34), Paulo Bonavides (*Curso de Direito Constitucional*, cit., 25ª ed., pp. 272 e 277) e Maurício Zockun (*Regime Jurídico da Obrigação Tributária Acessória*, São Paulo, Malheiros Editores, 2005, pp. 37-38).
23. Para ele, princípio é, "por definição, mandamento nuclear de um sistema, verdadeiro alicerce dele, disposição fundamental que se irradia sobre diferentes normas compondo-lhes o espírito e servindo de critério para sua exata compreensão e inteligência exatamente por definir a lógica e a racionalidade do sistema normativo, no que lhe confere a tônica e lhe dá sentido harmônico. (...)" (*Curso de Direito Administrativo*, cit., 27ª ed., pp. 958-959). E, por força disso, "qualquer disposição, qualquer regra jurídica (...) para ser constitucional, necessita estar afinada com o princípio (...) realizar seu espírito, atender à sua direção estimada, coincidir com seu elemento axiológico, expressar seu conteúdo. Não se pode entender corretamente uma norma constitucional sem atenção aos princípios consagrados na Constituição e não se pode tolerar uma lei que fira um princípio adotado na Carta Magna. Violar um princípio é muito mais grave que transgredir uma norma qualquer. A desatenção ao princípio implica ofensa não apenas a um específico mandamento obrigatório, mas a todo o sistema de comandos. É a mais grave forma de ilegalidade ou inconstitucionalidade, conforme o escalão do princípio atingido, porque representa insurgência contra todo o sistema, subversão dos seus valores fundamentais, contumélia irremissível

86 RESPONSABILIDADE PATRIMONIAL DO ESTADO

5. Logo, dentre as diversas acepções existentes a respeito da noção de princípio, cumpre a cada um adotar aquela que se melhor lhe afigure para identificar o especial modo de interpretação e aplicação dos comandos normativos.

A propósito desse assunto, destacamos aquela acepção que vem ganhando fôlego e fazendo escola entre nós. Trata-se da noção de princípio proposta por Robert Alexy.[24]

Alexy parte de um conceito de "norma jurídica" como a interpretação que se faz do texto da lei.[25] Superada essa premissa, esclarece que as normas de direitos fundamentais são aquelas indicadas nos arts. 1º a 19 da Constituição alemã, independentemente do conteúdo,[26] associado ao catálogo de "direitos" que autorizam o exercício da "reclamação constitucional".

A partir dessa especial conformação da realidade jurídica alemã, Alexy propõe uma distinção entre *regras* e *princípios* para a compreensão da teoria dos direitos fundamentais (no direito positivo alemão, por óbvio).

Sob essa óptica, princípios qualificam-se como "comandos de otimização". Assim, caso os preceitos neles veiculados entrem em rota de colisão, um cederá espaço para que outro prevaleça. Essa colisão não aniquilará da ordem jurídica o referido princípio, já que eles são meros "comandos de otimização".

O sistema de conflito entre as regras, por seu turno, não observa o mesmo modelo. Caso elas conflitem, uma deverá ser extinta, para que a outra prevaleça.[27]

a seu arcabouço lógico e corrosão de sua estrutura mestra" (Celso Antônio Bandeira de Mello, "Criação de secretarias municipais", *RDP* 15/285, São Paulo, Ed. RT).

24. Robert Alexy, *Teoria dos Direitos Fundamentais*, trad. da 5ª ed. alemã por Virgílio Afonso da Silva, São Paulo, Malheiros Editores, 2008, pp. 85-179.

25. Alexy utiliza a expressão "enunciado normativo" para se referir ao texto da lei e "conceito semântico de norma" para significar a construção da norma em um modelo lógico de hipótese e consequência (modelo hipotético-condicional), por meio do qual se veiculam os modais deônticos (esses modais representam a totalidade dos meios lógicos prestantes a disciplinar a conduta humana, a saber: *obrigar* uma pessoa a fazer e a não fazer algo, *permitir* que uma pessoa faça ou não faça algo e, por fim, *proibir* que uma pessoa faça ou não faça algo).

26. Percebe-se que o critério adotado por Alexy para classificar as normas fundamentais na ordem jurídica germânica é formal, o que foi por ele mesmo esclarecido (*Teoria dos Direitos Fundamentais*, cit., pp. 68-69).

27. Para registrar a diferença entre *princípios* e *regras* Alexy utiliza vocábulos distintos para assinalar o embate entre categorias de uma mesma classe: há *colisão*

RESPONSABILIDADE DO ESTADO POR ATOS LEGISLATIVOS   87

6. A teoria proposta por Robert Alexy não afasta o emprego da noção tradicional de "princípio". Deveras, sendo essas visões pautadas em premissas distintas, sua coexistência pacífica é possível.[28]

Os problemas a respeito desse assunto têm início no momento em que essas noções são baralhadas e utilizadas de forma unívoca, como se só existisse uma única definição válida de "princípio". Segundo Virgílio Afonso da Silva, "isso fica claro quando alguns autores, a despeito de usarem a distinção de Alexy como ponto de partida, elaboram classificações de princípios constitucionais que inserem na categoria dos princípios normas que, se coerentes com a forma de distinção proposta por Alexy, deveriam ser consideradas como regras".[29]

Daí por que não se concorda com certas opiniões que pretendem desacreditar a visão tradicional de *princípio*, ao argumento de que seus seguidores (i) estão metodologicamente ligados a uma visão mais antiga, (ii) encontram-se comprometidos com o Positivismo Jurídico, (iii) são partidários de concepções que relevam visões atualizadas, (iv) não levam na devida conta os fatores históricos, políticos e sociológicos e, por fim, (v) não aceitam recentes mudanças de interpretação.[30]

É induvidoso, a nosso ver, que esses autores talvez devessem aprofundar sua análise do efetivo pensamento de Alexy. Daí por que, nesse ponto, e sem reservas, endossam-se as observações críticas de Virgílio Afonso da Silva.[31]

entre princípios, mas *conflito* entre regras (*Teoria dos Direitos Fundamentais*, cit., p. 91). A despeito disso, Alexy aparentemente não esclarece se (i) há hierarquia entre princípios e regras e (ii) o que fazer se há conflito entre princípios e regras. Afinal, como essa construção foi realizada à luz do Direito Alemão, nada indica que essas classes estejam em patamares hierárquicos diferentes, mormente porque o autor utilizou um critério formal para segregar os direitos fundamentais. E o que fazer com os princípios implícitos? Há regra absoluta?

28. Nesse sentido é recomendável a leitura de Virgílio Afonso da Silva, *A Constitucionalização do Direito – Os Direitos Fundamentais nas Relações Entre os Particulares*, 1ª ed., 2ª tir., São Paulo, Malheiros Editores, 2008, p. 35.

29. Virgílio Afonso da Silva, *A Constitucionalização do Direito – Os Direitos Fundamentais nas Relações Entre os Particulares*, cit., 1ª ed., 2ª tir., p. 36.

30. Por todos os que pensam nesse sentido aponta-se Daniel Sarmento, "Os princípios constitucionais e a ponderação de bens", in Ricardo Lobo Torres (org.), *Teoria dos Direitos Fundamentais*, 2ª ed., Rio de Janeiro, Renovar, 2004, p. 87.

31. Sem aderir explicitamente a esse pensamento, mas tecendo considerações que levam ao mesmo resultado prático, registre-se a aguçada opinião de Ricardo Marcondes Martins, que desconstruiu parcialmente um dos principais alicerces à ideia segundo a qual não há falar em supremacia do interesse público sobre o interesse privado (*Efeitos dos Vícios do Ato Administrativo*, São Paulo, Malheiros

88   RESPONSABILIDADE PATRIMONIAL DO ESTADO

De toda sorte, os equívocos não param por aí.

Tendo Alexy construído sua teoria sobre a noção formal do direito fundamental na Alemanha,[32] é imperioso que os adeptos locais dessa proposição façam algumas adaptações, "tropicalizando-a", por assim dizer.

Nesse sentido, basta relembrar que Alexy se pautou na classificação formal de direitos fundamentais na Alemanha para construção de sua teoria sobre princípio e regras. No entanto, nossos direitos fundamentais não estão aglutinados por um critério formal (adotado por Alexy), mas sim por um critério material.[33]

Editores, 2008, pp. 193-195, nota de rodapé 63). E, ainda mais recentemente, parece-nos obrigatória a leitura dos irrebatíveis argumentos lançados por Emerson Gabardo (*Interesse Público e Subsidiariedade*, Belo Horizonte, Fórum, 2009, pp. 251-324).

32. Essa visão a respeito da construção dos direitos fundamentais germânicos é severamente criticada por Konrad Hesse, que se vale de critério material para o mesmo propósito (*Elementos de Direito Constitucional da República Federal da Alemanha*, trad. da 20ª ed. alemã, Porto Alegre, Sérgio Antônio Fabris Editor, 1998, pp. 225-246, itens 277-302).

33. Para José Afonso da Silva são direitos fundamentais: direitos individuais, direito à nacionalidade, direitos políticos, direitos sociais, direitos coletivos e direitos solidários (*Curso de Direito Constitucional Positivo*, 33ª ed., São Paulo, Malheiros Editores, 2010, p. 184).

Após descortinar sobre a evolução histórica dos direitos fundamentais e as diversas teorias que procuram entendê-los, Paulo Bonavides pondera que entre nós esses direitos foram *materialmente* acolhidos pela cláusula da intangibilidade a que alude o art. 60, § 4º, do Texto Maior (*Curso de Direito Constitucional*, cit., 25ª ed., pp. 560-662).

Luiz Alberto David Araújo e Vidal Serrano Nunes Jr. sustentam a existência de *princípios fundamentais* e *direitos e garantias fundamentais*. Os primeiros são os objetivos fundamentais da República, ao passo que os últimos reúnem "os direitos de defesa do indivíduo perante o Estado", tutelados pelo art. 60, § 4º, da Constituição da República (*Curso de Direito Constitucional*, 9ª ed., São Paulo, Saraiva, 2005, pp. 93-204). No mesmo sentido é o pensamento de José Afonso da Silva (*Curso de Direito Constitucional Positivo*, cit., 33ª ed., p. 191).

Não se concorda, todavia, com essas considerações. Tem-se, pelo contrário, que o art. 5º da Constituição da República assinala um plexo de garantias da coletividade em face de qualquer pessoa. Nesse preceptivo constitucional alinhavaram-se instrumentos que acautelam e preservam o interesse público, sendo qualificável, pois, como o perímetro dentro do qual o Poder há de ser legitimamente exercido pelo Estado e pelos particulares (nesse sentido: Geraldo Ataliba, *República e Constituição*, 2ª ed., 4ª tir., São Paulo, Malheiros Editores, 2007, pp. 163-168).

Por isso mesmo que Paulo Bonavides prefere definir essas garantias como "garantias institucionais" protetivas das balizas fundamentais do Estado republicano (*Curso de Direito Constitucional*, cit., 25ª ed., pp. 536-542).

RESPONSABILIDADE DO ESTADO POR ATOS LEGISLATIVOS 89

Aliás, afora o próprio Alexy admitir que a "dignidade da pessoa humana" é um princípio absoluto, as exceções a essa proposta germânica brotam às dezenas entre nós.

Afinal, há tempos a doutrina nacional reconhece a possibilidade da existência de entrechoque entre direitos e garantias fundamentais,[34] que podem se afigurar como aparentes, falsos conflitos ou conflitos reais.[35] E na hipótese de um conflito real aplica-se o critério de solução de antinomias entre os conteúdos jurídicos dessas garantias (dentre os quais se perfilam: necessidade de ponderação, obediência ao primado na máxima restrição ou mínima restrição, dentre outros).

A despeito disso, talvez não se possa concluir que, entre nós, *todos* os direitos e garantias fundamentais são relativos e, por isso mesmo, passíveis de ponderação. Afinal, será que a *proibição da tortura* poderá ser um comando de otimização que cederá espaço a outro? Há possibilidade de relativizar o preceito segundo o qual uma pessoa não pode ser *privada*

A envergadura dessas garantias não se restringe, pois, à proteção dos direitos individuais. Pelo contrário. Por meio delas preservam-se o interesse público e os fundamentos coletivos da República.

Verifique-se, apenas a título de exemplo, que dentre as garantias arroladas no art. 5º perfilam-se a *ação popular*, a *requisição*, a *desapropriação*, a *função social da propriedade* e o *mandado de injunção* (mormente após a decisão declaratória *erga omnes* do STF no MI 718). Acaso esses instrumentos, mesmo em um súbito de vista, foram erigidos para garantia do particular em face do Estado? Pelo contrário, foram alçados *explicitamente* para defesa dos interesses da coletividade. Não é por outra razão, aliás, que o art. 5º está inserido topologicamente no título "Dos Direitos e Garantias Fundamentais" da República. E os "Direitos e Garantias Fundamentais" (Título II da Carta) prestam-se à satisfação dos "Princípios Fundamentais" (Título I da Carta), dentre os quais se perfilam a cidadania e a dignidade da pessoa humana, garantias que extrapolam os estritos limites dos interesses individuais e alcançam, como didaticamente prevê o art. 1º, parágrafo único, da Carta, o povo (projeção coletiva dos membros da sociedade).

E mesmo naquelas hipóteses em que o art. 5º da Constituição da República parece revelar a proteção de um plexo de garantias individuais em face dos membros da sociedade (*e.g.*, direito à imagem, direito à obra intelectual, direito à livre associação etc.), a Carta Magna prevê, em rigor, medidas protetivas do interesse público.

Daí por que, assentado nessas premissas, não se concorda com o pensamento daqueles que vêm nas garantias do art. 5º da Constituição da República uma forma de proteção do indivíduo em face do Estado.

34. Nesse sentido: Luiz Alberto David Araújo e Vidal Serrano Nunes Jr., *Curso de Direito Constitucional*, cit., 9ª ed., pp. 111-112.

35. Gilmar Ferreira Mendes, *Direitos Fundamentais e Controle de Constitucionalidade – Estudos de Direito Constitucional*, 3ª ed., São Paulo, Saraiva, 2004, pp. 77-79.

90   RESPONSABILIDADE PATRIMONIAL DO ESTADO

de direitos por motivo de *crença religiosa*? A *lei penal poderá retroagir em prejuízo do réu* diante do postulado de máxima otimização?

Não se nega que haja possibilidade da ponderação entre as garantias fundamentais – o que, aliás, já se assinalou de forma clara. Mas, por outro lado, não se vê espaço para a irrestrita aplicabilidade da proposta de Robert Alexy entre nós.[36]

7. Essas considerações críticas a respeito da teoria de Alexy são prestantes aos fins do trabalho.

Com efeito, para os adeptos da noção tradicional de "princípio" as relações jurídicas nascidas sob o império do direito público serão informadas pelo princípio da supremacia do interesse público[37] sobre o interesse privado.[38]

No entanto, valendo-se da teoria de Alexy, há quem venha sustentando que esse princípio pode ser relativizado, de sorte que em algumas oportunidades o interesse privado prevalece sobre o interesse público.[39]

36. É provável que nem mesmo Robert Alexy chegasse a solução diversa se tivesse em conta o ordenamento jurídico nacional.

37. Sobre o conceito de "interesse público", e por todos, leia-se Celso Antônio Bandeira de Mello, *Curso de Direito Administrativo*, cit., 27ª ed., pp. 58-65, itens 31-42.

38. No campo do direito público aderem a essa ideia de Celso Antônio Bandeira de Mello (*Curso de Direito Administrativo*, cit., 27ª ed., pp. 54-55, item 26) os seguintes juristas, dentre outros: Maria Sylvia Zanella Di Pietro (*Direito Administrativo*, cit., 20ª ed., pp. 59-62, item 3.3.2); Hely Lopes Meirelles (*Direito Administrativo Brasileiro*, 15ª ed., 1990, pp. 77 e 528; 36ª ed., 2010, pp. 105 e 629), que ponderava que a supremacia geral do Estado sobre os particulares tinha por propósito o bem-estar da comunidade; Diógenes Gasparini (*Direito Administrativo Brasileiro*, cit., 13ª ed., p. 20); Edmir Netto de Araújo (*Curso de Direito Administrativo*, cit., pp. 49-50); José dos Santos Carvalho Filho (*Manual de Direito Administrativo*, cit., 17ª ed., p. 26); e Alice Gonzalez Borges ("Supremacia do interesse público: desconstrução ou reconstrução", *RTDP* 44/93-108, São Paulo, Malheiros Editores, 2003).

Esse postulado que guia o direito público é correntemente acolhido no âmbito do STF (2ª Turma, ROMS 2.265, rel. Min. Nelson Jobim, *DJU* 4.8.2006, e 2ª Turma, AgR no RE 368.558, rel. Min. Carlos Velloso, *DJU* 12.12.2004).

39. É o que propõe, por exemplo, Teresa Negreiros ("A dicotomia público-privado frente ao problema da colisão de princípios", in Ricardo Lobo Torres (org.), *Teoria dos Direitos Fundamentais*, 2ª ed., Rio de Janeiro, Renovar, 2004, pp. 371-372). Para aquela autora, ao julgar o HC 71.373, em que se decidiu pela ilicitude da obrigatoriedade de exame compulsório de DNA para fins de investigação de paternidade, o STF teria firmado entendimento no sentido de que o interesse do investigando (interesse privado) deve prevalecer sobre os interesses da coletividade (a saber, princípio da legalidade e proteção da família).

RESPONSABILIDADE DO ESTADO POR ATOS LEGISLATIVOS 91

Em uma só voz: a supremacia do interesse público é um princípio à moda de Alexy.

A primeira observação que se deve fazer a propósito desse assunto reside no fato de que certos *princípios* encartados no art. 5º da Constituição da República são, pela teoria de Alexy, *simples regras*. Ou seja, entre nós os princípios e as regras de Alexy estão em um mesmo patamar hierárquico e, por isso, gozam da mesma valência normativa.

Não foi por outra razão que Virgílio Afonso da Silva procurou registrar a necessária adaptação da teoria de Alexy entre nós, de modo que certos equívocos não se propagassem entre os operadores do Direito. Disse ele que "falar em princípio do *nulla poena sine lege*, em princípio da legalidade, em princípio da anterioridade, entre outros, só faz sentido para as teorias tradicionais. Se se adotam os critérios propostos por Alexy, *essas normas são regras, não princípios*".[40]

Após essas considerações, tem-se que o princípio da supremacia do interesse público sobre o interesse privado não se hospeda nas dobras dos direitos e garantias fundamentais, assim entendidos como um plexo de prerrogativas outorgado aos particulares em face de possíveis condutas estatais.[41] Trata-se, pelo contrário, de um princípio serviente

Para nós essa construção adota uma visão equivocada a respeito (i) do sentido e do conteúdo do que se entende por "interesse público" e (ii) do próprio julgamento do HC 71.373, levado a efeito pela Suprema Corte.

Com efeito, o texto peca por adotar de modo acrítico as ponderações do ex-Ministro Francisco Rezek, pois ele, de fato, asseverou que a intangibilidade do corpo é interesse privado e o direito à identidade é interesse público. Presume o texto em comento que essa afirmativa é verdadeira – o que não prospera, já que há interesse público na inviolabilidade da intimidade da pessoa humana.

De qualquer modo, o Min. Marco Aurélio parece ter dado a melhor solução ao caso ao observar que o exame compulsório de DNA não se encarta no rol das hipóteses em que há supremacia do interesse público sobre o privado (como na hipótese de vacinação compulsória). O interesse público, nesse caso, exige, pelo contrário, a preservação da incolumidade do corpo. No mesmo sentido, aliás, foi a opinião do Min. Moreira Alves ao ponderar que a investigação de paternidade é *direito disponível* e a intimidade da pessoa humana é *direito indisponível*, razão por que há de prevalecer o segundo em face do primeiro. Perceba-se, portanto, que a visão do STF não corresponde àquela que lhe foi assinalada no texto em comento. Aliás, as observações dos Mins. Moreira Alves e Octávio Gallotti contradizem *explicitamente* a afirmativa lançada nesse texto fluminense.

40. Virgílio Afonso da Silva, *A Constitucionalização do Direito – Os Direitos Fundamentais nas Relações Entre os Particulares*, cit., 1ª ed., 2ª tir., p. 36.

41. Tal como apregoado por Luiz Alberto David Araújo e Vidal Serrano Nunes Jr. (*Curso de Direito Constitucional*, cit., 9ª ed., pp. 93-204) – posição em relação à qual se guarda reserva, mas se indica, em razão de sua ampla aceitação.

92 RESPONSABILIDADE PATRIMONIAL DO ESTADO

aos objetivos fundamentais da República (arts. 1º-4º da Constituição da República), que englobam, *ipso facto*, os denominados direitos e garantias fundamentais.

Afinal, como o poder pertence ao povo, para satisfação dos seus interesses (arts. 1º-4º da Constituição da República), não se pode imaginar que essa prerrogativa seja exercida para finalidade distinta. Logo, o poder só é exercitável em vista de uma finalidade: satisfação do interesse público.[42]

O resguardo de garantias particulares em face do Estado, ao invés de apequenar essa noção, lhe dá corpo. Afinal, o interesse da coletividade reside na ideia segundo a qual as prerrogativas privadas não devem ser amesquinhadas para persecução do bem comum caso tal expediente não seja imprescindível[43] para ultimar esse propósito.[44]

42. Sob a mesma ideia central, Ataliba Nogueira já sustentava que o Estado (exercente do poder) havia de ser considerado um meio para satisfação dos interesses individuais e coletivos. Tais interesses, entretanto, não devem ser entendidos como sinônimos de "liberalismo individualista, que subordina a sociedade ao uso egoístico do indivíduo", mas sim de modo que eles ultrapassem "o imediato interesse do momento e do homem isolado", a beneficiar a coletividade (*O Estado é Meio e Não Fim*, 3ª ed., São Paulo, Saraiva, 1955, p. 150).

No mesmo sentido é, aliás, o pensamento de Geraldo Ataliba, ao afirmar: "Quanto o povo, reunido em Constituinte, resolve criar o Estado e conferir-lhe os poderes necessários ao exercício das atribuições que decide estabelecer, jamais pode entender-se que tenha consentido ao Estado, por seus órgãos, exercitar esses mesmos poderes contra si (o povo), em detrimento de seus interesses, ou ferindo o que este mesmo povo prescreveu serem seus direitos essenciais, postos como limite intransponível ao Estado e, pois, excluídos de seu poder, fora de seu alcance jurídico" (*República e Constituição*, cit., 2ª ed., 4ª tir., pp. 163-164).

Valendo-se dessa construção de Geraldo Ataliba, pode-se afirmar que a preservação dos interesses dos titulares do poder é, em última medida, forma por meio da qual se resguardam os interesses de toda a sociedade. Ou, em uma só voz: forma de proteção do interesse público.

43. Sob esse aspecto, "imprescindível" pretende significar a necessidade de o Poder Público adotar providências idôneas, proporcionais e razoáveis à satisfação do interesse público. Por via de consequência, caso seja necessário amesquinhar os interesses particulares para satisfação do interesse coletivo, o sacrifício do direito individual subjetivo deve operar-se na menor intensidade possível. Afasta-se, com isso, a legitimidade da adoção de medidas estatais que mitiguem de modo excessivo e desnecessário os interesses particulares para, a esse título, curar o bem comum.

Essas lições não são novas entre nós (Caio Tácito, "O poder de polícia e seus limites", in *Temas de Direito Público (Estudos e Pareceres)*, vol. 1, Rio de Janeiro, Renovar, 1997, pp. 25-32), sendo correntemente adotadas pela doutrina mais atual (José Roberto Pimenta Oliveira, *Os Princípios da Razoabilidade e da Proporcionalidade no Direito Administrativo Brasileiro*, São Paulo, Malheiros Editores, 2006, pp.

RESPONSABILIDADE DO ESTADO POR ATOS LEGISLATIVOS   93

De qualquer modo, autores há que procuram colocar em xeque a supremacia do interesse público, ao argumento de que o interesse de todos os membros da coletividade nem sempre recebe a acolhida do direito positivo (o que, segundo esses autores, comprovaria a inexistência da supremacia do interesse público).

É o que sucede, *e.g.*, em uma pequena comunidade que, comovida com brutal assassinato de menor, pretende, *toda ela e sem exceção*, promover o *linchamento* do suposto autor do ato ilícito. Dizem tais autores que, nessa hipótese, o interesse público (ânimo coletivo de promover o *linchamento*) não há de prevalecer na ordem jurídica e que, por tal razão, não prospera entre nós a supremacia do interesse público.

A premissa eleita é falsa.

A manifestação dessa coletividade não exterioriza o interesse público, já que o interesse público se qualifica como o interesse de cada um em sua projeção coletiva (como, portanto, partícipe da sociedade). E no exemplo dado a manifestação de uma coletividade não equivale à exteriorização do interesse público. Essa coletividade não atua na qualidade de partícipe da sociedade; busca fazer *justiça privada* (que é a antítese do interesse público).[45]

Daí por que, nesse ponto, é incompleta a ideia segundo a qual nas desapropriações o pagamento da indenização preserva o interesse particular. Preserva, antes de tudo, o interesse público de ver o patrimônio particular resguardado de qualquer espécie de medida estatal que, direta ou indiretamente, imponha um sacrifício de direito de modo especial e anormal ao direito de propriedade.

Isso significa dizer que os interesses curados pelo Estado sempre estarão em posição de supremacia em relação aos interesses particulares. Por essa razão, entre eles existe apenas um confronto *aparente*, pois sempre hão de prevalecer o interesse público de toda a coletivi-

415-470) e largamente utilizadas pela jurisprudência (STF, Tribunal Pleno, AgR no Inq 2.206, rel. Min. Marco Aurélio, *DJU* 2.2.2007; e STJ, 1ª Turma, – AgR na MC 11.870, rel. Min. Luiz Fux, *DJU* 16.11.2006).

44. Assim, os denominados direitos das minorias são simples expressões do interesse público.

45. Muito a propósito, registre-se que essa opinião nem mesmo encontra guarida nos Tribunais (STJ, 1ª Turma, AgR no REsp 908.077, rela. Min. Denise Arruda, *DJU* 3.12.2008, e STJ, 1ª Turma, HC 48.618, rel. Min. Gilson Dipp, *DJU* 13.3.2006).

94 RESPONSABILIDADE PATRIMONIAL DO ESTADO

dade e a satisfação do bem comum; ou, em uma só voz: o interesse público.[46]

E, se se quisesse adotar a noção de Alexy, então, o princípio da supremacia do interesse público sobre o interesse privado seria uma regra absoluta que não cede espaço a qualquer outra espécie de norma, nem mesmo àquelas tipificadas como princípios. Afinal, esse primado não é uma "regra de otimização" a ser observada na maior intensidade possível.

Logo, ou bem esse comando é observado para satisfação dos objetivos da República e dos interesses da coletividade, ou, não sendo observado, amesquinhar-se-á todo o Direito.

8. Essas considerações buscaram afirmar a ideia da intocabilidade da satisfação do interesse público em face dos interesses particulares.

Nesse contexto, sempre que o Estado ou quem lhe faça as vezes pretender investir contra o patrimônio particular, a ação será legítima se tal medida (i) se revelar como meio apto, proporcional e razoável à satisfação do interesse público e, além disso (ii) estiver juridicamente autorizada.

IV – 2 O **dano lícito** *e a sua recomposição patrimonial*

9. Se é dado ao Estado ou quem lhe faça as vezes investir legitimamente contra um direito subjetivo ou um interesse juridicamente protegido, causando *dano jurídico lícito*, quando haverá necessidade de ele recompor a propriedade lesada? Quais os elementos que tipificam a ocorrência do "fato gerador" que impõe esse dever para o Poder Públi-

---

46. Por fundamentos diversos de Alexy, Clóvis Beznos não comunga dessa opinião, ao argumento de que "no Direito não se pode conceber *a priori* a existência de supremacia de certa gama de interesses que se sobreponham a outros em relação ao mesmo objeto, eis que a supremacia de interesses ou de direitos que destes são sinônimos, frente a outros, diante de uma lide somente se pode dar pela interpretação, pelo Poder competente – o Judiciário –, da questão em debate, considerando os fatos e o Direito aplicável" (*Aspectos Jurídicos da Indenização na Desapropriação*, Belo Horizonte, Fórum, 2006, p. 34).

Não nos parece que a afirmativa do jurista tenha o condão de abalar a noção corrente na doutrina a respeito da supremacia do interesse público sobre o interesse privado. Afinal, da ideia segundo a qual uma lide só é decidida pelo Poder Judiciário à luz do direito positivo não se segue que o interesse privado poderá se sobrepor ao interesse público. Significa dizer, pelo contrário, que o Judiciário assinalará qual o perfil do interesse público no caso concreto.

RESPONSABILIDADE DO ESTADO POR ATOS LEGISLATIVOS   95

co? Em uma só voz: quando uma hipótese de *dano lícito* fará nascer o dever estatal de indenizar?

IV – 2.1 Elementos deflagradores do dever do Estado
de indenizar por dano lícito

10. *Danos lícitos* e *danos ilícitos* perpetrados pelo Estado ou por quem lhe faça as vezes têm causas jurídicas distintas.

Os primeiros têm origem no exercício de prerrogativa fundada na ideia de supremacia do interesse público sobre o interesse privado, na hipótese em que a coexistência desses interesses, ao mesmo tempo, em dada situação se mostra impossível, em vista da preservação do bem comum. Trata-se, pois, de sacrifício de direito.

Os segundos decorrem da quebra dos princípios da igualdade e da legalidade.

Apesar disso, em ambos a medida patrimonial indenizatória ou ressarcitória[47] tem o mesmo fundamento: manutenção de um dado direito[48] economicamente mensurável,[49] seja ele considerado como direito patrimonial e/ou extrapatrimonial.[50]

47. Aqui são empregadas essas distinções à moda de Renato Alessi (*La Responsabilità della Pubblica Amministrazione*, 3ª ed., Milão, Giuffrè, 1955) e Fernando Garrido Falla (*Tratado de Derecho Administrativo*, cit., 11ª ed., vol. II).

48. Relembre-se que esse conceito alberga direito subjetivo ou interesse juridicamente protegido (a esse respeito remetemos o leitor à nota de rodapé 33 do Capítulo II).

49. No início pensávamos que a medida ressarcitória ou reparatória tinha como seu último fundamento o direito de propriedade. Essa visão não era acertada.

Quando, por exemplo, o Estado se vê na contingência de indenizar pela prática de um dano ao meio ambiente, à moral ou aos aspectos estéticos, a indenização não pretende preservar o direito de propriedade da pessoa lesada. A indenização cura, pelo contrário, a projeção econômica que emerge do próprio direito esgarçado. Não é por outra razão, aliás, que a Constituição da República, exemplificativamente, segrega essas figuras em seu arts. 5º, V e X, e 225, § 2º.

Esse pensamento equivocado decorre do fato de que a medida ressarcitória ou indenizatória é, na esmagadora maioria das vezes, a solução jurídica para preservação do direito de propriedade em sua projeção econômica. Além da propriedade, outros bens jurídicos também têm repercussão econômica e, por isso mesmo, podem ser objeto de indenização ou ressarcimento.

Por isso que se adota a ideia no sentido de que a indenização e o ressarcimento pretendem preservar um dado direito economicamente mensurável.

Esse também é o pensamento de Guido Zanobinni (*Corso di Diritto Amministrativo*, 8ª ed., vol. I, Milão, Giuffrè, 1958, p. 349 – Capítulo VIII, item 8) e Luís

96   RESPONSABILIDADE PATRIMONIAL DO ESTADO

O momento em que a recomposição patrimonial se aperfeiçoa estrema essas espécies de dano.

Na hipótese dos *danos ilícitos*, sujeitos à figura da responsabilidade patrimonial do Estado, primeiro se opera o esgarçamento do direito alheio para posteriormente haver sua recomposição, nos termos do art. 100 da Constituição da República.[51] Já, para os *danos lícitos* a indenização *precede* a deflagração dos efeitos patrimoniais ou extrapatrimoniais objeto da conduta estatal[52] – sendo a desapropriação[53] seu exemplo mais típico, mas não o único.[54]

Alberto Thompson Flores Lenz ("A responsabilidade civil do Estado pela prática de ato lícito", *RDA* 205/120, Rio de Janeiro, Renovar, julho-setembro/1996).

50. Tratando especificamente da desapropriação, Clóvis Beznos entende que o direito à recomposição patrimonial por meio da indenização é, nestes casos, um corolário da igualdade, e não propriamente do direito de propriedade (*Aspectos Jurídicos da Indenização na Desapropriação*, cit., p. 21).

Destaque-se, todavia, que nem toda quebra da igualdade deflagrará logicamente uma lesão a direito patrimonial ou extrapatrimonial. Apenas a quebra da igualdade com repercussão no direito de propriedade é que poderá ensejar a medida reparatória em comento.

É o que sucede, por exemplo, com a declaração de inconstitucionalidade de uma lei antes da sua entrada em vigor ou, ainda, de uma norma inconstitucional em vigor, mas ineficaz.

51. Em regra deve-se obedecer ao art. 100 da Constituição da República para liquidação dessas obrigações, mas há outros regimes constitucionais para pagamento de precatórios (*e.g.*, arts. 78, 86 e 87 do ADCT).

52. Em consideração geral sobre o tema do sacrifício de direito, José Roberto Pimenta Oliveira (*Os Princípios da Razoabilidade e da Proporcionalidade no Direito Administrativo Brasileiro*, cit., p. 436) observou que o exercício dessa competência está sujeito ao devido processo judicial e à *prévia e justa indenização em dinheiro*. Sob a visão do autor, são exceções constitucionais a esses postulados a requisição extraordinária de bens, a desapropriação-sanção e o confisco de bens imóveis utilizados para cultura de plantas psicotrópicas e de bens economicamente apreciáveis apreendidos em decorrência do tráfico ilícito de entorpecentes e drogas afins.

Ainda que não se comungue do mesmo pensamento, importa destacar que dele deflui a necessidade de o sacrifício de direito ser, em regra, precedido de indenização.

53. Reconhecendo que a desapropriação é uma forma de sacrifício de direito: Renato Alessi, *Principi di Diritto Amministrativo*, cit., 4ª ed., vol. II, p. 709, item 395; e Guido Zanobini, *Corso di Diritto Amministrativo*, cit., 8ª ed., vol. I, p. 348, Capítulo VIII, item 7 – dentre tantos outros.

54. Como bem notaram Oscar Álvaro Cuadros (*Responsabilidad del Estado*, Buenos Aires, Abeledo-Perrot, 2008, p. 181) e Fritz Fleiner (*Instituciones de Derecho Administrativo*, cit., trad. da 8ª ed. alemã, p. 234).

Além disso, sob o signo da proposta deste trabalho, um *fato ilícito* sempre gerará um *dano ilícito*, ao passo que o dano eventualmente causado por um *fato lícito* sempre gerará um *dano lícito*, salvo na hipótese de esse dano não ser objeto de prévio ressarcimento estatal.[55] Nesse caso, a falta de prévio ressarcimento, caso devido,[56] configurará um *fato ilícito* que gera *dano ilícito* – qual seja, quebra do primado da repartição equânime dos encargos em benefício da coletividade.[57]

O quadro abaixo representa a idéia:

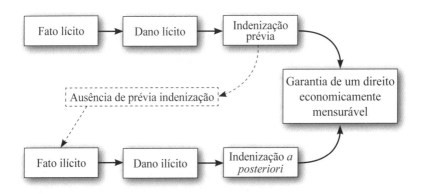

55. Daí por que Weida Zancaner questiona e ao mesmo tempo responde: "Como o lícito pode ser antijurídico?" (*Da Responsabilidade Extracontratual da Administração Pública*, São Paulo, Ed. RT, 1981, p. 67). A resposta é dada por Giovanni Miele, para quem uma conduta ilícita sempre gerará uma consequência antijurídica – e, por essa razão, se um fato lícito autorizar o esgarçamento do direito de propriedade, o dano causado também será lícito (*Principi di Diritto Amministrativo*, Pádua, CEDAM, 1966, pp. 177-178).

56. E por que se menciona "caso devido"? Conforme se procurou demonstrar na nota de rodapé 58 do Capítulo II, em algumas circunstâncias o Estado estará investido na prerrogativa de lesar juridicamente o patrimônio alheio, ainda que essa circunstância não enseje o nascimento do dever de indenizar. É que, nesses casos, o dano perpetrado pela ação estatal terá sido repartido de forma equânime pela sociedade. O dano será lícito, mas não será ressarcível ou indenizável.

57. Aliás, na esteira do pensamento de Celso Antônio Bandeira de Mello, é possível que o fato lícito produza, indiretamente, uma consequência não querida pelo Direito, ou seja, um *dano ilícito*. No entanto, não será por força dessa indireta e ilícita consequência que a conduta lícita originalmente praticada pelo Estado se transformará em conduta ilícita (*Curso de Direito Administrativo*, cit., 27ª ed., p. 996). Pela visão proposta, ilícita é a conduta do Poder Público que, diante de um dano lícito, não adota os expedientes necessários à prévia indenização.

98   RESPONSABILIDADE PATRIMONIAL DO ESTADO

O que se passa, no entanto, é que essa visão goza de baixíssima aceitação na doutrina nacional,[58] apesar dos seus relevantes efeitos práticos, como se acaba de insinuar.

Aliás, para fins de imputação da responsabilidade patrimonial ao Estado, a doutrina tradicional leva em consideração a conduta estatal, o dano perpetrado e o nexo causal.[59] Além disso, o dano indenizável

58. Apesar de não acolher essa forma de classificação do dever do Estado de preservar a esfera juridicamente protegida, Celso Antônio Bandeira de Mello reconhece que, em relação às condutas comissivas lícitas, o dever de reparar não decorre da conduta do Estado (se lícita ou ilícita), mas do resultado dessa conduta. Diz ele:

"No caso de comportamentos comissivos, a existência ou inexistência do dever de reparar não se decide pela qualificação da conduta geradora do dano (lícita ou ilícita), mas pela qualificação da lesão sofrida. Isto é, a juridicidade do comportamento danoso não exclui a obrigação de reparar se o dano consiste em extinção ou agravamento de um direito.

"Donde, ante atuação lesiva do Estado, o problema da responsabilidade resolve-se no lado passivo da relação, não no lado ativo dela. Importa que o dano seja ilegítimo – se assim nos podemos expressar; não que a conduta causadora o seja" (*Curso de Direito Administrativo*, cit., 27ª ed., pp. 1.021-1.022, Capítulo XX, item 72).

Esse jurista não acolhe o modelo ora proposto, porque admite que fatos lícitos possam gerar indiretamente o dever de reparar, à luz do art. 37, § 6º, da Constituição da República, ao passo que aqui se propugna que essa consequência só opera quando não há possibilidade fática de realizar a prévia indenização (circunstância que Celso Antônio Bandeira de Mello não considera relevante na sua teoria).

59. Nesse sentido, dentre tantos outros: Pietro Virga (*Diritto Amministrativo*, 4ª ed., vol. I, Milão, Giuffrè, 1995, p. 419); Rocco Galli (*Corso di Diritto Amministrativo*, 2ª ed., Pádua, CEDAM, 1996, p. 839 – Capítulo XX, item 4); Eduardo García de Enterría (*Curso de Derecho Administrativo*, cit., 10ª ed., t. II, p. 381); e Almiro do Couto e Silva ("A responsabilidade extracontratual do Estado no Direito Brasileiro", *RDA* 202/25-29, Rio de Janeiro, Renovar, outubro-dezembro/1995).

Há quem sustente a necessidade de um *quarto elemento* para configurar o dano oriundo de conduta comissiva, a saber: *imputação* ou *imputação objetiva*. A necessidade desse quarto elemento surgiria da aparente insuficiência dos critérios de causalidade normalmente utilizados pela doutrina para configuração do nascimento do dano (a saber: (i) *causalidade adequada* – que não faz distinção entre *causa* (situação que dá existência à coisa) e *condição* (que permite à causa irradiar seus efeitos); ou (ii) *causalidade pautada na teoria da equivalência dos antecedentes* – segundo a qual nem todas as condições são causa, mas apenas aquela que for apropriada à irradiação dos efeitos prescritos pela norma. A respeito dessas teorias, v.: Eduardo García de Enterría (*Curso de Derecho Administrativo*, cit., 10ª ed., t. II, pp. 403-413), Sergio Cavalieri Filho (*Programa de Responsabilidade Civil*, 6ª ed., 3ª tir., São Paulo, Malheiros Editores, 2006, pp. 71-73), Maria Helena Diniz (*Curso de Direito Civil Brasileiro*, 17ª ed., vol. 7, São Paulo, Saraiva, 2003, pp. 100-102); e J. J. Gomes Canotilho (*O Problema da Responsabilidade do Estado por Atos Lícitos*, Coimbra, Livraria Almedina, 1974, pp. 309-320).

RESPONSABILIDADE DO ESTADO POR ATOS LEGISLATIVOS 99

apresenta certos caracteres variáveis de acordo com o fato que o originou (se decorrente de conduta lícita ou ilícita do Estado ou de quem lhe fez as vezes).

Não obstante isso, a doutrina tradicional sufraga o entendimento no sentido de que a recomposição do *dano lícito* e do *dano ilícito* perpetrados pelo Estado ou por quem lhe faça as vezes em face de um direito subjetivo ou de um interesse juridicamente prestigiado está submetida ao mesmo regime jurídico: o da responsabilidade patrimonial do Estado.

Não se vê razão para, *a priori*, submeter certas hipóteses de sacrifício de direito (i) ao regime da indenização prescrito para fins de responsabilidade patrimonial do Estado e outras (ii) ao regime da prévia indenização.

De qualquer modo, se esse é um pensamento corrente, devemos aproveitar essa construção, pois ela revelará os elementos necessários à configuração de um *dano lícito indenizável*. Ou seja, de um dano advindo do sacrifício de direito.

Para a maior parte da doutrina são *quatro* os requisitos necessários à configuração do dano lícito indenizável,[60] conforme se passará a indicar. Os dois primeiros estão presentes tanto nos *danos lícitos* quanto *ilícitos*, ao passo que os dois últimos apenas nos *danos lícitos*.

11. Em ***primeiro lugar***, o *dano lícito* deve ser um dano jurídico, e não apenas um dano mensurável economicamente. Com isso se assinala que apenas a lesão à esfera juridicamente protegida de terceiro,[61] econo-

Ora, a *imputação objetiva* revela-se como especial forma de causalidade, eis que o nexo causal apenas liga o fato (conduta comissiva) à consequência (dano). Não há, assim, um quarto elemento, mas apenas uma especial forma de causalidade (Ricardo Marcondes Martins, *Efeitos dos Vícios do Ato Administrativo*, cit., pp. 562-568).

60. Também não há consenso quanto aos requisitos para configuração do dano indenizável, como se pode apurar da leitura de Juan Ignacio Sáenz, para quem o dano deve ser certo, atual e eficazmente provado e imputado ao Estado ("Responsabilidad del Estado por su intervención en la economía. Principios en la República Argentina", in Isaac Augusto Damnsky, Miguel Alejandro López Olvera e Libardo Rodríguez Rodríguez (orgs.), *Estudios sobre la Responsabilidad del Estado en Argentina, Colombia y México*, México, UNAM, 2007, p. 202), e Pietro Virga, que não faz menção à anormalidade e especialidade, eis que adota a teoria propugnada por Renato Alessi, no seu *La Responsabilità della Pubblica Amministrazione* (*Diritto Amministrativo*, cit., 4ª ed., vol. I, p. 420).

61. Dentre os que defendem essa ideia perfilam Jean Rivero (*Direito Administrativo*, cit., p. 315) e Pietro Virga (*Diritto Amministrativo*, cit., 4ª ed., vol. I, p. 423).

100 RESPONSABILIDADE PATRIMONIAL DO ESTADO

micamente mensurável,[62] renderá ensejo à indenização. Assim, sem que se esteja diante de lesão a direito alheio com repercussões de natureza econômica não haverá *dano lícito* ressarcível.[63]

Tende-se a mencionar que o dano juridicamente reparável nem sempre pressupõe um dano patrimonial, mormente diante do dano moral.

De fato, segundo Maria Helena Diniz[64] o dano moral atinge um bem jurídico extrapatrimonial. Daí por que não se confunde dano extrapatrimonial com dano economicamente mensurável.

A despeito disso, todo dano (patrimonial ou extrapatrimonial) deve ser economicamente mensurável para que possa ser objeto de ressarcimento em forma de pecúnia.[65] Afinal, como diz a autora, a dor causada pelo dano moral é compensada pela alegria advinda da indenização em dinheiro. Compensa-se tristeza com dinheiro. Desse modo, a despeito de o bem maltratado ser extrapatrimonial, a dimensão econômica da medida compensatória deve equivaler ao sofrimento experimentado.

62. Adere a essa posição, sem qualquer ressalva, Renato Alessi (*La Responsabilità della Pubblica Amministrazione*, cit., 3ª ed., pp. 8-9), no que é acompanhado por Eduardo García de Enterría (*Curso de Derecho Administrativo*, cit., 10ª ed., t. II, p. 381), Pietro Virga (*Diritto Amministrativo*, cit., 4ª ed., vol. I, p. 436), Caio Tácito ("Responsabilidade do Estado por dano moral", in *Temas de Direito Público (Estudos e Pareceres)*, vol. I, Rio de Janeiro, Renovar, 1997, p. 571) – dentre tantos outros.

A imprescindibilidade do dano econômico também é defendida por Diógenes Gasparini (*Direito Administrativo Brasileiro*, cit., 13ª ed., p. 1.034), ainda que, sob essa rubrica, ele tenha assinalado que danos irrisórios não são indenizáveis – posição com a qual não se concorda, conforme se pode observar a partir das considerações feitas quanto ao *quarto requisito* necessário à configuração do dano lícito indenizável.

63. Nesse sentido: Celso Antônio Bandeira de Mello, *Curso de Direito Administrativo*, cit., 27ª ed., p. 1.020; Diógenes Gasparini, *Direito Administrativo Brasileiro*, cit., 13ª ed., p. 1.034; Maria Helena Diniz, *Curso de Direito Civil Brasileiro*, cit., 17ª ed., vol. 7, p. 62); e Renato Alessi, *Principi di Diritto Amministrativo*, cit., 4ª ed., vol. II, pp. 622 e 627 (itens 341 e 343) – dentre outros.

64. Maria Helena Diniz, *Curso de Direito Civil Brasileiro*, cit., 17ª ed., vol. 7, pp. 84-87.

65. Nesse particular, as lições de Vicente de Paulo Vicente de Azevedo são, mais uma vez, aproveitáveis, já que ele classificava a indenização em *restituição*, *reparação* e *ressarcimento*. A primeira enseja a reposição da situação ao *status quo ante*. A segunda restituía a quantia ou prestação equivalente ao lesado. A última ensejava a compensação financeira pelo prejuízo sofrido (*Crime, Dano, Reparação*, São Paulo, Saraiva, s/d, pp. 72-73). Para haver ressarcimento, na sua classificação, há que se ter mensuração econômica da lesão perpetrada.

RESPONSABILIDADE DO ESTADO POR ATOS LEGISLATIVOS 101

Logo, se o sofrimento em questão é economicamente mensurável, então, o dano extrapatrimonial também será. E tal constatação reduz a questão à apuração da dimensão econômica da lesão extrapatrimonial perpetrada,[66] ainda que a indenização tenha dupla finalidade (medida reparatória e sancionatória[67]).

Nesse contexto, deve-se distinguir *dano econômico* e *dano com repercussão econômica*, pois a lesão em face de interesse de outrem pode ou não ser econômica, ainda que nas duas hipóteses seja cabível a indenização.[68]

No entanto, para que o pleito indenizatório em dinheiro possa prosperar, deve-se atribuir uma repercussão econômica ao dano extrapatrimonial. Vê-se, portanto, que o dano extrapatrimonial só se revela indenizável a partir de seus contornos econômicos.

Logo, a despeito de alguns danos não deflagrarem diretamente danos econômicos, eles terão que ser economicamente mensurados para ensejar a correspondente indenização em dinheiro.

12. Em *segundo lugar*, o *dano lícito* deve ser certo.[69]

66. A natureza econômica da medida compensatória é também reconhecida em outros campos do Direito. Verifique-se, por exemplo, que os valores pagos a título de indenização por dano moral não se sujeitam à tributação por meio do imposto sobre a renda (art. 153, III, da Constituição da República), eis que não tipificam o ingresso de riqueza nova no patrimônio do lesado. Logo, a indenização oriunda de dano moral mantém incólume o direito de propriedade do particular. Esse é, por exemplo, o pensamento do STJ (1ª Seção, REsp 963.387, rel. Min. Herman Benjamin, *DJe* 5.3.2009 – por maioria, vencido o Min. Teori Albino Zavascki).

67. A respeito da dualidade da medida reparatória por dano moral: Sílvio de Salvo Venosa, *Direito Civil*, 3ª ed., vol. IV, São Paulo, Atlas, 2003, p. 35). No entanto, pelas noções propostas (no que se acompanha José dos Santos Carvalho Filho, *Manual de Direito Administrativo*, cit., 17ª ed., p. 473, nota de rodapé 4), a responsabilidade é sempre uma sanção.

68. Maria Helena Diniz, *Curso de Direito Civil Brasileiro*, cit., 17ª ed., vol. 7, p. 62.

69. Esse atributo é assinalado por Celso Antônio Bandeira de Mello (*Curso de Direito Administrativo*, cit., 27ª ed., p. 1.022), Lúcia Valle Figueiredo (*Curso de Direito Administrativo*, 9ª ed., São Paulo, Malheiros Editores, 2008, p. 291), Diógenes Gasparini (*Direito Administrativo Brasileiro*, cit., 13ª ed., p. 1.034); André de Laubadère (*Manuel de Droit Administratif*, 8ª ed., Paris, LGDJ, 1967, p. 123 – após sufragar o entendimento no sentido de que o dano indenizável deve ser certo, opina que ele deve ser *direto*, citando, em abono ao seu pensamento, o aresto "Bastien" do Conselho de Estado Francês); Jean Rivero (*Direito Administrativo*, cit., p. 310); e Eduardo García de Enterría (*Curso de Derecho Administrativo*, cit., 10ª ed., t. II, p. 381) – dentre tantos outros.

102 RESPONSABILIDADE PATRIMONIAL DO ESTADO

Não há, pois, possibilidade de indenizar danos de *incerta* realização ou ocorrência,[70] ainda que estejam ao abrigo dessa medida reparadora as projeções futuras de um dano certo.[71]

Isso, no entanto, não afasta a possibilidade de o direito positivo presumir a ocorrência de um dano.[72]

Tais considerações não pretendem significar que a adoção da medida reparatória está condicionada à prévia deflagração do dano. Aliás, é justamente esse elemento que estrema as *atividades lícitas* deflagradoras de *danos lícitos* e aquelas que, indiretamente, causam *danos ilícitos*.

O dano pode ser de ocorrência certa e determinada mas ainda não ter deflagrado concretamente seus efeitos a despeito de já se saber, total ou parcialmente, sua intensidade e extensão econômica. Verifique-se que na desapropriação – típica hipótese de *dano lícito* perpetrado pelo Estado ou por quem lhe faça as vezes – a indenização opera-se *antes* de deflagração do *dano lícito*.

Nestes casos – de indenização – já se tem a certeza do dano patrimonial a ser licitamente deflagrado pelo Estado ou por quem lhe faça as vezes. Sua ocorrência é certa e sua magnitude econômica é, total ou parcialmente, quantificável.

Por isso que se assinala não ser passível de recomposição o dano de incerta realização. Por via reversa, se há certeza quanto à imposição do *dano lícito* pelo Estado, ainda que seu "fato gerador" não tenha concretamente deflagrado seus efeitos, impõe-se a prévia indenização do direito

70. Esse é o pensamento de Maria Helena Diniz (*Curso de Direito Civil Brasileiro*, cit., 17ª ed., vol. 7, p. 62) e Fernando Garrido Falla (*Tratado de Derecho Administrativo*, cit., 11ª ed., vol. II, p. 252) – dentre outros.

71. Nesse sentido: Edmir Netto de Araújo, *Curso de Direito Administrativo*, cit., p. 741; Lúcia Valle Figueiredo, *Curso de Direito Administrativo*, cit., 9ª ed., p. 291 – que propugna a ideia segundo a qual os danos devem ser quantificáveis e aferíveis; e Maria Helena Diniz, *Curso de Direito Civil Brasileiro*, cit., 17ª ed., vol. 7, p. 62.

72. Dentre outros que aderem à possibilidade de dano presumido, indica-se Maria Helena Diniz (*Curso de Direito Civil Brasileiro*, cit., 17ª ed., vol. 7, p. 62). Um exemplo de presunção de dano nos é fornecido pela doutrina de Celso Antônio Bandeira de Mello. Para esse autor, caso a demonstração de culpa na omissão estatal for custosa e difícil para o particular (mormente diante do gigantismo e da complexidade do funcionamento do aparelho estatal), advoga-se a tese segundo a qual o dano passa a ser presumido, invertendo-se o ônus da prova. Entretanto, se o Estado ou quem lhe fez as vezes vier a comprovar que não agiu com culpa, então, o nascimento do dano restará afastado (Celso Antônio Bandeira de Mello, Curso *de Direito Administrativo*, cit., 27ª ed., p. 1.004 – Capítulo XX, item 31).

RESPONSABILIDADE DO ESTADO POR ATOS LEGISLATIVOS 103

subjetivo ou do interesse juridicamente protegido lesado. Mas isso será descortinado com mais vagar em tópico adiante (item IV – 3.1.3).

Esses dois primeiros requisitos estão presentes em qualquer espécie de dano perpetrado ao particular pelo Poder Público, seja ele oriundo de fato lícito ou ilícito.[73]

Assim, os requisitos abaixo indicados estarão presentes apenas em relação aos *danos lícitos* (ou, como prefere a maioria da doutrina, em razão de *fato lícito*).

13. Em *terceiro lugar*, o *dano lícito* há de ser especial – o que significa dizer que ele deve ser imposto a um número restrito de pessoas em vista de um benefício a ser usufruído por toda a coletividade.[74]

Como bem observou J. J. Gomes Canotilho, entre a generalidade absoluta (zona de certeza negativa) e a individualização completa (zona de certeza positiva[75]) medeia um longo caminho. Sob tais circunstâncias, somente à luz do caso concreto é que será possível apurar o nascimento desse terceiro elemento caracterizador do dano indenizável.[76]

Após arrolar inúmeras teorias criadas para esclarecer quando um ato jurídico pode ser considerado especial,[77] conclui, na esteira da maior

73. Essa é a opinião de Celso Antônio Bandeira de Mello (*Curso de Direito Administrativo*, cit., 27ª ed., p. 1.022), Weida Zancaner (*Da Responsabilidade Extracontratual da Administração Pública*, cit., pp. 66-67) e Lúcia Valle Figueiredo (*Curso de Direito Administrativo*, cit., 9ª ed., p. 291).

74. Celso Antônio Bandeira de Mello, *Curso de Direito Administrativo*, cit., 27ª ed., pp. 1.011 e 1.023; Diógenes Gasparini, *Direito Administrativo Brasileiro*, cit., 13ª ed., p. 1.034; e Jean Rivero, *Direito Administrativo*, cit., p. 314). André de Laubadère exclui desse conceito o encargo imposto ao "conjunto de uma coletividade", eis que nesta hipótese o primado da repartição equânime dos encargos restaria prestigiado (*Manuel de Droit Administratif*, cit., 8ª ed., p. 123). Já, Renato Alessi alude a essa hipótese como circunstância amesquinhadora do primado da justiça distributiva (*Principi di Diritto Amministrativo*, cit., 4ª ed., vol. II, p. 619).

75. Empregamos essas expressões no mesmo sentido que Genaro R. Carrió (*Notas sobre Derecho y Lenguaje*, cit., 1ª ed., 6ª reimpr., especialmente p. 56).

76. J. J. Gomes Canotilho, *O Problema da Responsabilidade do Estado por Atos Lícitos*, cit., p. 274.

77. J. J. Gomes Canotilho arrola a construção doutrinária germânica, que, sob o ângulo formal, edificou (i) a teoria do ato individual – segundo a qual só os atos individuais e concretos podem causar essa espécie de lesão; (ii) a teoria da intervenção individual – que retira a tônica da individualidade e concreção do ato, transferindo-a para especialidade do sacrifício imposto. Sob o ângulo material formaram-se outras teorias para explicar esse fato, dentre as quais (i) a dignidade da proteção, (ii) a salvaguarda contra a diminuição substancial, (iii) a da exigibilidade – dentre tantas

104   RESPONSABILIDADE PATRIMONIAL DO ESTADO

parte da doutrina, que a especialidade implica o amesquinhamento do princípio da igualdade.

E, se isso é verdade, o dano especial aperfeiçoa-se com a legítima quebra da igualdade[78] em favor dos interesses da coletividade. Logo, se não houver desuniforme lesão ao direito de propriedade não haverá, *ipso facto*, dano lícito especial. Por via reversa, se o dano lícito é geral, tal situação não enseja a adoção de qualquer espécie de medida reparatória pelo Estado ou por quem lhe fez as vezes.

Apenas a quebra da isonomia que enseje dano jurídico especial é que pode ensejar o *dano lícito*.

14. Em *quarto lugar*, o *dano lícito* deverá incidir de modo anormal. Ou seja, ser proporcionalmente maior aos encargos que as pessoas cotidianamente devem suportar pelo fato de viverem em sociedade.[79]

O problema reside em saber quais são e quais não são os fardos que devem ser suportados pelo fato de se conviver em sociedade. Afinal, se os ônus da vida social devem ser repartidos igualmente entre seus integrantes, quando esse rompimento da igualdade se opera? Quais, enfim, os elementos que permitem caracterizar a imposição de um encargo agressivo à igualdade?

outras (J. J. Gomes Canotilho, *O Problema da Responsabilidade do Estado por Atos Lícitos*, cit., pp. 271-282).

78. Para Celso Antônio Bandeira de Mello a igualdade será amesquinhada (i) se a norma individualiza atual e definitivamente um destinatário ao invés de abranger uma categoria de pessoas ou uma pessoa incerta e identificável em momento futuro; (ii) se a norma aponta como critério discriminador uma situação desatrelada dos fatos, das pessoas ou das situações desequiparadas; (iii) se houver quebra de correlação lógica entre o discrímen adotado e o regime diferenciado prescrito; e (iv) se concretamente os efeitos forem diversos daqueles estabelecidos em abstrato (*O Conteúdo Jurídico do Princípio da Igualdade*, 3ª ed., 18ª tir., São Paulo, Malheiros Editores, 2010).

Logo, a especialidade reside na fixação de um tratamento diferenciado autorizado pela ordem jurídica, nos exatos termos do magistério de Celso Antônio Bandeira de Mello.

79. Dentre os autores que comungam dessa opinião, indicam-se: Celso Antônio Bandeira de Mello (*Curso de Direito Administrativo*, cit., 27ª ed., p. 1.023), Diógenes Gasparini (*Direito Administrativo Brasileiro*, cit., 13ª ed., p. 1.034); Jean Rivero (*Direito Administrativo*, cit., p. 315), Edmir Netto de Araújo (*Curso de Direito Administrativo*, cit., p. 741), Weida Zancaner (*Da Responsabilidade Extracontratual da Administração Pública*, cit., p. 67); e Fernando Garrido Falla ("Sobre la responsabilidad del Estado Legislador", *Revista de Administración Pública* 118/52-53, Madri, Civitas, janeiro-abril/1989).

RESPONSABILIDADE DO ESTADO POR ATOS LEGISLATIVOS   105

Se os encargos normais da vida não ensejam indenização, isso se deve ao fato de que (i) a lesão perpetrada opera seus efeitos sobre a liberdade e a propriedade, e não sobre o perfil jurídico desses institutos,[80] ou de que, (ii) diante do princípio da insignificância, pequenas e modestas lesões jurídicas[81] deflagradas em benefício da sociedade devem ser suportadas pelos membros da sociedade, sob pena de o Estado ser colocado na contingência de segurador universal em relação a qualquer espécie de *dano lícito* – o que colocaria em xeque a própria satisfação do interesse público.[82]

80. Mas, nesse caso, a hipótese é de limitação administrativa, e não de sacrifício de direito.

81. Daí por que soa desacertado sustentar a existência de identidade entre o princípio da insignificância e a atipicidade das pequenas lesões econômicas impostas de forma contrária à ordem jurídica, ainda que as últimas sejam, em regra, representativas de amesquinhadas lesões jurídicas. Nesse sentido, observe-se que lesões jurídicas podem nem ao menos ensejar lesões econômicas, como sucede em relação às denominadas "obrigações tributárias acessórias", que são desprovidas de caráter patrimonial, como já se sustentou (Maurício Zockun, *Regime Jurídico da Obrigação Tributária Acessória*, cit., pp. 37-38).

Disso, no entanto, não decorre a possibilidade de inserção da anormalidade para configuração do *dano ilícito*, como, por exemplo, fez Ricardo Marcondes Martins (*Efeitos dos Vícios do Ato Administrativo*, cit., pp. 560-561, nota de rodapé 9). É que, pautado na ideia de que o ilícito também é anormal, esse autor sustenta que a anormalidade forte configura dano lícito e a anormalidade fraca configura dano ilícito. Observe-se que o autor emprega o mesmo rótulo "anormalidade" para representar objetos diferentes.

Logo, a divergência com o pensamento acima reside no fato de ele conceber a existência de dano ilícito normal e dano ilícito anormal que, em tese, deveriam ensejar consequências jurídicas distintas. Todavia, todo dano ilícito será, sob essa visão, sempre anormal (porque contrário à ordem jurídica). E, se isso é verdade, não há dano ilícito normal. Ora, se essa proposta classificatória não revela consequências jurídicas distintas – eis que, para fins de responsabilização do Estado, os efeitos jurídicos serão os mesmos –, não se pode aderir à proposta de inclusão da anormalidade como elemento tipificador dos danos ilícitos.

De outra banda, coisa bem diversa sucede com os danos lícitos. Há consequências jurídicas abissalmente distintas pelo fato de o dano jurídico ser normal ou anormal.

82. A esses requisitos alguns autores acrescem: (i) sua subsistência no momento da reparação (porque, caso já reparado, não haverá dano a ser ressarcido); (ii) legitimidade da vítima para postular o ressarcimento; e (iii) ausência de cláusulas excludentes. Por todos: Maria Helena Diniz, *Curso de Direito Civil Brasileiro*, cit., 17ª ed., vol. 7, p. 64. No entanto, tais elementos são extrínsecos ao dano – e, portanto, incapazes de conformar-lhe a natureza jurídica. Por esse aspecto, a tributação (art. 145, I-III, da Constituição da República) não esgarça o direito de propriedade,

106 RESPONSABILIDADE PATRIMONIAL DO ESTADO

Concorda-se, por isso, com aquelas ponderações no sentido de que a anormalidade se verifica quando o encargo infligido ultrapassar os moderados gravames jurídicos impostos pela vida em sociedade.

Logo, deve-se utilizar o primado da *proporcionalidade* como norte à aferição da normalidade ou anormalidade da lesão jurídica perpetrada pelo Estado.[83] Assim, se a lesão jurídica for perpetrada de modo desproporcional aos incômodos da vida em sociedade, há dever do Estado de indenizar.

IV – 2.2 Causas excludentes do dano lícito

15. Como as hipóteses de responsabilidade por *dano lícito* decorrem da ação lícita do Estado ou de quem lhe faça as vezes, não haverá dano imputável ao Estado se for rompido o nexo causal entre a conduta praticada e o direito esgarçado. E isso porque, sob os auspícios da teoria da "responsabilidade sem culpa" (que enseja a responsabilidade objetiva), apenas o rompimento do nexo causal impede a imputação do *dano* ao seu suposto agente.

As usualmente mencionadas hipóteses excludentes de responsabilidade – tais como culpa da vítima, culpa de terceiro, força maior[84] e, para alguns, estado de necessidade[85] – rompem o nexo causal. Logo, o

mas sim a propriedade. Não se amesquinha o perfil jurídico da propriedade, mas sim o que é externo a ela.

83. Celso Antônio Bandeira de Mello, *Curso de Direito Administrativo*, cit., 27ª ed., p. 1.023. Esse é o mesmo pensamento de Juarez Freitas ao assinalar que são inaceitáveis os *sacrifícios iníquos*. E esses se revelariam (i) quando não houvesse adequação entre meios e fins, (ii) se o fim não esgarçasse em menor intensidade possível a liberdade e a propriedade e (iii) se a lesão perpetrada não fosse menos onerosa que os benefícios queridos e trazidos pela aplicação da norma (Juarez Freitas, "Responsabilidade civil do Estado e o princípio da proporcionalidade: vedação de excesso e de inoperância", in Juarez Freitas (org.), *Responsabilidade Civil do Estado*, São Paulo, Malheiros, 2006, pp. 170-197).

84. Mencionam essas hipóteses, dentre outros, Diógenes Gasparini (*Direito Administrativo Brasileiro*, cit., 13ª ed., pp. 1.032-1.034), Eduardo García de Enterría (*Curso de Derecho Administrativo*, cit., 10ª ed., t. II, pp. 406-413), Maria Helena Diniz (*Curso de Direito Civil Brasileiro*, cit., 17ª ed., vol. 7, pp. 102-108), Fernando Garrido Falla (*Tratado de Derecho Administrativo*, cit., 11ª ed., vol. II, pp. 331-332), Maria Sylvia Zanella Di Pietro (*Direito Administrativo*, cit., 20ª ed., pp. 602-603) e Sergio Cavalieri Filho (*Programa de Responsabilidade Civil*, cit., 6ª ed., 3ª tir., pp. 88-92).

85. Essa é, por exemplo, a opinião de Edmir Netto de Araújo (*Curso de Direito Administrativo*, cit., pp. 725-730).

que invariavelmente se coloca em pauta nesses casos é o rompimento, ou não, do nexo causal.[86]

Dada a singular importância do nexo causal, alguns autores entendem que ele deve ser incluído no rol dos requisitos necessários à configuração do dano indenizável, ainda que pareça mais acertada a ideia segundo a qual ele é elemento imprescindível à sua realização.[87] Outros, no entanto, alocam-no como requisito à configuração da responsabilidade.[88]

No entanto, crê-se que o nexo causal é elemento *extrínseco* ao dano indenizável. Afinal, para que o *dano lícito* seja indenizável, ele *intrinsecamente* deverá ser (i) um dano jurídico, (ii) economicamente mensurável, (iii) certo e determinável, (iv) anormal e (v) especial.

Por essa razão, a causa[89] e o nexo causal que levam à ocorrência do *dano lícito* não interferem na sua morfologia, mas sim na sua imputação a tal ou qual agente. Interferem na identificação do seu responsável, e não na tipologia do dano nascido. E, por esse viés, apenas os elementos intrínsecos são necessários à configuração da natureza do dano (se indenizável, ou não, pelo Estado).

16. Ora, como se sustentou que o *dano lícito* indenizável decorre de hipótese tipificadora de sacrifício de direito, parece-nos imprescindível apontar como a doutrina nacional se debruçou sobre o fenômeno da indenização em face dessa figura jurídica.

Não se afiança a ideia segundo a qual o estado de necessidade tenha o condão de romper o nexo causal necessário à configuração da responsabilidade patrimonial do Estado. Quanto muito exclui a responsabilidade pessoal do agente em face de eventual ação regressiva por parte do Poder Público – opinião da qual não discrepam os Tribunais Superiores. Nesse sentido: STF, 2ª Turma, RE 82.894, rel. Min. Thompson Flores, *DJU* 26.4.1976; STJ, 4ª Turma, AgR no Ag 789.883, rel. Min. Hélio Quaglia Barbosa, *DJU* 4.6.2007; STJ, 4ª Turma, REsp 234.263, rel. Min. Ruy Rosado de Aguiar, *DJU* 2.12.1999.

86. Nesse sentido: Celso Antônio Bandeira de Mello, *Curso de Direito Administrativo*, cit., 27ª ed., pp. 1.023-1.025; e Maria Sylvia Zanella Di Pietro, *Direito Administrativo*, cit., 20ª ed., pp. 602-603.

87. Nesse sentido: Maria Helena Diniz, *Curso de Direito Civil Brasileiro*, cit., 17ª ed., vol. 7, p. 63 – dentre outros.

88. Nesse sentido: Pietro Virga, *Diritto Amministrativo*, cit., 4ª ed., vol. I, p. 420 – dentre outros.

89. O vocábulo "causa" é aqui empregado como suporte fático de uma norma jurídica. Circunstância que, ocorrida no mundo fenomênico, faz nascer uma dada consequência.

108 RESPONSABILIDADE PATRIMONIAL DO ESTADO

Vale dizer: é imperioso examinar (i) o catálogo das hipóteses caracterizadoras de sacrifício de direito e, a partir dele, (ii) apurar se a doutrina nacional indica a necessidade de pagamento de prévia indenização ou, pelo contrário, de eventual indenização *a posteriori*.

Perceba-se, pois, que o foco dessa passagem gravitará ao redor do tema da indenização, sendo marginais os demais aspectos atinentes às modalidades de sacrifício de direito. E já se faz este alerta antecipando eventuais críticas no sentido de que essas figuras jurídicas serão tratadas de forma sucinta e superficial – vale dizer, superficial em relação à generalidade do tema, mas suficientemente densa em seu aspecto central.

É que, adotando isso como premissa, quer-se revelar aquilo que nos parece inovador à luz do primado republicano: a necessidade de prévia indenização além das hipóteses expressamente previstas de desapropriação.

IV – 2.3 Regime de indenização dos danos lícitos
(e, portanto, oriundos de sacrifício de direito)

17. Não havendo consenso na classificação das formas de intervenção do Estado para sacrifício de direito alheio em prol do interesse público, cumpre examinar quando elas configuram *dano lícito*, indenizável ou não.

Com efeito, ausente um dos pressupostos dantes abordados, o *dano lícito* perpetrado pelo Estado ou por quem lhe faça as vezes não deflagrará o acolhimento de um eventual pleito indenizatório nesse sentido.

18. A doutrina indica as seguintes medidas estatais[90] que fazem nascer o sacrifício de direito: ocupação temporária, requisição, tombamento, servidão administrativa e desapropriação.

Quanto a nós, optamos pela classificação de Celso Antônio Bandeira de Mello, segundo a qual a desapropriação, a servidão e a requisição preenchem exaustivamente o rol das medidas legitimas a sacrificar o direito alheio.[91]

90. Mas, como assinalado, não há consenso doutrinário a respeito desse rol.

91. Celso Antônio Bandeira de Mello, *Curso de Direito Administrativo*, cit., 27ª ed., p. 689.

19. Na *ocupação temporária* um bem de propriedade particular[92] é utilizado de forma transitória para satisfação do interesse público.[93] Essa utilização poderá ser gratuita ou remunerada.[94]

Apesar de esse instituto ser mutável pelo direito positivo de cada Nação, entre nós especialmente ele se revela como instrumento complementar à desapropriação,[95] ainda que sua finalidade seja bastante distinta em leis esparsas que também o preveem[96] e até mesmo na Constituição da República.[97]

Alguns autores equiparam a ocupação temporária de imóvel à requisição prevista no art. 5º, XXV, da Constituição da República.[98]

Segundo parcela da doutrina, a ocupação temporária só rende ensejo à indenização se for comprovada lesão à propriedade – hipótese em que, sob a óptica da teoria acolhida neste trabalho, terá ocorrido *dano ilícito*.[99] Vale dizer, apesar de ser um encargo especial, ele é normal.

Logo, a lesão perpetrada pelo Estado ou por quem lhe faça as vezes, economicamente mensurável, não seria uma consequência lógica desse instituto, ainda que sua ocorrência seja possível.[100]

92. Para José dos Santos Carvalho Filho só cabe ocupação temporária em relação a bens imóveis (*Manual de Direito Administrativo*, cit., 17ª ed., p. 673). No entanto, essa posição é bastante contestável, diante da expressa previsão legal e constitucional em sentido contrário.

93. Nesse sentido: Renato Alessi, *Principi di Diritto Amministrativo*, cit., 4ª ed., vol. II, p. 734, item 409 – dentre outros.

94. Nesse sentido: Maria Sylvia Zanella Di Pietro, *Direito Administrativo*, cit., 20ª ed., p. 120; e Hely Lopes Meirelles, *Direito Administrativo Brasileiro*, 15ª ed., 1990, p. 527; 36ª ed., 2010, p. 662 – dentre outros.

95. Art. 36 do Decreto-lei 3.365/1941.

96. Art. 13 da Lei federal 3.924/1961 (ocupação de propriedade imóvel particular de modo a permitir exploração arqueológica) e art. 58, V, da Lei federal 8.666/1993 (ocupação de bens, pessoas e serviços do contratado em mira da necessidade de acautelar apuração de faltas praticadas ou em razão da rescisão do contrato, se isso for necessário à continuidade da atividade contratada – o que, aliás, inspirou dispositivo análogo no art. 35 da Lei federal 8.987/1995).

97. CF, art. 136, § 1º, I.

98. Esse é, dentre outros, o posicionamento de Maria Sylvia Zanella Di Pietro (*Direito Administrativo*, cit., 20ª ed., p. 121).

99. Como, aliás, está previsto no art. 36 do Decreto-lei 3.365/1941.

100. Especialmente porque, à luz do mesmo art. 36 do Decreto-lei 3.365/1941, o Poder Público pode ser obrigado à prestação de caução a pedido do administrado, conforme esclarece José Carlos de Moraes Salles (*A Desapropriação à Luz da Doutrina e da Jurisprudência*, 4ª ed., São Paulo, Ed. RT, 2000, pp. 767 – III Parte, Capítulo III, item 8).

110 RESPONSABILIDADE PATRIMONIAL DO ESTADO

Parece-nos que a questão da indenização na ocupação temporária deve ser desdobrada, tomando-se em consideração dois institutos decorrentes do direito de propriedade: a *posse* e a *propriedade*.

Com efeito, partindo da premissa de que a ocupação temporária pode ser gratuita ou onerosa, conclui-se que o Poder Público já tem condições de apurar antecipadamente se tal medida inegavelmente acarretará lesão a um direito subjetivo ou a um interesse juridicamente protegido.

Afinal, se se remunera pela ocupação temporária, de duas, uma: ou (i) se maltrata o patrimônio público, porque a hipótese de ocupação não ensejou encargo anormal e especial, hipótese em que se terá aperfeiçoado a doação de dinheiro público sem fundamento no interesse público; ou (ii) já se tinha conhecimento de ônus a ser imposto ao particular, hipótese em que se terá desapropriação pelo uso parcial do bem em caráter transitório ou, como prefere Clóvis Beznos, pela desapropriação da posse, ainda que em caráter transitório.[101]

A solução a esse problema encontra-se nas dobras do pensamento de Clóvis Beznos.

É que, sob o pálio do seu pensamento, a ocupação temporária enseja a perda da posse. Como a posse integra o direito de propriedade, a prévia remuneração a que alude a legislação é, em rigor, medida a ser obrigatoriamente adotada pelo Poder Público.

Se, de outra banda, a ocupação temporária ensejar adicional lesão ao direito de propriedade, o que não poderia ser antecipadamente previsto pelo Poder Público ou por quem lhe faça as vezes, a indenização fatalmente se dará posteriormente à sua ocorrência. E, em tais circunstâncias, o dano jurídico causado será ilícito.

20. Na *requisição* o Poder Público determina que um particular compulsoriamente[102] lhe permita a utilização[103] episódica de um bem ou

Essa caução garante o *prévio* pagamento por eventuais prejuízos perpetrados pelo Poder Público em razão da ocupação temporária – como, por exemplo, se deu quando o STJ condenou o Município de Curitiba a indenizar o particular que arcou com os custos da retirada de entulho deixado em área de ocupação temporária (STJ, 2ª Turma, REsp 174.326, rel. Min. Ari Pargendler, *DJU* 8.7.1998).

A caução, pelas premissas aqui eleitas, garante que um *dano lícito* não se transforme em *dano ilícito* pela sua indenização *a posteriori*. Dá-se, com isso, a plena satisfação à manutenção do direito de propriedade.

101. Clóvis Beznos, *Aspectos Jurídicos da Indenização na Desapropriação*, cit., 2006.

102. O ato é, pois, unilateral e, para Celso Antônio Bandeira de Mello, auto executável (*Curso de Direito Administrativo*, cit., 27ª ed., pp. 906-907 – Capítulo XVI, itens 67 e 68).

RESPONSABILIDADE DO ESTADO POR ATOS LEGISLATIVOS   111

que lhe preste serviços em vista da satisfação de um interesse público de caráter transitório.[104]

Alguns autores entendem que esse instituto abarca várias figuras dessemelhantes entre si,[105] só havendo necessidade de indenização *a posteriori*[106] caso seja comprovado que o expediente adotado pelo Poder Público amesquinhou direito subjetivo ou interesse juridicamente protegido.[107]

Na linha exposta, a requisição é meio para imposição de *dano lícito* a direito subjetivo ou interesse juridicamente protegido. Estando ela fundada nos inconvenientes da vida em sociedade, não se coloca em pauta a necessidade de indenização, salvo se for confirmada lesão patrimonial ou extrapatrimonial economicamente mensurável,[108] hipótese em que se terá, a um só tempo, *fato* e *dano ilícitos*.[109]

103. Isso, aliás, estrema a requisição da desapropriação, em que o bem não é apenas utilizado em vista da satisfação do interesse público. Ele é, pelo contrário, adquirido para esse propósito. Essa, aliás, é a opinião abalizada de Celso Antônio Bandeira de Mello (*Curso de Direito Administrativo*, cit., 27ª ed., p. 906 – Capítulo XVI, item 68).

104. Nesse sentido: Seabra Fagundes, *O Controle dos Atos Administrativos pelo Poder Judiciário*, cit., 7ª ed., p. 419 (item 123, nota de rodapé 171); Celso Antônio Bandeira de Mello, *Curso de Direito Administrativo*, cit., 27ª ed., p. 906 (Capítulo XVI, item 67); Renato Alessi, *Principi di Diritto Amministrativo*, cit., 4ª ed., vol. II, pp. 731 e 737 (itens 407 e 412); e Hely Lopes Meirelles, para quem a requisição poderá até mesmo ensejar o aniquilamento do bem requisitado – como, por exemplo, na destruição de casas para conter incêndio de grandes proporções, tal como sucedeu em São Francisco em 1906, após o terremoto que abalou aquela cidade norte-americana (*Direito Administrativo Brasileiro*, 15ª ed., 1990, p. 525; 36ª ed., 2010, p. 661),. Para José dos Santos Carvalho Filho a requisição tem assento no art. 5º, XXV, da Constituição da República, razão por que sua utilização é restrita *apenas* às hipóteses de perigo público iminente. Assim, a conhecida figura de requisição de escolas para nelas alocar sessões de votação e apuração é, para o autor, hipótese de ocupação temporária (José dos Santos Carvalho Filho, *Manual de Direito Administrativo*, cit., 17ª ed., pp. 670 e 674).

105. Como aponta Maria Sylvia Zanella Di Pietro (*Direito Administrativo*, cit., 20ª ed., pp. 122-123) – dentre outros.

106. Dentre outros, essa é a opinião de Hely Lopes Meirelles (*Direito Administrativo Brasileiro*, 15ª ed., 1990, p. 525; 36ª ed., 2010, p. 660).

107. Nesse sentido: José dos Santos Carvalho Filho, *Manual de Direito Administrativo*, cit., 17ª ed., p. 671; e Celso Antônio Bandeira de Mello, *Curso de Direito Administrativo*, cit., 27ª ed., pp. 906-907 (Capítulo XVI, itens. 67 e 68).

108. Essa é a visão Maria Sylvia Zanella Di Pietro (*Direito Administrativo*, cit., 20ª ed., p. 123) – dentre outros.

A propósito desse assunto, destaque-se que a importação acrítica de construções teóricas estrangeiras para utilização imediata em território nacional – tal como

112 RESPONSABILIDADE PATRIMONIAL DO ESTADO

21. Situação diversa opera-se em relação ao *tombamento*, assim entendido o procedimento administrativo por meio do qual há parcial restrição dos direitos inerentes à propriedade (a saber: uso, gozo, fruição e disposição),[110] seja móvel ou imóvel,[111] em vista de um interesse público[112] de caráter permanente.[113]

A doutrina não é unânime a respeito de sua natureza jurídica. Alguns sustentam que a eclosão dos efeitos jurídicos dessa figura não esgarça direito subjetivo ou interesse juridicamente protegido, razão por que o tombamento não é indenizável, salvo se o administrado comprovar a ocorrência de dano.[114] Outros – com os quais engrossamos as fileiras – pugnam que nestas hipóteses sempre haverá *dano lícito*.[115]

sucedeu com parcela da doutrina adepta do pensamento de Robert Alexy – tem causado graves problemas nas instituições jurídicas nacionais. Por essa razão, alerta-se para o fato de que a *requisição* não é instituto universalmente uniforme, pois em Portugal, por exemplo, Marcello Caetano sustenta que as requisições são sempre indenizáveis, o que não sucede entre nós (*Manual de Direito Administrativo*, cit., 10ª ed., 7ª reimpr., t. II, p. 1.016).

109. Seabra Fagundes é explícito nesse sentido ao esclarecer que: "Muito embora na requisição se tenha em vista somente a utilização temporária, o uso pode, em certos casos (sobretudo tratando-se de coisas consumíveis), levar ao perecimento da coisa. Então, *o Poder Público terá excedido os limites pré-traçados pela lei* e o dono do bem poderá pedir não apenas o seu valor, como se se tratasse de desapropriação, mas perdas e danos correspondentes a todos os prejuízos que lhe advieram em consequência do perecimento" (*O Controle dos Atos Administrativos pelo Poder Judiciário*, cit., 7ª ed., p. 412 – item 123, nota de rodapé 171).

O que se revela peculiar na proposição do autor é o reconhecimento da ilicitude da conduta do Poder Público nesses casos – ideia que guarda afinidade com o pensamento aqui exposto.

110. Esse é o pensamento de Maria Sylvia Zanella Di Pietro (*Direito Administrativo*, cit., 20ª ed., p. 125).

111. Art. 1º do Decreto-lei 25/1937.

112. Ou, simplesmente, em razão da noção de supremacia do interesse público sobre o interesse privado, como assinala José dos Santos Carvalho Filho (*Manual de Direito Administrativo*, cit., 17ª ed., p. 681).

113. Mormente destinado à preservação e à proteção do patrimônio cultural e artístico brasileiro (art. 216, § 1º, da Constituição da República), seus registros históricos, documentais e territoriais (art. 216, § 5º, da Constituição da República), inclusive a ser realizado pelo Poder Público municipal (art. 30, IX, da Constituição da República). Para José dos Santos Carvalho Filho o tombamento volta-se, a uma só voz, à preservação da memória nacional (*Manual de Direito Administrativo*, cit., 17ª ed., p. 679).

114. Nesse sentido: Maria Sylvia Zanella Di Pietro, *Direito Administrativo*, cit., 20ª ed., p. 125.

RESPONSABILIDADE DO ESTADO POR ATOS LEGISLATIVOS   113

De qualquer modo, na hipótese de o tombamento *impedir* por completo o exercício de direitos inerente à propriedade ter-se-á desapropriação, havendo necessidade de prévia indenização.[116] Neste caso o *dano* é *lícito* e todos os pressupostos para a indenização estarão presentes.

22. A *servidão administrativa* qualifica-se como um direito real de uso sobre coisa alheia[117] em vista de uma finalidade pública[118] permanente[119] e, com isso, em desfavor do seu original proprietário.[120]

Devido ao fato de a servidão não ensejar a perda da propriedade, mas sim a imposição de um ônus consistente no dever de o seu proprietário submetê-la à utilidade púbica,[121] a doutrina corrente caminha no sentido de que esse encargo não é, em regra, indenizável.[122]

Há quem, no entanto, sustente haver direito subjetivo à indenização prévia e justa na medida em que o titular tem seu direito de propriedade parcialmente esgarçado.[123] Em abono a esse pensamento poder-se-ia invocar o art. 40 do Decreto-lei 3.365/1941, cujo conteúdo prescritivo

115. Celso Antônio Bandeira de Mello observa que na esmagadora maioria dos casos o tombamento causa lesão jurídica e econômica a direito subjetivo alheio (*Curso de Direito Administrativo*, Capítulo XVI, item 69).

116. Nesse sentido: Maria Sylvia Zanella Di Pietro, *Direito Administrativo*, cit., 20ª ed., p. 125.

117. Muito embora a doutrina seja corrente no sentido de que as servidões incidem sobre um direito subjetivo em relação ao qual o objeto subjacente é a propriedade privada (José dos Santos Carvalho Filho, *Manual de Direito Administrativo*, cit., 17ª ed., p. 665), há quem pense ser possível fazê-las incidir sobre móveis e serviços (Adilson Abreu Dallari, "Servidões administrativas", *RDP* 59-60/88-98, São Paulo, Ed. RT).

118. José dos Santos Carvalho Filho, pondera, ademais, que esse instituto tem seu fundamento lógico na ideia de supremacia do interesse público sobre o interesse privado (*Manual de Direito Administrativo*, cit., 17ª ed., pp. 663-664).

119. Essa é a opinião, dentre outros, de José dos Santos Carvalho Filho (*Manual de Direito Administrativo*, cit., 17ª ed., p. 669).

120. Perfilam esse pensamento: Maria Sylvia Zanella Di Pietro (*Direito Administrativo*, cit., 20ª ed., p. 134) e José dos Santos Carvalho Filho (*Manual de Direito Administrativo*, cit., 17ª ed., p. 665) – dentre outros.

121. É o pensamento de Celso Antônio Bandeira de Mello (*Curso de Direito Administrativo*, cit., 27ª ed., p. 907 – Capítulo XVI, item 69) – dentre outros.

122. José dos Santos Carvalho Filho, *Manual de Direito Administrativo*, cit., 17ª ed., p. 668.

123. Nesse sentido: José Roberto Pimenta Oliveira, *Os Princípios da Razoabilidade e da Proporcionalidade no Direito Administrativo Brasileiro*, cit., p. 457.

114 RESPONSABILIDADE PATRIMONIAL DO ESTADO

assinala que as indenizações decorrentes de servidões observarão o mesmo regime aplicável àquelas decorrentes de desapropriação.[124]

Entretanto, observa-se que eventual indenização nestes casos advirá do uso público da propriedade, razão pela qual o encargo estatal de recompor a expressão econômica do direito lesado opera *a posteriori*, em obediência ao regime de responsabilização patrimonial do Estado do art. 37, § 6º, da Constituição da República.[125] E isso confirmaria a ideia de que a servidão não é, em regra, indenizável.

Essa posição encontra severo obstáculo no art. 40 do Decreto-lei 3.365/1941, pois há presunção legal no sentido de que as servidões causam prejuízo a direito subjetivo.[126] Sob a óptica das opiniões doutrinárias acima, a servidão administrativa esgarça direito subjetivo,[127] havendo, em rigor, *dano presumido*, a ensejar a necessidade de prévia indenização.[128]

No entanto, em tréplica se poderia aduzir que apenas as servidões decorrentes de declaração de utilidade pública observam o regime da prévia indenização, o que não se processa com aqueloutras decorrentes de expressa disposição de lei ou fruto de decisão judicial.[129]

124. Para Hely Lopes Meirelles o processo de desapropriação será aplicável à servidão administrativa na medida em que isso for possível, mormente em vista da ideia segundo a qual não há, em regra, dano indenizável na servidão (*Direito Administrativo Brasileiro*, 15ª ed., 1990, p. 523; 36ª ed., 2010, pp. 658-659).

125. Nesse sentido: Adilson Abreu Dallari, "Servidões administrativas", cit., *RDP* 59-60/88-98; José dos Santos Carvalho Filho, *Manual de Direito Administrativo*, cit., 17ª ed., p. 668; e Hely Lopes Meirelles, *Direito Administrativo Brasileiro*, 15ª ed., 1990, p. 523; 36ª ed., 2010, p. 660.

126 CELSO ANTÔNIO BANDEIRA DE MELLO pondera que as servidões são *em regra* indenizáveis, pois na maior parte das vezes os tombamentos acarretam a real depreciação econômica do bem (*Curso de Direito Administrativo*, Capítulo XVI, item 73).

127. José dos Santos Carvalho Filho observa que as servidões configuram verdadeira hipótese de sacrifício de direito, ainda que, na sua visão, o *dano jurídico* causado não seja, em regra, indenizável (*Manual de Direito Administrativo*, cit., 17ª ed., p. 664).

128. Destaque-se, em abono a esse pensamento, acórdão do TJMG que condicionou a implantação de servidão administrativa à prévia indenização da cultura de eucaliptos que havia no local onde se pretendia construir uma linha de transmissão de energia elétrica (TJMG, 8ª Câmara Cível, AI 1.0528.03.900009-6/001, rel. Des. Fernando Bráulio, *DJE* 22.9.2004).

129. Nesse sentido: Maria Sylvia Zanella Di Pietro, *Direito Administrativo*, cit., 20ª ed., p. 137. Para a autora, se a servidão decorre de lei não há direito a indenização, pois não há dano anormal ou especial, salvo em hipóteses excepcionais

RESPONSABILIDADE DO ESTADO POR ATOS LEGISLATIVOS 115

A despeito dessa controvérsia, crê-se que a resposta a esse problema seja exatamente aquela que já se deu: (i) se for possível antever um dano jurídico indenizável oriundo da servidão, então, há necessidade de prévia indenização (opinião de Celso Antônio Bandeira de Mello); (ii) se não for possível antecipar a ocorrência dessa lesão, eventual recomposição patrimonial do direito de propriedade lesado se dará a título sancionatório (art. 37, § 6º, da Constituição da República).

23. O tema da *desapropriação* é rico e objeto de grande litigiosidade, em razão dos seus diversos aspectos polêmicos. Todavia, naquilo que interessa ao presente estudo, as controvérsias têm um perfil mais restrito.

Quanto ao seu conceito, diz-se que ela é uma forma originária de aquisição de propriedade por meio da qual, fundado na ideia de supremacia do interesse público sobre o privado,[130] explicitamente[131] encartada na Constituição da República,[132] sacrifica-se o direito subjetivo de

(*e.g.*, haver necessidade de demolição do imóvel tombado). Caso decorra de decisão judicial, há direito à indenização (mas nesse caso questiona-se se a imissão na posse exige o prévio pagamento de indenização ou não – caso em que teremos indenização *a priori* ou *a posteriori*). Para Seabra Fagundes a sentença é constitutiva, e não declaratória (*O Controle dos Atos Administrativos pelo Poder Judiciário*, cit., 7ª ed., p. 468, item 144), razão por que para aquisição da propriedade e da posse é imprescindível a prévia indenização.

Aliás, foi Clóvis Beznos (*Aspectos Jurídicos da Indenização na Desapropriação*, cit., pp. 48-49) quem, com apoio em noções fundamentais de Celso Antônio Bandeira de Mello, apontou a necessidade de desapropriação desses dois *direitos* (a propriedade e a posse). Sem o mesmo suporte ou densidade de pensamento, Hely Lopes Meirelles insinuou a consequência observada e registrada por Clóvis Beznos (*Direito Administrativo Brasileiro*, 15ª ed., 1990, p. 499; 36ª ed., 2010, p. 634).

130. Nesse sentido: Seabra Fagundes, *O Controle dos Atos Administrativos pelo Poder Judiciário*, cit., 7ª ed., p. 396, item 121; Celso Antônio Bandeira de Mello, *Curso de Direito Administrativo*, cit., 27ª ed., p. 871 – Capítulo XVI, item 6; e Sergio Ferraz, *Três Estudos de Direito*, São Paulo, Ed. RT, 1977, p. 26.

131. Para Hely Lopes Meirelles as definições de "utilidade" e "necessidade pública" e "interesse social" devem estar expressamente previstas em lei federal, sob pena de sua realização ser impraticável (*Direito Administrativo Brasileiro*, cit., 36ª ed., São Paulo: RT, 15ª, 1990, p. 642), no que é aparentemente acompanhado por Sergio Ferraz (*Três Estudos de Direito*, cit., p. 25), ainda que este autor tenha mencionado a expressão "lei" em sentido abrangente, o que, em tese, englobaria até mesmo a Constituição da República, caso em que, se assim fosse, haveria identidade de pensamento sobre o tema.

132. Mas há quem pense que o fundamento é diverso, não se prestando à desapropriação a ideia de supremacia do interesse público sobre o interesse privado (*e.g.*, Clóvis Beznos, *Aspectos Jurídicos da Indenização na Desapropriação*, cit., p. 34).

116   RESPONSABILIDADE PATRIMONIAL DO ESTADO

propriedade,[133] transferindo-se forçadamente[134] o bem desapropriado ao domínio público[135] de modo originário,[136] após o pagamento de justa e prévia indenização,[137] para, com isso, satisfazer um interesse público[138] de caráter permanente.

Deveras, não se discute o dever do Poder Público de realizar prévia indenização,[139] em vista da expressa previsão constitucional nesse sentido[140] – o que, segundo parcela considerável da doutrina, é consequência

133. Nesse sentido: Clóvis Beznos, *Aspectos Jurídicos da Indenização na Desapropriação*, cit., p. 33; e Celso Antônio Bandeira de Mello, *Curso de Direito Administrativo*, cit., 27ª ed., p. 876 (Capítulo XVI, item 18).

134. Dentre outros que assinalam esse atributo, aponta-se Sergio Ferraz (*Três Estudos de Direito*, cit., pp. 25-26).

135. Seabra Fagundes, *O Controle dos Atos Administrativos pelo Poder Judiciário*, cit., 7ª ed., pp. 392-393 (item 120, nota de rodapé 142).

136. É "originário" pois sua incorporação ao domínio público não exige negócio jurídico. Não há necessidade de título jurídico anterior (ou cadeia dominial). Esse é o pensamento de Seabra Fagundes (*O Controle dos Atos Administrativos pelo Poder Judiciário*, cit., 7ª ed., p. 390, item 120, nota de rodapé 134), Hely Lopes Meirelles (*Direito Administrativo Brasileiro*, 15ª ed., 1990, p. 498; cit., 36ª ed., 2010, p. 633) e Celso Antônio Bandeira de Mello (*Curso de Direito Administrativo*, cit., 27ª ed., p. 871 – Capítulo XVI, item 7).

137. Seabra Fagundes entende que a transferência compulsória da propriedade se opera somente após o pagamento da indenização (e não com o trânsito em julgado da sentença judicial declaratória) (*O Controle dos Atos Administrativos pelo Poder Judiciário*, cit., 7ª ed., pp. 422-423, item 126, nota de rodapé 195). Assim, com apoio no pensamento de Clóvis Beznos (*Aspectos Jurídicos da Indenização na Desapropriação*, cit., pp. 48-49), fica facilmente perceptível que, havendo urgência, o Poder Público, ou quem lhe faça as vezes, desapropriará a posse, porquanto a propriedade será forçosamente transferida ao domínio público com o pagamento de eventual precatório.

Essa ponderação, a despeito de estranha ao objeto do trabalho, enseja uma consequência: o Poder Público não poderá transferir a propriedade do bem expropriado a terceiro sem a quitação *integral* do precatório, salvo naquelas hipóteses de desapropriação-sanção, como observou Celso Antônio Bandeira de Mello (*Curso de Direito Administrativo*, cit., 27ª ed., pp. 888-889 – Capítulo XVI, item 46).

138. Dentre outros: Seabra Fagundes, *O Controle dos Atos Administrativos pelo Poder Judiciário*, cit., 7ª ed., pp. 390-391, item 120, notas de rodapé 135 e 136; e Hely Lopes Meirelles, *Direito Administrativo Brasileiro*, 15ª ed., 1990, p. 497; 36ª ed., 2010, p. 632).

139. Seabra Fagundes esclarece que o dever do Estado de indenizar é uma constante desde nossa primeira Constituição, podendo a quantia devida a esse título ser depositada em juízo caso haja dúvida quanto ao seu titular e dúvida quanto a direitos de terceiros sobre a coisa (*O Controle dos Atos Administrativos pelo Poder Judiciário*, cit., 7ª ed., pp. 400-401, item 121).

140. Art. 5º, XXIV, da Constituição da República.

RESPONSABILIDADE DO ESTADO POR ATOS LEGISLATIVOS 117

lógica do direito de propriedade[141] e da igualdade na repartição dos encargos, em prol do bem comum.[142]

Só não haverá prévia indenização nas hipóteses de desapropriação-sanção, referidas nos arts. 182, § 4º, III, e 184, todos da Constituição da República.[143]

A despeito dessa exceção, aduz-se que a indenização é uma medida compensatória pela perda do direito subjetivo da propriedade ou, para outros, conversão forçada desse direito individual em pecúnia.[144] Daí por que a desapropriação se assemelha em muito a uma venda forçada, apesar de a ela não se subsumir perfeitamente, em razão da inexistência de consentimento entre as partes envolvidas e do caráter originário da aquisição.[145] Por isso que alguns acentuam que a desapropriação seria, em rigor, um negócio jurídico soberano.[146]

Percebe-se, portanto, que a desapropriação (i) comina um *dano lícito* que enseja o sacrifício de direito alheio e, por força disso, (ii) faz nascer o dever do Estado de recompor o conteúdo econômico do direito sacrificado antes de esse instituto deflagrar seus efeitos jurídicos.

141. Dentre outros: Seabra Fagundes, *O Controle dos Atos Administrativos pelo Poder Judiciário*, cit., 7ª ed., p. 391 (item 120, nota de rodapé 137); e Celso Antônio Bandeira de Mello, *Curso de Direito Administrativo*, cit., 27ª ed., p. 884 (Capítulo XVI, item 39).

142. Dentre outros: Clóvis Beznos, *Aspectos Jurídicos da Indenização na Desapropriação*, cit., p. 21.

143. Além dos casos de confisco ou perda de bens em razão da prática e utilização em condutas ilícitas (arts. 5º, XLVI, "b", e 243 da Constituição da República, dentre outros), que não se qualificam como hipóteses de desapropriação.

144. Nesse sentido: J. J. Gomes Canotilho, *O Problema da Responsabilidade do Estado por Atos Lícitos*, cit., p. 234; Santi Romano, *Corso di Diritto Amministrativo*, Pádua, CEDAM, 1932, p. 307; e Seabra Fagundes, *O Controle dos Atos Administrativos pelo Poder Judiciário*, cit., 7ª ed., p. 391 (item 120, notas de rodapé 138 e 139) – que, com apoio em Viveiros de Castro (*Revista de Direito* 59/33), aduz que a desapropriação não extingue o direito de propriedade, transforma-lhe o objeto, pela conversão desse direito. Tratando do tema de sacrifício de direito, no qual está inserido o tema da desapropriação, Renato Alessi também opina no sentido da aludida conversão (*Principi di Diritto Amministrativo*, cit., 4ª ed., vol. II, p. 621, item 341), no que é acompanhado por Marcello Caetano (*Manual de Direito Administrativo*, cit., 10ª ed., 7ª reimpr., t. II, p. 1.030).

145. Essa ideia é de Seabra Fagundes. Insista-se no ponto. Ele não diz que a desapropriação é uma venda forçada, mas que com ela se parece (ou seja, assemelha-se a uma alienação compulsória), pois por meio dela se dá a tradição de um bem em razão de um valor. Há, pois, afinidade entre esses institutos.

146. Essa é a expressão talhada por Konrad Hesse (*Elementos de Direito Constitucional da República Federal da Alemanha*, cit., trad. da 20ª ed. alemã, p. 345, item 449).

118 RESPONSABILIDADE PATRIMONIAL DO ESTADO

O mesmo não se pode dizer em relação à denominada *desapropriação indireta*, que se qualifica como *fato ilícito*[147] deflagrador de *dano ilícito* contra direito subjetivo alheio. Contra ela, aliás, cabe o direito de resistência.[148]

24. Feitos esses esclarecimentos, cumpre abordar a possibilidade de um ato legislativo ensejar para o Estado o dever de indenizar.

Pelas premissas eleitas, deve-se abordar o problema por dois ângulos: (i) se o ato legislativo for *lícito*, hipótese deflagradora de um *dano lícito*; e, (ii) se o ato legislativo for *ilícito*, caso em que o *dano* imposto também será *ilícito*.

Conjuntamente a esses problemas, também se tem a contingência de abordar um tema que se encontra indissociavelmente imbricado na questão, qual seja: um ato legislativo, verdadeira forma de exteriorização da vontade do povo por meio dos seus representantes, pode causar dano? Pode o detentor do poder se automutilar e, com isso, obrigar a reparar a si mesmo?

147. A doutrina qualifica essa situação como esbulho possessório (Maria Sylvia Zanella Di Pietro, *Direito Administrativo*, cit., 20ª ed., p. 169; Clóvis Beznos, *Aspectos Jurídicos da Indenização na Desapropriação*, cit., p. 57; Seabra Fagundes, *O Controle dos Atos Administrativos pelo Poder Judiciário*, cit., 7ª ed., p. 417, item 124; e Hely Lopes Meirelles, *Direito Administrativo Brasileiro*, 15ª ed., 1990, p. 498; 36ª ed., 2010, p. 634).

148. Assim entendido como a prerrogativa jurídica de que o particular goza para, com uso moderado de força, se opor *materialmente* à prática de um ato que se lhe afigure contrário ao Direito. Ou – valendo-nos da dicção do art. 116, IV, da Lei federal 8.112/1991 – quando o ato estatal produzido for "manifestamente ilegal". Se ao final, todavia, restar demonstrado que a ordem oriunda da autoridade não era "manifestamente ilegal", então, o direito de resistência terá sido exercido de modo ilícito, podendo caracterizar, inclusive, a ocorrência de crime (desobediência, resistência etc.).

Admitindo o exercício do direito de resistência em face de atos qualificadores de desapropriação indireta: Hely Lopes Meirelles, *Direito Administrativo Brasileiro*, 15ª ed., 1990, p. 498; 36ª ed., 2010, p. 634).

Celso Antônio Bandeira de Mello (*Curso de Direito Administrativo*, cit., 27ª ed., pp. 482-483, item 175), todavia, entende que apenas o direito de resistência passiva pode ser legitimamente exercido, diante do primado do devido processo legal. Já, o direito de resistência realizado de forma ativa (*manu militari*) perturba a ordem jurídica, sendo, por isso mesmo, ilegítimo.

Concordamos com o magistério de Celso Antônio Bandeira de Mello, ainda que ele possa comportar exceções, mormente na hipótese dada, em que se volta contra um fato administrativo (desapropriação indireta) e, outrossim, expressamente autorizado entre nós (art. 1.210, § 1º, do CC).

IV – 3 Fundamento jurídico autorizador
da responsabilidade patrimonial do Estado por atos legislativos

25. O art. 1º, parágrafo único, da Constituição da República proclama que todo o poder do Estado emana do povo. Isso significa dizer que ao povo pertencem as prerrogativas outorgadas ao Estado para (i) obrigar, geral e abstratamente, que alguma pessoa faça ou não faça alguma coisa, (ii) exigir obediência aos comandos normativos tendentes a aplicá-las e, por fim, (iii) solucionar conflitos decorrentes da aplicação da lei com força de vinculação e definitividade.

Essa é uma ideia nuclear do Estado Brasileiro, cuja existência foi reconhecida antes mesmo da formação da Constituição da República. Deveras, no "Preâmbulo" da Carta, verdadeiro registro histórico de seu nascimento, está consignado que o *povo*, por meio dos seus representantes, deu início jurídico a um novo Estado em 1988.

Sendo o poder de titularidade popular, essa prerrogativa só poderá ser exercida para satisfação dos interesses dos seus detentores. Outra não poderia ser a solução diante do primado republicano.[149]

26. Nesse contexto, a função legislativa representa um ato de soberania.[150] Um ato decorrente do exercício de uma competência outorgada pela vontade popular a um conjunto de agentes públicos visando a garantir, em última medida, a segurança jurídica e a persecução dos objetivos da República.[151]

Sob essa óptica, um ato de soberania poderia ensejar a responsabilização patrimonial do Estado?

149. Por isso Geraldo Ataliba afirma que a prerrogativa de administrar os interesses da sociedade não se acha entregue à livre disposição dos administradores públicos. Acha-se, pelo contrário, fixada no mandamento republicano, pedra de toque e razão de ser da Nação, pois o povo não é uma "massa de súditos do Estado autoritário" (*República e Constituição*, cit., 2ª ed., 4ª tir., pp. 170 e 180).

150. Não há acordo a respeito do conceito de "soberania", ainda que ela seja indicada em várias passagens da Constituição da República (arts. 1º, I; 5º, LXXI; 14; 17; 91; 170, I; e 231, § 5º). Jorge Miranda propugna a ideia segundo a qual a soberania representa a independência interna e externa dos Estados (*Teoria do Estado e da Constituição*, Coimbra, Coimbra Editora, 2002, p. 322). Para José Afonso da Silva é o "*poder político supremo* e *independente*" (*Curso de Direito Constitucional Positivo*, cit., 33ª ed., p. 104). Há quem utilize "soberania" no sentido de auto-organização na ordem jurídica interna, sendo a lei uma de suas expressões.

Como parcela da doutrina propugna a ideia de que a produção da lei é um ato de soberania, utilizar-se-á a expressão nesse sentido para o desenvolvimento da ideia, ainda que em relação a ela se guarde reserva.

151. Art. 3º da Constituição da República.

120   RESPONSABILIDADE PATRIMONIAL DO ESTADO

Ora, do fato de o poder estatal ser soberano não se segue a outorga de um "cheque em branco" para que seus exercentes possam produzir atos normativos com conteúdo irrestrito e ilimitado. Soberania não é sinônimo de arbítrio ou de incondicional liberdade; é sinônimo de republicana responsabilidade.

Logo, se nenhum ato estatal pode ser produzido em desconformidade com os limites prescritos pela ordem jurídica, caso isso venha a ocorrer, o ato soberano produzido pelo Estado será *ilícito*.

Se esse *ato ilícito* (i) lesar direito subjetivo ou interesse juridicamente protegido, (ii) causar esgarçamento ilegítimo de um direito economicamente mensurável e (iii) for determinado, dele advirá um *dano ilícito*, a ser necessariamente recomposto pelo Poder Público.[152]

Assim, se o ato oriundo do exercício da função legislativa faz eclodir um *dano ilícito* a direito subjetivo ou a interesse jurídica e economicamente mensurável, tal circunstância faz nascer a responsabilidade patrimonial do Estado.[153]

O problema coloca-se em relação aos atos legislativos válidos. Tal circunstância faria nascer o dever do Poder Público de indenizar terceiros pela prática de *dano lícito*? Lei formal produzida pelo Estado pode causar um *dano lícito* indenizável?

IV – 3.1 A construção da teoria da responsabilidade do Estado por danos lícitos oriundos de atos legislativos

IV – 3.1.1 *A* omissão legislativa lícita *causa* dano lícito *indenizável?*[154]

27. Para que o Estado, ou quem lhe faça as vezes, seja colocado na contingência de indenizar o particular, é imprescindível que sua ação ou omissão tenham deflagrado o nascimento de um *dano indenizável*.

152. Logo, do fato de um ato ser ilícito não se segue necessariamente o direito à indenização, como, aliás, já se procurou demonstrar.

153. Dentre tantos outros, advogam essa tese Diógenes Gasparini (*Direito Administrativo Brasileiro*, cit., 13ª ed., p. 1.035) e Amaro Cavalcanti (*Responsabilidade Civil do Estado*, Rio de Janeiro, Laemmert & Cia. Editores, 1905, pp. 247-248 e 510).

154. Poder-se-ia sustentar que só se falaria em omissão onde houvesse dever de ação. Ainda que esta visão seja acertada, pensamos que tal locução – "omissão" – também possa ser utilizada para aquelas situações em que a ordem jurídica confere a prerrogativa da inação. O problema não está na locução a ser empregada para descrever esta situação de inércia, mas, sim, na descrição das consequências que dela poderão eventualmente advir.

RESPONSABILIDADE DO ESTADO POR ATOS LEGISLATIVOS   121

Relembre-se, nesse ponto, que nem todo *dano* é, só por essa razão, indenizável. O *dano* só será *indenizável* se, cumulativamente, (i) amesquinhar direito subjetivo ou interesse juridicamente protegido (revelando-se, pois, um *dano jurídico*); (ii) for economicamente relevante; (iii) for certo e determinado, ainda que sua projeção seja futura; (iv) for especial; e (v) for anormal – sendo que os dois últimos requisitos estão presentes apenas nos *danos lícitos* indenizáveis.

Diante desse quadro, já se concluiu que todo sacrifício de direito se revela como uma medida estatal deflagradora do nascimento de um *dano jurídico lícito*. Todavia, como se expôs acima, a simples ocorrência de um *dano jurídico* é incapaz de, por si só, configurar um dano indenizável, ainda que tal circunstância seja seu primeiro e inaugural pressuposto.

Nesse contexto, questiona-se: a omissão legislativa lícita[155] é apta a desencadear a mesma consequência? Para responder a essa pergunta deve-se apurar, preliminarmente, se essa omissão legislativa é capaz de deflagrar o nascimento de um *dano jurídico*. Afinal, o surgimento de um dano indenizável pressupõe a ocorrência de um dano jurídico. Se nem ao menos surgir um dano jurídico não haverá falar, *ipso facto*, em dano indenizável.

Sabe-se que um *dano jurídico* pode ser oriundo tanto de uma ação quanto de uma inação estatal. Entretanto, a licitude ou a ilicitude da comissão ou da omissão estatal ensejam consequências jurídicas bem distintas em relação ao tema em análise, pois nem todos esses expedientes são capazes de ensejar, mesmo em tese, a eclosão de um *dano jurídico*.

Com efeito, para configuração do *dano jurídico ilícito* basta que o ato estatal seja contrário à ordem jurídica, independentemente de a circunstância que o originou ser comissiva ou omissiva. Logo, a simples conduta estatal contrária ao Direito faz surgir um *dano jurídico*.

O mesmo raciocínio, todavia, não se aplica às ações e às omissões estatais lícitas.

Deveras, se o sacrifício de direito decorrente de atos legislativos se aperfeiçoa com a legítima *modificação* inaugural da ordem jurídica, isso

155. As omissões legislativas lícitas operam quando o exercício de uma competência pública é *facultado* ao Estado, tal como sucede em relação à competência tributária, que, no magistério de Roque Antônio Carrazza, é de fruição facultativa, já que o tema se encontra relegado à decisão política da entidade tributante (*Curso de Direito Constitucional Tributário*, 26ª ed., São Paulo, Malheiros Editores, 2010, pp. 697-708).

significa dizer que tal expediente normativo só pode ser levado a efeito com a alteração do direito positivo (*lato sensu*).[156]

Se isso é verdade, não se demora a perceber que a inércia *legítima* das Casas Legislativas não tem o condão de produzir idêntico resultado, eis que por meio dela não se altera o plexo normativo e, por via de consequência, não se amesquinha direito subjetivo ou interesse juridicamente protegido.[157] Assim, apenas uma conduta estatal comissiva revela-se como meio hábil a inovar a ordem jurídica, criando hipótese tipificadora de sacrifício de direito.

Logo, a omissão legislativa lícita não pode causar *dano jurídico*, pois a ocorrência desse fato exige (i) uma conduta estatal lícita impositiva de sacrifício de direito ou (ii) uma conduta ou omissão estatal ilícita. E tais fatos não podem, nem em tese, advir de uma omissão legislativa levada a efeito de modo idôneo pelo Parlamento.

Não foi por outra razão que Miguel S. Marienhoff observou que sem a imputação legal a uma omissão (transformando-a em fato ilícito) não há falar no nascimento do dever do Estado de adotar qualquer espécie de medida patrimonialmente reparadora, eis que não se coloca em pauta o nascimento de um sacrifício de direito alheio.[158]

Circunstância bem diversa opera em relação à *omissão legislativa ilícita*.

156. Emprega-se a expressão "*lato sensu*" pois o sacrifício de direito pode ser veiculado em outros atos estatais além da lei material. Fontes normativas secundárias também podem, a pretexto de aplicar a lei, cominar idêntica medida.

157. O mesmo não se pode dizer em relação às omissões ilícitas. Afinal, sendo essa inércia contrária à ordem jurídica, ela invariavelmente acarreta um dano jurídico. Entretanto, da ocorrência de um dano jurídico ilícito por omissão legislativa não se segue a imediata eclosão de um dano indenizável, como mais adiante será exposto.

158. Miguel S. Marienhoff, *Responsabilidad Extracontratual del Estado por las Consecuencias de su Actitud "Omisiva" en el Ámbito del Derecho Público*, Buenos Aires, Abeledo-Perrot, 2001, pp. 12-13.

No mesmo sentido é a opinião de Celso Antônio Bandeira de Mello que, tratando da força vinculante das proposições normativas veiculadas na Constituição da República, observa que "...há, ainda, regras meramente atributivas de competências públicas e das quais não se pode extrair, diversamente das hipóteses anteriores, limitações ou constrangimento algum para seus titulares. Seus efeitos jurídicos são os de *conferir poder* aos destinatários das competências outorgadas. O único direito que delas procede para os indivíduos é de que as competências em pauta não sejam exercidas senão pelos sujeitos nelas regularmente investidos" [*Eficácia das Normas Constitucionais e Direitos Sociais*. São Paulo: Malheiros, 2009, (Cap. I, item 16) p. 16].

RESPONSABILIDADE DO ESTADO POR ATOS LEGISLATIVOS   123

Deveras, ainda que em um primeiro momento a omissão em pauta pudesse revelar uma singela inação, tal conduta, em rigor, se traduz em uma ação ilícita, pois – como acentua Afonso Rodrigues Queiró – "não agir é também agir (não autorizar é decidir não autorizar)".

Afinal, se o Estado tinha o dever de agir e não agiu, praticou-se uma comissão ilícita sob o manto de uma omissão lícita. Como essa comissão é desautorizada pelo direito positivo, ela configura "fato gerador" deflagrador do nascimento de uma relação jurídica de índole sancionatória – o que, por via de consequência, põe a ordem jurídica em movimento.

Daí por que, diante dessas observações, não há falar em *dano jurídico* oriundo de omissão legislativa lícita.

IV – 3.1.2 *A comissão legislativa lícita pode causar dano lícito indenizável?*

28. A produção normativa – como bem assinala Celso Antônio Bandeira de Mello – sempre desiguala certas situações, submetendo-as a um plexo normativo próprio.[159] Logo, os atos legislativos, em sua essência, dão tratamento peculiar a certas situações em detrimento de outras.

Diante desse quadro, tais atos poderiam ensejar o nascimento de um *dano lícito* indenizável? Não há consenso a respeito do tema.

IV – 3.1.2.1 O óbice decorrente do exercício da soberania

29. Engana-se quem imagina que a ideia da irresponsabilidade do Estado por atos legislativos está sepulta nos anais da História.[160]

Mesmo entre nós, e nos dias que correm, há quem assim se manifeste. É verdade que os fundamentos teóricos dessa proposição já não mais estão calcados em conceitos totalitários que permearam os Estados absolutistas.

Daí por que se deve responder à seguinte pergunta: um ato geral e abstrato, decorrente do exercício da função legislativa típica, pode causar *dano lícito indenizável?*

159. Celso Antônio Bandeira de Mello, *O Conteúdo Jurídico do Princípio da Igualdade*, cit., 3ª ed., 18ª tir., p. 11.
160. Entre nós, indicam-se apenas dois acórdãos em que se decidiu pela irresponsabilidade do Estado por atos legislativos: TRF-4ª Região, 5ª Turma, ACi 91.04.15621-8, rel. Juiz Teori Albino Zavascki, *DJU* 4.9.1996; e TRF-4ª Região, 5ª Turma, ACi 95.04.54612-9, rel. Juiz Teori Albino Zavascki, *DJU* 9.10.1996.

124 RESPONSABILIDADE PATRIMONIAL DO ESTADO

30. A primeira barreira a ser vencida no exame do tema hospeda-se na ideia segundo a qual os atos legislativos são manifestações de soberania e, como tais, não ensejam qualquer espécie de medida estatal reparatória.

Essa ideia, segundo Amaro Cavalcanti, advém da teoria mista da responsabilidade patrimonial do Estado.[161] Por essa óptica, o Estado é, a um só tempo, pessoa civil e pessoa política ou soberana. Só haveria responsabilidade em relação aos atos produzidos pelo exercício da primeira personalidade estatal (civil), eis que os atos políticos são essenciais ao funcionamento do Estado, e não há responsabilidade em relação a eles.

Aliás, é sob os auspícios dessa teoria que se assenta a distinção entre *atos de império* e *atos de gestão*, outrora corrente na doutrina francesa. Por essa óptica, os atos de império seriam produzidos pelo Estado soberano; e os atos de gestão, pelo Estado civil.[162]

161. Amaro Cavalcanti, *Responsabilidade Civil do Estado*, cit., p. 246.

162. Todavia, como denunciou Seabra Fagundes, essa proposta teórica foi abandonada em sua terra natal por ser "confusa, ilógica e prejudicial", eis que se assentava na ideia segundo a qual há duplicidade de vontades estatais na satisfação do interesse público, o que não prospera (*O Controle dos Atos Administrativos pelo Poder Judiciário*, cit., 7ª ed., pp. 221-222, nota de rodapé 82).

É claro que a pessoa jurídica estatal pode manifestar duas vontades (a saber, interesse público primário e secundário). Isso, todavia, não significa dizer que há duplicidade de regimes jurídicos aplicáveis às condutas estatais que pretendam satisfazer o interesse público – como, aliás, observou Celso Antônio Bandeira de Mello (*Curso de Direito Administrativo*, cit., 27ª ed., p. 429 – Capítulo VII, item 85).

Perceba-se a diferença: a teoria francesa propugnava que o interesse público poderia ser satisfeito pelo Estado pelo exercício de duas vontades; já, a teoria que reconhece a existência do interesse público primário e do secundário biparte as vontades estatais de acordo com os interesses curados – o que não era feito pela teoria francesa –, mas submete os atos estatais perseguidores do interesse público a um único regime jurídico.

Ainda que Amaro Cavalcanti tenha afirmado que essa teoria não era aceita no Brasil (*Responsabilidade Civil do Estado*, cit., p. 510), a subserviência intelectual do homem médio brasileiro acabou produzindo resultados devastadores com o correr dos anos, pois o que alhures era uma decadente teoria ganhou entre nós ares de verdade incontestável. Atualmente a jurisprudência nacional ainda se vale dessa distinção, especialmente para negar guarida à impetração de mandado de segurança contra atos de gestão, admitindo-a, no entanto, em relação aos atos de império. É o que sucedeu, por exemplo, no STJ, 1ª Turma, nos REsp 789.749, rel. Min. Luiz Fux, *DJU* 4.6.2007, e 647.440, rela. Min. Eliana Calmon, *DJU* 30.4.2007.

Em ponto mais distante no tempo, mas em igual desacerto, essa opinião ganhou coro, *obter dictum*, no STF (Tribunal Pleno, ACi 9.696, rel. Min. Sydney Sanches, *DJU* 24.10.1990). Nesse caso, o Min. Francisco Rezek procurou segregar as hipóte-

RESPONSABILIDADE DO ESTADO POR ATOS LEGISLATIVOS 125

O exemplo tipicamente utilizado para demonstrar a irresponsabilidade do Estado em face de atos de império consiste na prerrogativa de instituir e cobrar tributos, que inegavelmente esgarçam o direito de propriedade.[163]

No entanto, no exemplo dado a irresponsabilidade do Estado não decorre do fato de a lei ser um ato de império, mas porque ela impõe um encargo à coletividade em estrita obediência à capacidade contributiva de seus integrantes. Ou seja, ela deve repartir equanimemente o encargo criado entre os membros da sociedade.[164]

Desse modo, a assertiva de que o exercício dessa função estatal é soberano e, portanto, irresponsável não encontra mais amparo nos dias que correm.[165]

ses de imunidade do Estado estrangeiro à jurisdição brasileira calcado na ultrapassada distinção entre *atos de império* e *atos de gestão*.

De toda sorte, é lamentável que a Lei do Mandado de Segurança (Lei federal 12.016/2009) tenha positivado este pensamento jurisprudencial em seu art. 1º, § 2º. Aguarda-se que o STF dê a palavra final sobre a matéria de modo consentâneo com o pensamento aqui exposto.

163. Roque Antônio Carrazza bem observou que o tributo é forma constitucionalmente autorizada para o esgarçamento do direito de propriedade (*Curso de Direito Constitucional Tributário*, cit., 26ª ed., pp. 733-740 (nota de rodapé 251).

Há, por isso mesmo, um grande paralelo entre essa figura e a desapropriação. Enquanto a desapropriação é forma de transferência compulsória da propriedade de modo especial e anormal que, por isso mesmo, rende ensejo à prévia indenização, na tributação a transferência compulsória de parcela da propriedade (pecúnia) opera de forma impessoal e equânime por expressa determinação constitucional como observou Geraldo Ataliba (*Hipótese de Incidência Tributária*. São Paulo: Malheiros, 5ª ed., 4ª tiragem, 1995, pp. 31 a 34).

164. A capacidade contributiva é, aliás, a tradução da igualdade em matéria tributária (nesse sentido: Geraldo Ataliba, "IPTU – Progressividade", *RDTributário* 56/76 e ss., São Paulo, Ed. RT; e Regina Helena Costa, *Princípio da Capacidade Contributiva*, 3ª ed., São Paulo, Malheiros Editores, 2003). Daí por que, com fundamento na igualdade, parcela da sociedade pode deixar de pagar tributo, por não apresentar correspondente capacidade contributiva. E, ao contrário do que se poderia supor, tal circunstância não enseja o desequilíbrio na repartição isonômica dos encargos estatais. A isenção é, pelo contrário, a confirmação dessa repartição equânime.

Já, em relação à desapropriação, a transferência compulsória da propriedade é sempre especial e anormal (o que, como demonstrado, não opera na tributação).

165. Ainda que alguns, apegados à noção de *atos de gestão* e *atos de império*, tenham insistido na ideia da irresponsabilidade do Estado em relação aos últimos (*e.g.*, Juary C. Silva, "Responsabilidade civil por atos jurisdicionais", *RDP* 20/108, São Paulo, Ed. RT).

126 RESPONSABILIDADE PATRIMONIAL DO ESTADO

Se, por via reversa, se pretendesse sustentar essa construção à luz do modelo normativo francês, as consequências seriam verdadeiramente desastrosas.

Com efeito, as premissas desse pensamento alienígena decorrem da intocabilidade da manifestação da vontade popular oriunda do Parlamento. Tanto mais isso é verdade, que a ordem jurídica daquela Nação não alberga o exame de constitucionalidade das leis após a sua produção.[166] Justamente com fundamento nessa concepção, durante largo período se defendeu a ideia de que o legislador (mas não o Estado) era irresponsável.[167]

Essa solução outrora prescrita pelo modelo francês não é mais corrente na jurisprudência do Conselho de Estado. Desde o julgamento da reclamação proposta pela *Société Anonyme des Produits Laitiers "La Fleurette"* junto a esse órgão,[168] em 1938, a intocabilidade dos efeitos das leis restou amesquinhada naquela Nação.

Nesse caso, e sem declarar a inconstitucionalidade da Lei de 29.6.1934, o Conselho de Estado francês impôs ao Poder Público o dever de indenizar particulares por *dano lícito*, pois a medida legislativa adotada quebrou o ideal da repartição equânime dos encargos sociais.[169]

Segundo aquele Conselho, a lei que sufragar um *dano lícito* de forma especial e anormal a certos membros da sociedade para, com isso,

166. Como observa Jean Rivero, as leis formais "escapam a qualquer recurso, tanto perante o juiz administrativo como perante o juiz ordinário; só o Conselho Constitucional, chamado a decidir com base no art. 61 da Constituição, entre a votação e a promulgação, pode decretar a sua inconstitucionalidade" (*Direito Administrativo*, cit., p. 180). Esse é o mesmo pensamento de André de Laubadère (*Manuel de Droit Administratif*, cit., 8ª ed., p. 96).

167. Sob a batuta de Laferrière dizia-se que: "Il est de principe que les dommages causés à des particuliers par des mesures législatives ne leur ouvrent aucun droit à indemnité. *La loi est*, en effet, *un acte de souveraineté*, et le propre de la souveraineté *est de s'imposer à tous, sans qu'on puisse réclamer d'elle aucune compensation*" (*Traité de la Juridiction Administrative et des Recours Contentieux*, 2ª ed., vol. II, Paris, Berger-Levrault, 1896, p. 13) (grifos nossos).

Paulatinamente essa posição jurídica foi sendo temperada na França, que posteriormente passou a acolher a responsabilidade do Estado por atos legislativos.

168. A suma desse julgamento pode ser obtida em *http://www.conseil-etat.fr/ce/jurisp/index_ju_la24.shtml*.

169. Consta do resumo desse julgamento: "La responsabilité sans faute de l'État, sur le terrain de la rupture de l'égalité devant les charges publiques, peut donc être engagée non seulement du fait de décisions administratives légales (voir 30.11.1923, *Couitéas*, p. 789) mais également du fait de lois".

RESPONSABILIDADE DO ESTADO POR ATOS LEGISLATIVOS   127

beneficiar todos os extratos sociais albergados pela lei faz nascer o dever estatal de recompor o patrimônio particular lesado.[170] Muito antes da formação do Conselho de Estado Francês o "Absolutismo esclarecido do século XVIII", pautado na teoria do direito natural, lançou a ideia de que os particulares têm direitos especiais em relação aos quais o soberano só poderia intervir mediante o pagamento de indenização – o que foi a gênese da responsabilidade do Estado por danos lícitos, conforme noticia Hartmut Maurer.[171] Essa ideia encontrou

170. Jean Rivero observa que essa providência surge quando (i) a lei impõe um encargo especial a um pequeno número de particulares identificáveis, apesar dos preceitos gerais da lei, que, em tese, se voltam a todos os membros da sociedade; (ii) as vantagens obtidas por alguns membros da sociedade decorrem do sacrifício jurídico de direitos subjetivos de diminuto extrato social; (iii) a atividade sacrificada não é ilícita, imoral ou danosa à sociedade (*Direito Administrativo*, cit., p. 341).

Guarda-se reserva em relação ao último atributo assinalado por Jean Rivero.

Com efeito, se a atividade atingida pela lei já é ilícita, não há falar no dever do Estado de promover qualquer espécie de medida indenizatória pela produção normativa que lhe obste ao exercício, pois sua realização já não era autorizada pela ordem jurídica.

Ademais, é irrelevante qualificar uma atividade como imoral, pois tal concepção social só ganhará foros positivos caso venha a ser albergada por um comando normativo (segue-se, nesse ponto, o pensamento de Márcio Cammarosano, *O Princípio Constitucional da Moralidade e o Exercício da Função Administrativa*, Belo Horizonte, Fórum, 2006, e de Celso Antônio Bandeira de Mello, *Curso de Direito Administrativo*, cit., 27ª ed., pp. 119-120 – Capítulo II, item 23).

Logo, somente a imoralidade juridicamente qualificada é relevante para o Direito. E, nessa hipótese, volta-se às considerações anteriores a respeito da antijuridicidade. Afinal, se a conduta particular já era vedada pela ordem jurídica, medida normativa ulterior tendente a impedir sua realização não enseja a prática de dano (pelo contrário, enseja a adoção de medida confirmatória da necessidade de obediência à ordem jurídica).

Por fim, se uma conduta até então permitida passa a ser considerada como danosa à sociedade e, por isso, proibida, tal medida legislativa caracteriza *dano lícito indenizável*, pois a brusca, súbita e repentina mudança em uma situação jurídica que ensejava proveitos econômicos a terceiros agride o princípio da segurança jurídica ou da proteção à confiança.

Partindo do exame teórico de situação criada por força de instituição de monopólio no fabrico de determinado produto, que acabou colocando seus produtores à margem do Direito, José de Aguiar Dias também opina pelo dever do Estado de indenizar o particular em tais circunstâncias ("Responsabilidade civil do Estado", *RDA* 11/31, São Paulo, FGV, janeiro-março/1948).

171. Hartmut Maurer, *Direito Administrativo Geral*, trad. da 14ª ed. alemã, São Paulo, Manole, 2006, p. 780.

128 RESPONSABILIDADE PATRIMONIAL DO ESTADO

sua primeira expressão jurídica nos §§ 74 e 75 da "Introdução ao Direito para os Estados Prussianos", de 1794.[172]

E nem se diga que essa concepção a partir do direito natural é antiquada. Em ordenamentos que não veiculam comandos normativos contemplando expressamente a responsabilidade patrimonial do Estado essa é a solução que alguns têm encontrado para justificar sua existência.[173]

De qualquer modo, essas leis prussianas reconheceram que o bem comum não pode ser curado à custa do indiscriminado esgarçamento do direito subjetivo ou do interesse juridicamente protegido de uma reduzida parcela da sociedade. O interesse público exige, como contrapartida, que o Poder Público seja obrigado a adotar medida compensatória capaz de manter incólume um direito economicamente mensurável atingido por esse encargo desproporcional.

A despeito disso, poder-se-ia sustentar que "os administrados não podem responsabilizar o Estado por parlamentares que elegem"[174] – o que atestaria que as pessoas eleitas agem com soberania e, como tal, de modo irresponsável.

Com a devida vênia, tal construção não procede.

Se essa assertiva vingasse, então, sob o mesmo fundamento, não se poderia postular indenização em razão de *dano lícito* causado por ato administrativo oriundo do chefe do Poder Executivo, uma vez que ele também foi eleito pelo povo. No entanto, há tempos se reconhece o dever do Poder Público de indenizar os atos decorrentes do exercício legítimo da função administrativa.

172. Esses dispositivos tinham a seguinte redação:

"§ 74. Certos direitos e vantagens dos membros do Estado devem estar situados atrás dos direitos e deveres para a formação do bem-estar em comum, quando entre ambos acontece uma oposição real (colisão)".

A toda evidência, esse preceito normativo dá guarida à adoção de medidas estatais caracterizadoras de sacrifício de direitos.

"§ 75. Em compensação, o Estado está obrigado a indenizar aquele que é obrigado a sacrificar seus direitos e vantagens especiais ao bem-estar do ser comum."

Percebe-se que o sacrifício de direito (referido no § 74) rende direito à indenização se houver quebra da isonomia.

173. É o caso de Juan Carlos Cassagne (*Derecho Administrativo*, 7ª ed., t. I, Buenos Aires, Abeledo-Perrot, 2003, pp. 513-519).

174. Essa frase é da lavra de Diógenes Gasparini (*Direito Administrativo Brasileiro*. cit., 13ª ed., p. 1.035).

RESPONSABILIDADE DO ESTADO POR ATOS LEGISLATIVOS   129

Logo, se a soberania obriga o exercício das funções estatais para satisfação do interesse público, disso não se segue que os atos de soberania imponham *danos lícitos* irressarcíveis.

Para estes fins, não importa saber se o ato do Poder Público é soberano (pois todos os atos estatais decorrem do exercício da soberania), mas, sim, se o *dano lícito* gerado pelo Estado preenche os requisitos que tipificam o "fato gerador" do nascimento do dever de indenizar.

Não bastasse a teoria de atos de império estar em incontestável desuso alhures e ser reconhecidamente inaplicável em nosso modelo normativo,[175] essa doutrina ainda foi utilizada como suporte a um novo óbice à responsabilização patrimonial do Estado por atos legislativos.

IV – 3.1.2.2 A segurança jurídica como óbice
ao desenvolvimento desta Nação e os atos de império

31. Com efeito, alguns sustentam que sem a construção da teoria dos atos de império – em relação aos quais o Estado seria irresponsável – o desenvolvimento social restaria irremediavelmente frustrado. Com efeito, se a segurança jurídica fosse um óbice intransponível, lesões a direitos subjetivos praticadas em benefício da coletividade não poderiam ser realizadas, o que frustraria a persecução dos objetivos fundamentais da Nação (art. 3º da Constituição da República).

Daí por que, com base nessa argumentação, administradores públicos e certos juristas alardeiam aos quatro ventos que não há direito adquirido, ato jurídico perfeito ou coisa julgada contra o interesse público consistente no desenvolvimento nacional.

Sob esse ângulo, os atos de império viriam ao encontro dessa teoria, eis que autorizariam a mutação irresponsável da ordem jurídica.[176] Logo, quando inconciliáveis o primado da segurança jurídica e o interesse público – dizem essas pessoas –, os atos de império autorizariam a mutabilidade do direito positivo sem direito a indenização, eis que seria uma carga imposta isonomicamente à sociedade.

Observe-se que entre nós essas garantias foram alçadas à condição de cláusula pétrea pela Constituição da República, e nem ao menos a

175. No que aderimos ao magistério de Celso Antônio Bandeira de Mello (*Curso de Direito Administrativo*, cit., 27ª ed., pp. 429-430 – Capítulo VII, item 85).

176. A irresponsabilidade em comento impediria a eclosão da responsabilidade imposta ao Estado ou quem lhe faça as vezes por força do art. 37, § 6º, da Constituição da República.

proposta de emenda à Constituição tendente a aboli-las poderá ser objeto de deliberação pelo Parlamento Brasileiro.[177]

Disso não se segue que o futuro deva ser um eterno prisioneiro do passado.[178] Tal assertiva, todavia, não implica dizer, como propugna Almiro do Couto e Silva,[179] que a segurança jurídica e a proteção à confiança[180] podem ser afastadas ao ensejo de, com isso, evitar a petrificação da ordem jurídica.

Primeiro porque, caso se adotasse a teoria de Robert Alexy, que aparta as regras dos princípios, seríamos forçados a reconhecer que a segurança jurídica se qualifica como uma *regra intocável*, eis que foi alçada à condição de cláusula pétrea pela Constituição da República.[181]

177. O STF, aliás, admite com razoável tranquilidade a impetração de mandado de segurança em face de ato parlamentar que pretenda submeter ao exame do Congresso Nacional proposta de lei ou de emenda com essa natureza (Tribunal Pleno, MS 24.465, rel. Min. Celso de Mello, *DJU* 15.9.2003).

178. Como assinala Almiro do Couto e Silva ("O princípio da segurança jurídica (proteção à confiança) no direito público brasileiro e o direito da Administração Pública de anular seus próprios atos administrativos: o prazo decadencial do art. 54 da Lei do Processo Administrativo da União (Lei 9.784/1999)", *RDA* 237/276, Rio de Janeiro, Renovar, julho-setembro/2004).

179. Ao que tudo indica, o autor mudou seu pensamento sobre o assunto, eis que em 1995, por ocasião da publicação do seu "A responsabilidade extracontratual do Estado no Direito Brasileiro" (cit., *RDA* 202/36), seu magistério era diverso. Naquela ocasião sustentou que planos econômicos governamentais poderiam ser modificados, eis que seus efeitos não seriam, em regra, anormais ou especiais. Assim, os danos lícitos anormais e especiais é que ensejariam indenização, não se colocando em pauta o tema da otimização do princípio da segurança jurídica.

180. Para o autor não se confundem *segurança jurídica, lealdade* e *proteção da confiança*. A lealdade volta-se à previsibilidade das condutas em relações intersubjetivas formadas sob o pálio de um plexo normativo; a segurança jurídica prestigia a estabilidade das relações jurídicas sob o aspecto objetivo (pelo ângulo do direito objetivo), que impede a retroatividade das leis; por fim, a proteção da confiança volve-se à estabilidade das relações jurídicas pelo ângulo subjetivo, impedindo a lesão a direito adquirido, ato jurídico perfeito e coisa julgada. Todas, no entanto, são ramificações de uma mesma ideia, a saber: *segurança jurídica* (Almiro do Couto e Silva, "O princípio da segurança jurídica (proteção à confiança) no direito público brasileiro e o direito da Administração Pública de anular seus próprios atos administrativos: o prazo decadencial do art. 54 da Lei do Processo Administrativo da União (Lei 9.784/1999)", cit., *RDA* 237/272-276).

181. Já se adianta que na Alemanha, sob a teoria de Robert Alexy, a segurança jurídica é um princípio e submetido à regra de máxima otimização. Entre nós, como já destacou Virgílio Afonso da Silva, idêntica conclusão raiaria o absurdo. Por isso mesmo, considere-se aqui reproduzida a crítica lançada no n. IV – 1.1 (itens 4-8).

Segundo porque a solução não seria diversa caso se adotasse a visão tradicional sobre o conceito de "princípio jurídico".

Com efeito, se, por um lado, é acertado que o futuro não pode ser um eterno prisioneiro do passado, é igualmente correto que apenas os direitos subjetivos e interesses juridicamente protegidos passíveis de sacrifício é que podem ser amesquinhados para satisfação do interesse público.

Assim, uma parte do futuro da Nação está *presa* ao passado e outra parte, embora *atrelada* ao passado,[182] poderá ser livremente gizada pelos representantes do povo. Quer-se, com isso, destacar que (i) parte do futuro na Nação é, de fato, *imutável*, pois há garantias jurídicas alçadas à condição de cláusulas pétreas, ao passo que (ii) parcela desse mesmo futuro é mutável em relação aos bens jurídicos cambiáveis ao sabor do poder constituído.

Nesse pêndulo da mutabilidade e da imutabilidade da ordem jurídica, o interesse público revela-se como a pedra de toque para legítima condução do futuro da Nação. Com efeito, dentro dos seus limites é que se poderá garantir a manutenção do aspecto imutável da ordem jurídica e a alteração da sua parte cambiável para, nas duas hipóteses, satisfazer o bem comum.[183]

182. Pois o Direito é um sistema jurídico – e, como tal, interpretar uma norma é interpretar todo o Direito. E, se isso é verdade, a interpretação exige o reconhecimento do sentido, conteúdo e alcance de normas jurídicas em vigor (tenham elas sido produzidas no passado ou no presente).

183. Sob fundamento diverso, mas sustentando a irresponsável modificação da ordem jurídica por atos legislativos lícitos, Rui Stoco afirma que a indenização por atos lícitos opera quando a lei expressamente assim determine. Daí por que, sobre essa premissa, nega a responsabilidade do Estado por lei constitucional, ao argumento de que, se assim não fosse, a cada mudança legislativa amesquinhadora de certas prerrogativas adviria o dever do Estado de indenizar – o que não se poderia admitir.

Para justificar o acerto do seu raciocínio, defende a impossibilidade de indenização em razão de lei que venha a alterar o zoneamento ou o exercício de atividades profissionais (Rui Stoco, *Tratado de Responsabilidade Civil*, 7ª ed., São Paulo, Ed. RT, 2007, pp. 167-169 e 1.180).

Não se comunga desse pensamento do autor, pois os exemplos de modificações legislativas fornecidos caracterizam limitações administrativas que, por sua natureza, não são indenizáveis. Elas não veiculam hipóteses representativas de sacrifício de direito. Essa, aliás, é a opinião de Celso Antônio Bandeira de Mello (*Curso de Direito Administrativo*, cit., 27ª ed., p. 1.021 – Capítulo XX, item 72).

Destaque-se, a propósito desse tema, que, na hipótese de uma lei impositiva de limitação administrativa cominar o pagamento de valores a título de indenização, tal

132 RESPONSABILIDADE PATRIMONIAL DO ESTADO

IV – 3.1.2.3 O Parlamento não age com culpa
e, por isso, não há responsabilidade do Estado

32. Segundo Hely Lopes Meirelles, só há possibilidade de responsabilização do Estado por ato legislativo se houver culpa manifesta na expedição dessa espécie de ato estatal. Com fundamento nessa opinião, a responsabilidade patrimonial do Estado por atos legislativos seria subjetiva.[184]

Por esse viés, a lei inconstitucional só renderia ensejo à indenização se comprovado que o Estado, através de seus agentes, agiu com culpa ou dolo.

No entanto, como o dolo ou a culpa do agente político são praticamente indemonstráveis, diante da imunidade parlamentar, não há como responsabilizar a coletividade se foi ela quem escolheu seus representantes para atuar no Legislativo e outorgou a eles a correspondente imunidade. Diante desse quadro, com maior razão não haveria falar em responsabilidade patrimonial do Estado por atos legislativos lícitos, eis que o fim atingido sempre seria lícito.

Pela óptica aqui exposta, o dano jurídico se aperfeiçoará se ele for certo, economicamente mensurável e imposto por lei de modo anormal e especial.

Logo, o nexo de causalidade entre a conduta do Estado e o dano perpetrado será objetivo, pois o comportamento do Estado foi comissivo.

preceito normativo será, nessa parte, inconstitucional, por ensejar o enriquecimento sem justa causa do particular que não teve sua esfera juridicamente protegida atingida por uma medida estatal. É o que sucederia caso uma lei determinasse o pagamento de indenização aos comerciantes localizados em uma via de acesso fechada pelo Poder Público cujas atividades empresariais eram dependentes do fluxo de veículos proporcionado pela via obstruída.

Do mesmo modo, se uma lei impositiva de sacrifício de direito determinar o pagamento de indenização mas, geral e abstratamente, não for possível vislumbrar a ocorrência de dano lícito indenizável, o mesmo vício de inconstitucionalidade maculará essa disposição normativa. É o que sucederia com o pagamento de prévia indenização pela requisição de um bem, nos termos do art. 5º, XXV, da Constituição da República.

Em uma só voz: só cabe indenização por danos lícitos quando houver amesquinhamento de direito subjetivo ou de interesse juridicamente protegido, economicamente mensurável, certo, determinado, anormal e especial.

184. Hely Lopes Meirelles, *Direito Administrativo Brasileiro*, 15ª ed., 1990, p. 523; 36ª ed., 2010, p. 690.

Por essa razão, não se poderia arguir a subjetividade na formação do dano, como propugnado por Hely Lopes Meirelles – razão por que não se aceita o magistério desse professor paulista.

IV – 3.1.2.4 Óbice da generalidade e abstração das leis

33. O maior obstáculo à aceitação do dever do Estado de indenizar por atos legislativos lícitos reside no atributo inerente a esses atos estatais: sua generalidade e abstração.[185]

Aliás, como já assinalava Geraldo Ataliba, um ato normativo será qualificado como lei se for geral, abstrato e impessoal.[186] E, se isso for verdade, presume-se que a lei não terá o condão de causar lesão individual, salvo por ocasião de sua aplicação.[187]

Afinal, se uma lei pretende deflagrar seus efeitos de modo geral e abstrato, ela imporá um encargo isonômico à sociedade. Essa repartição equânime dos encargos sociais impediria o nascimento de um *dano lícito* indenizável, à míngua de um ônus anormal e especial.[188]

Por essa razão é que se sustenta que a responsabilidade patrimonial do Estado por atos legislativos lícitos só existe em relação às leis impróprias. Vale dizer, em relação às leis de efeito concreto.[189]

185. Observe-se que Eduardo García de Enterría entende que não há responsabilidade patrimonial do Estado por atos legislativos lícitos, pois, sob as premissas de sua teoria, não cabe ressarcimento ou indenização por *dano lícito*. Essa opinião foi reforçada em razão do grande debate que se instaurou na Espanha a propósito desse assunto por ocasião da edição de Lei 30/1984, que *reduziu* a idade para aposentadoria compulsória de 70 para 65 anos (Eduardo García de Enterría, "El principio de 'la responsabilidad de los Poderes Públicos' según el art. 93 de la Constitución y la responsabilidad patrimonial del Estado Legislador", *Revista Española de Derecho Constitucional* 67/15-47, Madri, Civitas, janeiro-abril/2003).

186. Geraldo Ataliba, *República e Constituição*, cit., 2ª ed., 4ª tir., p. 123.

187. Para Sergio Cavalieri Filho, se a lei vier a causar dano, ainda que de forma lícita, tal expediente só se verificará após sua concreta aplicação, hipótese em que se terá responsabilidade administrativa, e não responsabilidade legislativa (*Programa de Responsabilidade Civil*, cit., 6ª ed., 3ª tir., p. 286).

188. Comungam dessa ideia: Diógenes Gasparini, *Direito Administrativo Brasileiro*, cit., 13ª ed., p. 1.035; Jesus Leguina Villa, *La Nueva Ley de Régimen Jurídico de las Administraciones Públicas y del Procedimiento Administrativo Común*, Madri, Tecnos, 1993, pp. 413-414; e José dos Santos Carvalho Filho, *Manual de Direito Administrativo*, cit., 17ª ed., p. 492.

189. Para Edmir Netto de Araújo as leis constitucionais que causam danos concretos são "pseudoleis em tese". Nessa toada, pondera que a simples edição de lei geral e abstrata não pode causar danos a terceiros, o que só sucederia no momento da sua execução. Por força disso, sustenta que a "pseudolei em tese" é, na realidade,

134 RESPONSABILIDADE PATRIMONIAL DO ESTADO

Há, todavia, possibilidade de interpretação diversa.

Se for possível demonstrar que a imposição de um sacrifício de direito por meio de lei geral e abstrata irradiará seus efeitos para uma pequena parcela do extrato social de modo a, com isso, proporcionar uma comodidade à coletividade, então, os ônus necessários à outorga desse benefício social serão suportados de forma anormal e especial por diminuta parcela dos administrados.

Diante desse quadro, não importa saber o que a lei pretendeu atingir; importa saber o que ela efetivamente atingiu ou fatalmente atingirá.

Assim, caso a lei venha a concretamente produzir seus efeitos em relação a pequeno grupo de pessoas, ainda que diretamente volvida a todas as camadas da sociedade, então, as consequências prescritas não são gerais, mas, sim, especiais.[190]

Vale dizer: seu efeito direto pretendia ser geral e abstrato mas, em rigor, foi individual e concreto.[191] Isso significa dizer que a lei geral é abstrata, mas não os seus efeitos.[192-193]

um ato administrativo (*Curso de Direito Administrativo*, cit., pp. 816-817 e 823) – ao que adere Sergio Cavalieri Filho (*Programa de Responsabilidade Civil*, cit., 6ª ed., 3ª tir., p. 286).

J. J. Gomes Canotilho constrói duplo fundamento a respeito do tema, pois reconhece que apenas a individualização da lei poderá ensejar a irradiação concreta de *danos lícitos* indenizáveis. Para inserir essa hipótese no tema da responsabilidade do Estado por atos legislativos o autor amplia o conceito de "lei", para nele fazer incluir as leis de efeito concreto – sem, entretanto, qualificá-las como atos administrativos, na esteira do pensamento de Edmir Netto de Araújo e Sergio Cavalieri Filho (J. J. Gomes Canotilho, *O Problema da Responsabilidade do Estado por Atos Lícitos*, cit., p. 149).

190. Nesse sentido: J. J. Gomes Canotilho, *O Problema da Responsabilidade do Estado por Atos Lícitos*, cit., pp. 150 e 275 (pois esse é um dos fundamentos construídos pelo autor para justificar o dever do Estado de indenizar por danos oriundos de atos legislativos lícitos); Maria Sylvia Zanella Di Pietro, *Direito Administrativo*, cit., 20ª ed., p. 605; Almiro do Couto e Silva, "A responsabilidade extracontratual do Estado no Direito Brasileiro", cit., *RDA* 202/36; e Roberto Galán Vioque, "De la teoría a la realidad de la responsabilidad del Estado Legislador", *Revista de Administración Pública* 155/287, Madri, Civitas, maio-agosto/2001.

191. Jorge Miranda reconhece que para eclosão da responsabilidade legislativa é imprescindível que o ato legislativo produza efeito concreto. Todavia, se a lei constitucional vier a deflagrar um sacrifício especial, determinado, presente e anormal, ainda assim a responsabilidade é legislativa (*Manual de Direito Constitucional*, 3ª ed., t. IV, Coimbra, Coimbra Editora, 2000, pp. 293-294) – no que é acompanhado por Fernando Garrido Falla ao assinalar que: "La ley, en cuanto tal, no produce daños concretos; éstos nacen de su aplicación" ("Sobre la responsabilidad del Estado Legislador", cit., *Revista de Administración Pública* 118/55).

De qualquer modo, como bem observa Konrad Hesse, em uma visão eminentemente pragmática do Direito, importará saber, ao final, se houve, ou não, *dano jurídico indenizável*, sendo despiciendo examinar se essa lesão decorre do exercício de função estatal lícita ou ilícita.[194]

Afinal, se a necessidade de recomposição do patrimônio alheio licitamente lesado de modo especial e anormal é uma decorrência lógica da proteção jurídica dada aos direitos economicamente mensuráveis, pouco importa saber se se trata de ato estatal oriundo de função legislativa, administrativa ou jurisdicional. O dever de indenizar revela-se como uma prescrição constitucional de observância obrigatória.

Logo, se os efeitos dessa lei tiverem o condão de sacrificar um direito subjetivo ou um interesse juridicamente protegido de *parcela da*

192. Como, por exemplo, foi reconhecido pelo TJSP quando uma lei paulista, a pretexto de criar reserva ambiental, causou, como mera sequela, a impossibilidade de uma empresa madeireira continuar a exploração extrativista naquela área (*RDA* 109/172, São Paulo, FGV, julho-setembro/1972).

193. José de Aguiar Dias tem uma visão peculiar sobre o assunto. Para ele, sendo a lei geral e abstrata, ela não poderá causar dano *lícito*, mas apenas *ilícito*. No entanto, se for possível apurar que sua aplicação causará *dano lícito* a específica parcela da população, e que esse dano será indenizável – tal como sucede, no exemplo por ele fornecido, no estabelecimento de monopólio sobre a fabricação de aguardente –, então, a lei deve prever prévia indenização, sob pena de inconstitucionalidade. Nesse caso ele reconhece que a individualização decorre da inconstitucionalidade da lei, que não prevê a prévia reparação, e não da própria lei. Pensa-se, no entanto, que em tais circunstâncias fica patente o reconhecimento de que a lei válida pode gerar dano lícito indenizável, pois se assim não fosse não se colocava em pauta a necessidade de prévia indenização (José de Aguiar Dias, "Responsabilidade civil do Estado", cit., *RDA* 11/31).

Em posição aparentemente semelhante, Jorge Miranda sustenta que as leis impositivas de sacrifícios especiais são leis expropriatórias que só se adequariam à Constituição se incluíssem cláusula indenizatória conjunta destinada a compensar o sacrifício especial imposto (*Manual de Direito Constitucional*, cit., 3ª ed., t. IV, p. 296).

Essa ideia é um pouco complexa, pois, em certas oportunidades em que não se sabe qual o resultado advindo de uma lei, eventual cláusula de prévia indenização poderá representar lesão ao patrimônio público, sendo, ela mesma, inconstitucional.

194. Nas palavras do autor, valendo-se de opinião do Tribunal Federal alemão: "(...) ele desenvolveu , com isso, um direito de compensação geral para o caso de prejuízo de direitos com valor patrimonial pelo Poder Público, para o qual o importante não é se uma intervenção é admitida pela Constituição e lei e se a índole e medida da indenização são reguladas legalmente. Só é decisivo, no fim de tudo, o sacrifício especial" (Konrad Hesse, *Elementos de Direito Constitucional da República Federal da Alemanha*, cit., trad. da 20ª ed. alemã, p. 347, item 453).

136 RESPONSABILIDADE PATRIMONIAL DO ESTADO

sociedade, impondo-lhe, pois, um *dano jurídico indenizável*, ter-se-á rompido com o ideal da repartição equânime dos encargos – o que não se pode admitir, à luz do princípio da isonomia.

De outra banda, se for induvidoso que a aplicação da lei em comento causará um *dano lícito indenizável*, então, o Estado se encontrará na contingência de adotar medidas que salvaguardem o direito de propriedade do particular antes de produzir comandos concretos tendentes a deflagrar seus efeitos jurídicos.

Por essa razão, se antes da irradiação dos efeitos da lei não for possível antever a induvidosa deflagração do *dano lícito indenizável*, a adoção de medida patrimonialmente reparadora será cabível se, e quando, for comprovada a ocorrência de sacrifício de direito anormal e especial.

Caso seja posteriormente comprovada a ocorrência de *dano indenizável*, ele se transmudará de *dano lícito* em *dano ilícito*, eis que, concretamente, um ônus imposto em prol da coletividade terá sido suportado de forma desigual pelos seus integrantes.

Desse modo, ainda que tenha sido prestante demonstrar que entre nós o dano lícito oriundo do ato legislativo pode ensejar o nascimento do dever do Estado de indenizar, a observação feita por Konrad Hesse merece guarida, ainda que originária de construção jurisprudencial do Tribunal Federal alemão, que parte de premissas normativas distintas das nossas.[195]

Isso nos remete ao tema central na discussão em pauta, mas que já foi apontado ao longo de todo o trabalho: sustenta-se que o *dano lícito* oriundo de sacrifício de direito enseja *prévia indenização* se for possível

195. André de Laubadère não comunga dessa visão cartesiana de Konrad Hesse. Em seu juízo, a responsabilidade do Estado Legislador na França se dá quando: (i) em primeiro lugar, a própria lei tenha determinado a não indenização (foi o caso – cita o autor – da Lei de 13.4.1946 que prescreveu o fechamento das casas de tolerância sem direito a indenização); (ii) o prejuízo seja *especial* e de gravidade suficiente, verificável naqueles casos em que um pequeno número de indivíduos é atingido pela medida estatal; e, por fim, (iii) quando for aplicável a uma categoria *especial* de pessoas.

Com bases nesses pressupostos, André de Laubadère sustenta que a Lei de 3.12.1956 que proibiu o despejo dos inquilinos no Inverno não ensejava a responsabilidade do Estado (aresto do "Consorts Chauché"), já que aplicável indiscriminadamente a todas relações locatícias (*Traité Élémentaire de Droit Administratif*, 5ª ed., Paris, Dalloz, pp. 658-661).

A despeito de o primeiro elemento apontado por André de Laubadère não ser aplicável entre nós, os demais, como já se assinalou, são imprescindíveis à configuração do *dano lícito indenizável*.

RESPONSABILIDADE DO ESTADO POR ATOS LEGISLATIVOS   137

antever seus efeitos danosos e mensurar, total ou parcialmente, a magnitude do dano causado ao direito de propriedade.

IV – 3.1.3 *A necessidade de prévia indenização por* danos lícitos

34. Já se procurou demonstrar à exaustão que o sacrifício de direito sempre esgarça um direito alheio.[196] No entanto, caso essa lesão seja economicamente mensurável, certa, determinada ou determinável, especial e anormal, pouco importando saber se oriunda de ato administrativo, legislativo ou jurisdicional, o *dano lícito* perpetrado em face de um direito economicamente mensurável deverá ser patrimonialmente recomposto pelo Estado.

Em rigor, a indenização decorrente de sacrifício de direito é o meio através do qual se opera uma conversão de direito.[197] O direito sacrificado em benefício da coletividade é transformado em seu equivalente pecuniário perfeito, de forma a se manter incólume sua projeção econômica.

Aliás, como a projeção econômica de um direito qualifica-se como cláusula pétrea,[198] seu sacrifício sem a adoção de qualquer espécie de medida reparatória é admissível somente naquelas hipóteses implícita[199] ou explicitamente[200] desenhadas pelo poder constituinte.[201]

196. Extinguindo-o ou limitando-o, como assinala Carlos Ari Sundfeld (*Direito Administrativo Ordenador*, 1ª ed., 3ª tir., São Paulo, Malheiros Editores, 2003, p. 95).

197. Utiliza-se essa expressão no mesmo sentido de J. J. Gomes Canotilho (*O Problema da Responsabilidade do Estado por Atos Lícitos*, cit., p. 234), Santi Romano (*Corso di Diritto Amministrativo*, cit., p. 307); Seabra Fagundes (*O Controle dos Atos Administrativos pelo Poder Judiciário*, cit., 7ª ed., p. 391, item 120, notas de rodapé 138 e 139); Renato Alessi (*Principi di Diritto Amministrativo*, cit., 4ª ed., vol. II, p. 621, item 341); e Marcello Caetano (*Manual de Direito Administrativo*, cit., 10ª ed., 7ª reimpr., t. II, p. 1.030).

198. V. nosso Capítulo II, itens 23, 29 e 30.

199. Caso em que há repartição equânime dos encargos públicos sem que seja *expressamente* assinalado que se trata de hipótese de sacrifício de direito.

200. Arts. 243, *caput* e parágrafo único, e 231, § 6º, da Constituição da República.

201. O poder constituinte elaborou a Constituição da República de 1988. Já, o poder criado a partir de outubro/1988 não mais se denominada "poder constituinte" (que se exauriu em 1988). Ele é um poder constituído pelo poder constituinte. Desse modo, o emprego da expressão "poder constituinte derivado" é metodologicamente desacertado, pois ele, ao menos entre nós, não tem as mesmas prerrogativas jurídicas do poder constituinte (que, em rigor, é ilimitado). E isso porque a Constituição da República de 1988 já confinou o exercício da função legislativa (e, aliás, de todas

138 RESPONSABILIDADE PATRIMONIAL DO ESTADO

35. Mas a Constituição da República não se limitou a apenas garantir a manutenção do conteúdo econômico de interesses juridicamente protegidos em face dos *danos lícitos indenizáveis*. Ela também exige que a medida reparatória do patrimônio particular se dê *antes* ou *conjuntamente* com o esgarçamento desse direito caso sua ocorrência e sua quantificação sejam previamente conhecidas ou antecipadamente constatáveis.

Logo, se a produção de um ato estatal tiver o condão de sacrificar de modo especial e anormal um direito economicamente mensurável, sua entrada em vigor está *condicionada* ao pagamento de prévia indenização, tal como sucede nos casos de desapropriação ordinária.[202]

Com efeito, se a ausência de prévia indenização coloca-se como um obstáculo constitucionalmente intransponível à efetivação da desapropriação,[203] pela mesma e idêntica razão as demais formas de sacrifício de direito também exigem a prévia recomposição patrimonial do administrado para sua entrada em vigor caso tal medida estatal seja (i) antecipadamente conhecida e determinável, (ii) economicamente mensurável, (iii) especial e (iv) anormal.[204]

as funções estatais) a certas balizas previamente fixadas, as quais o Estado deve servilmente observar. Logo, dever-se-ia falar em "poder constituinte" e "poder constituído" – expressões que, aliás, vêm ganhando curso na doutrina.

202. Essa ideia é explícita na obra de J. J. Gomes Canotilho, para quem todas as espécies de "redução ou encurtamento do âmbito de proteção de um direito" estão inseridas no conceito de desapropriação. Sob essa premissa, o regime jurídico aplicável à indenização por desapropriação haverá de ser o mesmo para as demais hipóteses de sacrifício de direitos (J. J. Gomes Canotilho, *O Problema da Responsabilidade do Estado por Atos Lícitos*, cit., pp. 197-198; e *Direito Constitucional e Teoria da Constituição*, 7ª ed., Coimbra, Livraria Almedina, 2003, p. 510). Na mesma linha é o pensamento de Carlos Ari Sundfeld, para quem "ninguém terá o seu patrimônio sacrificado total ou parcialmente, temporária ou definitivamente, senão pela via expropriatória" (*Direito Administrativo Ordenador*, cit., 1ª ed., 3ª tir., p. 99). Esses autores, portanto, propugnam que essas hipóteses são de desapropriação.

203. O pagamento de prévia indenização é um obstáculo intransponível à desapropriação da posse e da propriedade, como argutamente observou Clóvis Beznos (*Aspectos Jurídicos da Indenização na Desapropriação*, cit., 2006). No mesmo sentido é o pensamento de alguns tribunais, dentre eles: TJSP, 8ª Câmara de Direito Público, AI 156.085, rel. Des. Paulo Travain, j. 1.3.2000; TJSP, 8ª Câmara de Direito Público, AI 295.021, rel. Des. Caetano Lagrasta, j. 23.10.2002; STJ, 1ª Seção, ED no REsp 114.558, rel. Min. Garcia Vieira, *DJU* 27.8.2001.

204. Porque, aliás, esses são os mesmos elementos presentes nas desapropriações.

RESPONSABILIDADE DO ESTADO POR ATOS LEGISLATIVOS

Ou seja, o ato estatal[205] não entra em vigor se, nestas hipóteses, não houver o pagamento de prévia indenização.

Para comprovar o acerto dessa ideia deve-se demonstrar a plausibilidade de algumas premissas e ultrapassar algumas barreiras já densamente sedimentadas entre nós.

Assim, é necessário (i) revelar o porquê da garantia constitucional à prévia indenização na hipótese de se sacrificar de modo especial e anormal um direito subjetivo ou um interesse juridicamente protegido economicamente mensurável; (ii) indicar quais os direitos abrangidos por essa garantia e, acaso isso seja comprovado, (iii) esclarecer como essa suposta garantia constitucional é aplicável independentemente de produção normativa ulterior, diante da inquestionável inexistência de lei formal ou material dispondo *especificamente* sobre a prévia indenização nestas hipóteses.

IV – 3.1.3.1 Direito à prévia indenização em face de sacrifício de direito (i) antecipadamente conhecido e determinável, (ii) economicamente mensurável, (iii) especial e (iv) anormal

36. Nas oportunidades em que (i) a ordem jurídica autoriza a produção de um ato estatal impositivo de sacrifício especial e anormal a um direito subjetivo ou a um interesse juridicamente protegido economicamente mensurável e (ii) já se possa antever a deflagração dos efeitos desse ato antes da sua entrada em vigor, a Constituição da República exige o pagamento de prévia indenização ao titular do direito de propriedade esgarçado.

Algumas razões jurídicas fundamentais impõem essa solução.

Sendo a nossa República um Estado de Direito,[206] as garantias fixadas na Lei Maior devem ser servilmente observadas pelos Poderes constituídos e pelos membros da sociedade. Afinal, do fato de sermos um Estado de Direito segue-se a impossibilidade lógica e jurídica de a Constituição da República se traduzir em um "faz de conta".

Se as projeções econômicas de um dado direito foram gizadas e muradas com o atributo da intocabilidade[207] típico das cláusulas pétreas,

205. Decorrente do exercício das funções administrativa e legislativa.

206. Art. 1º, *caput*, da Constituição da República.

207. Por evidente que nos limites dessa intocabilidade constitucional não se inserem as delimitações do perfil jurídico desse instituto ditadas no seio da própria Constituição, especial objeto de denominado "poder de polícia" ou "polícia administrativa".

140 RESPONSABILIDADE PATRIMONIAL DO ESTADO

seu legítimo esgarçamento pode desestabilizar a segurança querida pelo Estado de Direito.

Essa desestabilização, por óbvio, não decorrerá de um sacrifício de direito cominado isonomicamente aos membros da sociedade em razão do exercício de um ato calcado em um permissivo normativo.[208] Sucederá, pelo contrário, quando se infligir um sacrifício especial e anormal a um direito economicamente mensurável.

Ora, se em certas hipóteses a Constituição autoriza o Poder Público a deflagrar essa última espécie de sacrifício, então, é o Estado de Direito que exige a adoção de prévia medida reparadora para que a harmonia jurídica não seja rompida, sob pena de, isso ocorrendo, corroer-se o alicerce fundamental que dá sustento às nossas instituições jurídicas.[209]

Afinal, se o Direito foi construído de modo a evitar a prática de lesões a direitos subjetivos que inegavelmente romperiam com o primado da segurança jurídica, não se pode admitir que primeiro haja o *consciente*[210] esgarçamento de uma situação juridicamente protegida para em momento posterior haver sua recomposição.[211]

Não haveria, em rigor, conduta mais daninha ao primado da proteção da confiança que a adoção desse furtivo expediente pelo Estado ou pelo particular.

208. Como opera na instituição e cobrança de tributos.

209. Opinam nesse sentido: José Afonso da Silva, *Curso de Direito Constitucional Positivo*, cit., 33ª ed., pp. 279 e 281; e J. J. Gomes Canotilho, *Estudo sobre Direitos Fundamentais*, Coimbra, Coimbra Editora, 2004, pp. 197-198.

210. Aqui se emprega a expressão "consciente" para, com isso, esclarecer que a construção posta em destaque se aplica *apenas* às hipóteses em que já se possa saber que os efeitos de um ato jurídico produzido sacrificarão, total ou parcialmente, um direito alheio.

211. No campo do direito tributário essa ideia não é apenas corrente, mas cotidianamente empregada. Todavia, durante largo período sustentava-se que o particular só poderia discutir judicialmente uma matéria tributária após realizar o pagamento do tributo questionado. Com a evolução dos estudos no campo do direito tributário essa solução não mais encontrou guarida, pois ensejava o prévio amesquinhamento do interesse curado, antes do exame do acerto ou desacerto da medida estatal prescrita. Daí por que entre nós não mais se aplica a máxima *solve et repet*. Em rigor, nos dias que correm aplica-se a cláusula do *non solve et repet* (dentre os inúmeros julgados que acolhem essa visão, indicam-se: TRF-3ª Região, ACi 3.496, rela. Juíza Eliana Marcelo, *DJU* 4.10.2007; TRF-3ª Região, AI 157.545, rela. Juíza Alda Basto, *DJU* 29.5.2006; TRF-3ª Região, ACi 463.875, rel. Juiz Roberto Hadad, *DJU* 5.11.2002; STF, Tribunal Pleno, RE 389.383, rel. Min. Marco Aurélio, *DJU* 29.6.2007; STF, Tribunal Pleno, RE 390.513, rel. Min. Marco Aurélio, *DJU* 29.6.2007).

RESPONSABILIDADE DO ESTADO POR ATOS LEGISLATIVOS   141

Com efeito, se, por um lado, essa conduta nefasta preserva o patrimônio estatal – que se mantém incólume, pela inocorrência do desembolso dos valores necessários ao pagamento da prévia indenização –, por outro lado, tal expediente espezinha o interesse de toda a coletividade.

E, como o interesse público secundário[212] só é legitimamente exercido caso se coadune com o interesse público primário[213] – como acertadamente observa Celso Antônio Bandeira de Mello[214] –, a ordem jurídica não dá guarida à conduta estatal que, de forma bizarra, pretenda justificar a investida lícita e *consciente* contra o direito de propriedade de terceiro sem o pagamento de prévia indenização.

Daí por que – como professava Geraldo Ataliba – de nada seria prestante construir uma fortaleza murada para preservar o Estado de Direito se, por outro lado, portas de papelão fossem colocadas no pórtico dessa fortaleza. Seria, em rigor, uma fortaleza e um Estado de Direito de "faz de conta".

Em síntese, se não for possível antever o rompimento dessa harmonia querida pelo Estado de Direito, por óbvio que a recomposição da ordem jurídica se dará *a posteriori*. Por via reversa, não se coadunará com o Estado de Direito a conduta do Estado que, de forma propositada, deixa de guarnecer a intocabilidade de um direito economicamente mensurável mesmo tendo *consciência* dos efeitos patrimoniais deletérios que decorrerão da produção de um ato jurídico.[215]

Nesse aspecto, contudo, o constituinte foi didático e não acastelou o edifício das instituições republicanas com "portas de papelão".

E isso porque a Constituição da República indica *explicita* e *didaticamente* uma hipótese em que a irradiação dos efeitos jurídicos de medidas sacrificativas de direito está condicionada ao pagamento de prévia indenização: a desapropriação ordinária (arts. 5º, XXIV, e 182, § 3º).

212. De o Estado não ver seu o patrimônio diminuído pelo pagamento da prévia indenização.

213. De se realizar a prévia indenização.

214. Celso Antônio Bandeira de Mello, *Curso de Direito Administrativo*, cit., 27ª ed., pp. 65 a 69 (Capítulo I, itens 43-49).

215. Ainda que ordinariamente aplicável ao direito ambiental, o denominado *princípio da precaução* há de ser observado em todas as condutas estatais. Deveras, esse primado "objetiva evitar a ocorrência do dano, e não aguardar as suas consequências" (opinião do Juiz Federal Petrúcio Ferreira ao proferir seu voto no julgamento do AI 56.569 no âmbito do TRF-5ª Região, com a qual se concorda).

A prevenção à ocorrência de uma lesão, como se procurou revelar, é uma inafastável consequência do primado republicano e do Estado de Direito.

142   RESPONSABILIDADE PATRIMONIAL DO ESTADO

Note-se que, nesse caso, todos os requisitos necessários à prévia indenização por *dano lícito* estão presentes: (i) dano jurídico (*lesão ao direito de propriedade*); (ii) antecipadamente conhecido e determinável (*pois a edição do decreto expropriatório é ato preparatório para sua concreta realização*), (iii) economicamente mensurável (*seja em razão de uma presunção estatal ou, havendo dúvida fundada, por meio de prévia perícia judicial*), (iv) especial (*atinge apenas o proprietário do bem*) e (v) anormal (*pois supera os encargos cotidianos da vida em sociedade*).

37. Se, contudo, o dano jurídico indenizável não está explicitamente arrolado em lei formal ou não pôde ser antevisto, a indenização eventualmente cabível sempre se dará a *posteriori*. E, nesse caso, o *dano lícito* transforma-se em *dano ilícito*, pois ele fatalmente lesará o primado da repartição equânime dos encargos públicos.

Assinala-se, com isso, que a indenização a *posteriori* se processa quando não houver possibilidade de previamente apurar (i) a ocorrência do dano jurídico ou (ii) a indiscutível envergadura econômica do dano perpetrado.

A *primeira hipótese* (item "(i)", acima) sucede, por exemplo, no caso do art. 5º, LXXV, da Constituição da República.[216]

Com efeito, a prolação de sentenças e despachos decorre do regular exercício da função jurisdicional. Por essa razão, os danos que venham a ser eventualmente causados em decorrência desses atos jurisdicionais ou por ele propiciados, ainda que posteriormente revertidos por outras instâncias ou pelo próprio magistrado, não são, em tese, *danos jurídicos*.

Assim, se uma liminar ou sentença permitiu o gozo de determinada situação jurídica – liberação de mercadorias apreendidas ou retidas na Aduana, pagamento de determinada verba a servidor público, autorização para o funcionamento de estabelecimento comercial ou fabril, suspensão do pagamento de tributo, liberdade provisória etc. – mas foi posteriormente revertida, durante o período de vigência pode-se alegar que tal medida causou danos ou criou as condições necessárias à sua ocorrência.

Aliás, não é difícil conceber os prejuízos patrimoniais e extrapatrimoniais que poderiam advir ou ser causados por essa decisão judicial.

---

216. CF, art. 5º, LXXV: "LXXV – o Estado indenizará o condenado por erro judiciário, assim como o que ficar preso além do tempo fixado na sentença".

RESPONSABILIDADE DO ESTADO POR ATOS LEGISLATIVOS 143

Imagine-se, a título de exemplo, que um estabelecimento de diversão está em atividade por força do deferimento de medida liminar que suspendeu ato administrativo que interditou o local por falta de segurança. Suponha-se, ainda, que entre a concessão da medida liminar e sua eventual cassação um acidente fatal ocorre em um dos brinquedos localizados naquele estabelecimento e um dos usuários acidentados vem a falecer.

Alguns arguirão que o Poder Judiciário deve responder pelo dano causado, pois se a decisão administrativa fosse mantida, seguramente, esse fatídico acidente não teria ocorrido. Por via reversa se poderia arguir que o magistrado se convenceu dos elementos que lhe foram apresentados e, por essa razão, deferiu a medida pleiteada.

Diante desse quadro, qual dos posicionamentos deve prevalecer?

Ora, se o magistrado é o agente a quem foi atribuída a competência para fixar definitivamente a regra jurídica aplicável na hipótese de litígio, segue-se que apenas o *ilegítimo* exercício dessa função estatal caracterizará *dano jurídico ilícito*.[217]

Como o desvio de finalidade no exercício dessa função estatal nem ao menos em tese pode ser antevisto, não há falar na possibilidade de prévia indenização.

Do mesmo modo, se um particular é mantido encarcerado para o cumprimento de pena mas a ação revisional por ele ajuizada é julgada procedente, caberá indenização por erro judicial.[218] Como esse erro judicial não poderia ter sido antevisto, a indenização se dará *a posteriori*, e o dano jurídico deflagrado será *ilícito*.

A *segunda hipótese* (item "(ii)", acima) tem fundamento jurídico distinto e se verifica, por exemplo, em razão da edificação de uma obra pública.

Seja no planejamento, na execução ou na conclusão da obra pública, não há condições de o Poder Público previamente apurar se o proprietário de um imóvel lindeiro experimentará (i) incremento patri-

217. Nesse sentido: TJRS, 9ª Câmara Cível, ACi 70015916034, rel. Des. Tasso Caubi Soares Delabary, j. 6.9.2006; e TJSC, 3ª Câmara de Direito Público, ACi 2000.020584-2, rela. Desa. Sônia Maria Schmitz, j. 22.2.2005. Nesses casos procurou-se condenar o Estado pelo período em que um particular foi mantido em prisão preventiva posteriormente relaxada pela sua absolvição por falta de provas.

218. Nesse sentido: STJ, 1ª Turma, – AgR no AI 415.834, rel. Min. Garcia Vieira, *DJU* 30.9.2002.

144 RESPONSABILIDADE PATRIMONIAL DO ESTADO

monial do valor da sua gleba, (ii) inalterabilidade da situação jurídica ou (iii) prejuízo econômico.

Ora, se não se sabe qual o resultado econômico decorrente dessa conduta estatal, é interdito ao Poder Público realizar o pagamento de qualquer quantia a título de indenização pela construção da referida obra, pois nem ao menos se sabe se tal medida estatal causará dano jurídico e econômico ao particular.

38. Em suma, nas oportunidades em que (i) a ordem jurídica autoriza a produção de um ato estatal impositivo de sacrifício especial e anormal a um direito subjetivo ou um interesse juridicamente protegido economicamente mensurável e (ii) já se possa antever a deflagração dos efeitos desse ato antes da sua entrada em vigor, a Constituição da República exige o pagamento de prévia indenização ao titular do direito de propriedade esgarçado.

Perceba-se, portanto, que nestas circunstâncias o sacrifício de direito imposto tem *natureza expropriatória*,[219] e, por tal razão, o direito esgarçado deve ser reparado nos mesmos moldes da desapropriação (ou seja, de forma justa e prévia).[220]

Explica-se o ponto.

39. Por meio da desapropriação sacrifica-se total ou parcialmente um direito. A desapropriação, assim, é forma por meio da qual se sacrifica um direito subjetivo de forma lícita, ainda que inúmeras outras condutas lícitas do Estado possam produzir idêntico resultado.[221]

A desapropriação, no entanto, goza de uma peculiaridade em relação às demais formas de sacrifício de direito. É que por meio dela o Estado adquire para si ou para outrem um bem patrimonialmente mensurável, integrando-o no domínio público.

219. Fernando Garrido Falla, "Sobre la responsabilidad del Estado Legislador", cit., *Revista de Administración Pública* 118/52.

220. Partindo da premissa de que a desapropriação é realizada em vista do interesse público, Juan Ignacio Sáenz observa que em todas as hipóteses de sacrifício especial deve-se aplicar o regime jurídico da desapropriação ("Responsabilidad del Estado por su intervención en la economía. Principios aplicables en la República Argentina", cit., in Isaac Augusto Damnsky, Miguel Alejandro López Olvera e Libardo Rodríguez Rodríguez (orgs.), *Estudios sobre la Responsabilidad del Estado en Argentina, Colombia y México*, p. 200). E, sob essa óptica, o regime da indenização é uno, qual seja: justa e prévia.

221. Daí por que Carlos Ari Sundfeld sustenta, de forma acertada, que "sacrifício de direito" é expressão sinônima de "expropriar" (*Direito Administrativo Ordenador*, cit., 1ª ed., 3ª tir., p. 95).

RESPONSABILIDADE DO ESTADO POR ATOS LEGISLATIVOS 145

Vale dizer: na desapropriação a medida sacrificativa de direito enseja, em regra, a incorporação do bem expropriado ao domínio público.[222] Já, nas demais hipóteses de sacrifício de direito a restrição ou extinção de uma prerrogativa jurídica alheia não ensejam a incorporação de qualquer direito ao domínio público.

De toda sorte, seja em um ou em outro caso, havendo sacrifício de direito economicamente mensurável, anormal, especial e antecipadamente reconhecível, é imperioso que se dê a prévia indenização, à luz do princípio da segurança jurídica e do Estado de Direito.[223]

A necessidade de idêntico tratamento jurídico para essas hipóteses de sacrifício de direito é, aliás, há tempos reconhecida e aplicada alhures.

Nesse sentido, Konrad Hesse esclarece que o Tribunal Federal alemão concedeu direito à indenização segundo os princípios da desapropriação aos sacrifícios especiais (i) diretamente dirigidos ao direito de propriedade ou (ii) que, decorrentes de medida estatal, indiretamente causassem repercussões patrimoniais lesivas ao particular,[224] com o quê também concordam Hartmut Maurer,[225] Fritz Fleiner,[226] Júlio R. Comadi-

222. Há, no entanto, a possibilidade de destinação do bem expropriado para terceiros, desde que perseguidores do interesse público.

223. A isso se acresce, na visão da Carlos Ari Sundfeld, a ideia da *igualdade*. Ao tratar do regime da prévia indenização na desapropriação esse autor pondera: "Se a norma constitucional criou veículo específico para essa privação – e o fez em nome da proteção do particular –, não pode o legislador, à vista de igual finalidade, instituir novos instrumentos, com regime jurídico menos favorável" (*Direito Administrativo Ordenador*, cit., 1ª ed., 3ª tir., p. 99).

De fato, a conclusão atingida pelo autor é rigorosamente acertada, ainda que outra visão possa ser edificada a respeito dos pressupostos que permitem atingi-la.

Com efeito, advoga-se a ideia segundo a qual é o primado republicano (e não o da isonomia) que impõe a necessidade de um mesmo tratamento jurídico para as hipóteses de sacrifício de direitos cujos resultados anormais, especiais e economicamente mensuráveis já sejam previamente conhecidos.

Afora isso, com apoio nas lições de Geraldo Ataliba e Paulo Bonavides (v., neste Capítulo IV, a nota de rodapé 33), não se imagina que essa garantia é edificada para proteção do particular, como assinala Carlos Ari Sundfeld. É, pelo contrário, erigida para satisfação do interesse de todos, e não de poucos.

224. Konrad Hesse, *Elementos de Direito Constitucional da República Federal da Alemanha*, cit., trad. da 20ª ed. alemã, pp. 345-347.

225. Hartmut Maurer, *Direito Administrativo Geral*, cit., trad. da 14ª ed. alemã, pp. 782-802.

226. Fritz Fleiner, *Instituciones de Derecho Administrativo*, trad. da 8ª ed. alemã, p. 234.

146 RESPONSABILIDADE PATRIMONIAL DO ESTADO

ra[227] e Roberto Galán Vioque[228] – ainda que estes dois últimos pautados, respectivamente, nos Direitos Argentino e Espanhol.

40. Por essa razão – e a despeito do indiscutível acerto lógico da observação feita por Celso Antônio Bandeira de Mello – não se crê na utilidade da distinção entre os efeitos diretos e indiretos da lesão jurídica perpetrada pelos atos estatais *para fins de fixação do regime jurídico da indenização a cargo do Estado*.

Segundo Celso Antônio Bandeira de Mello só há falar em responsabilidade patrimonial do Estado por *atos lícitos* quando a conduta estatal acarreta, como mero subproduto do seu primordial objetivo, lesão a direito alheio. Caso o ato lícito tenha por finalidade precípua esgarçar posição jurídica alheia, a hipótese é de sacrifício de direito.[229]

Pensamos que, para fins de prévia indenização, não importa saber se o dano jurídico perpetrado a terceiro é consequência direta ou indireta da conduta estatal. Ou seja, se sua finalidade preordenada estava, ou não, volvida ao sacrifício de um direito.

Sendo possível antever os resultados lesivos que – direta ou indiretamente – advirão da conduta estatal, a Constituição da República comina o dever de realizar prévia indenização.[230]

É o que sucedeu, por exemplo, com a Lei paulista 12.684/2007, que proíbe o uso, no Estado de São Paulo, de amianto ou asbesto, a despeito de a compra e venda desses produtos ser atividade lícita, de acordo com a legislação federal que disciplina a matéria.[231-232]

---

227. Júlio R. Comadira, *Derecho Administrativo*, 2ª ed., Buenos Aires, Abeledo-Perrot, 2003, p. 379.

228. Roberto Galán Vioque, "De la teoría a la realidad de la responsabilidad del Estado Legislador", cit., *Revista de Administración Pública* 155/287.

229. Celso Antônio Bandeira de Mello, *Curso de Direito Administrativo*, cit., 27ª ed., pp. 995-996 (Capítulo XX, itens 8-10).

230. O que afastaria, por consequência, a aplicabilidade do art. 10, e correlatos, da Constituição da República como meio juridicamente idôneo à satisfação do direito subjetivo ou do interesse juridicamente protegido esgarçados pela conduta estatal.

231. Esclareça-se, nesse ponto, que o STF, ao julgar o pedido de medida cautelar na ADI 3.937, entendeu, por maioria de votos, que esse sacrifício de direito é presumivelmente legítimo (Tribunal Pleno, MC na ADI 3.937, rel. Min. Marco Aurélio, *DJU* 10.10.2008 – vencidos, no pedido de liminar, os Mins. Marco Aurélio, Menezes Direito e Ellen Gracie).

232. Por ocasião do julgamento do pedido de liminar na ADI 3.937 alguns Ministros, no entanto, firmaram entendimento no sentido de que essa legislação estadual é válida, pois os produtos em pauta são nocivos à saúde.

RESPONSABILIDADE DO ESTADO POR ATOS LEGISLATIVOS   147

Deveras, as pessoas jurídicas constituídas com o propósito de comercializar esses produtos no Estado de São Paulo, ou que tinham seus clientes nesse Estado, ou tiveram suas atividades lícitas invulgarmente afetadas ou simplesmente encerraram suas atividades.[233]

Seja em uma ou outra hipótese, essas pessoas sofreram um ônus especial e anormal[234] em benefício da coletividade, sendo o caso, pois, de sacrifício de direito.

Vê-se, pois, que essa lei paulista, ainda que tenha por propósito disciplinar uma atividade comercial, causou, *indiretamente*, o nascimento de um *dano jurídico lícito*, cujos resultados econômicos nefastos a certo rol de particulares já poderiam ser antevistos mesmo antes da sua entrada em vigor.

Em tais circunstâncias, os primados da segurança jurídica, do Estado de Direito e do direito de propriedade impõem o dever do Poder Público de realizar o pagamento de prévia indenização.

E, quanto a isso, nem mesmo um homem enclausurado poderia arguir a impossibilidade de previamente conhecer esses efeitos danosos que adviriam da medida estatal.

De qualquer modo – e já antevendo a possibilidade de o Poder Público arguir em seu favor o conhecimento inferior ao do homem comum, para, com isso, refutar o dever de realizar a prévia indenização –, a Consolidação das Leis do Trabalho *didaticamente* prevê que, em tais circunstâncias, as verbas devidas pelas rescisões dos contratos de trabalho devem ser suportadas pelo Estado.[235]

Caso essa ideia prosperasse – o que, se crê, só poderia ser decidido por esse meio processual após consultas prévias demonstrando tecnicamente o acerto dessa afirmativa nos termos do art. 9º, § 1º, da Lei federal 9.868/1999, o que não ocorreu no caso concreto –, nem por isso a hipótese em comento se transmudaria em sacrifício de direito.

233. Aliás, não é difícil prever essa mais radical situação tomando em conta a possibilidade de os distribuidores ou representantes comerciais desses produtos terem a prerrogativa de realizar essas atividades *apenas* no Estado de São Paulo. Nesses casos, sobrevindo os efeitos dessa lei, fatalmente suas atividades seriam encerradas, por impossibilidade do cumprimento do seu objeto. Em uma só voz: faliriam!

234. No mínimo, correspondente aos custos de desmobilização de suas atividades (*e.g.*, demissão dos seus empregados, rescisão de contratos com prazo determinado etc.).

235. O art. 486 da CLT prevê: "Art. 486. No caso de paralisação temporária ou definitiva do trabalho, motivada por ato de autoridade municipal, estadual ou

148   RESPONSABILIDADE PATRIMONIAL DO ESTADO

Afinal, nestes casos o Estado de Direito proíbe que *primeiro* o particular liquide uma obrigação pecuniária advinda de dano lícito causado pelo Estado para *depois* postular a correspondente indenização, pois, como já se acentuou, a ordem jurídica interdita a aplicação da máxima *solve et repete*.

Os exemplos desses efeitos indiretos dos atos estatais surgem aos montes.[236]

O ato legislativo que mais recentemente esteve em vias de deflagrar a necessidade de prévia indenização estatal encontra-se contemplado no "plebiscito das armas", previsto no art. 35, § 1º, da Lei federal 10.826/2003.[237]

Caso o plebiscito tivesse um resultado diverso do verificado, não se poderia mais comercializar armas e munições em território nacional, salvo nas restritas e limitadas hipóteses do art. 6º da Lei federal 10.826/2003.[238] E, em tais circunstâncias, haveria necessidade

federal, ou pela promulgação de lei ou resolução que impossibilite a continuação da atividade, prevalecerá o pagamento da indenização, que ficará a cargo do governo responsável".

236. Juan Ignacio Sáenz fornece exemplos interessantes de responsabilidade do Estado por atos lícitos que sucederam na Argentina, tais como redução ou congelamento de preços, congelamento de aluguéis, prorrogação compulsória dos contratos, concessão de moratórias gerais e redução de juros, proibição para importação de certos produtos, para incentivo do mercado nacional ("Responsabilidad del Estado por su intervención en la economía. Principios en la República Argentina", cit., in Isaac Augusto Damnsky, Miguel Alejandro López Olvera e Libardo Rodríguez Rodríguez (orgs.), *Estudios sobre la Responsabilidad del Estado en Argentina, Colombia y México*, p. 202). Entre nós tem-se, por exemplo, a proibição dos cassinos pelo art. 3º do Decreto-lei 9.215/1946.

237. Lei 10.826/2003:

"Art. 35. É *proibida a comercialização de arma de fogo e munição* em todo o território nacional, salvo para as entidades previstas no art. 6º desta Lei.

"§1º. Este dispositivo, para entrar em vigor, dependerá de aprovação mediante referendo popular, a ser realizado em outubro de 2005."

238. Lei 10.826/2003: "Art. 6º. É proibido o porte de arma de fogo em todo o território nacional, salvo para os casos previstos em legislação própria e para: I – os integrantes das Forças Armadas; II – os integrantes de órgãos referidos nos incisos do *caput* do art. 144 da Constituição Federal; III – os integrantes das Guardas Municipais das Capitais dos Estados e dos Municípios com mais de 500.000 (quinhentos mil) habitantes, nas condições estabelecidas no regulamento desta Lei; IV – os integrantes das Guardas Municipais dos Municípios com mais de 50.000 (cinquenta mil) e menos de 500.000 (quinhentos mil) habitantes, quando em serviço; V – os agentes operacionais da Agência Brasileira de Inteligência e os agentes do Departamento

RESPONSABILIDADE DO ESTADO POR ATOS LEGISLATIVOS   149

de prévia indenização do dano econômico com que, indiscutivelmente, os comerciantes desses produtos teriam que arcar com essa medida legislativa.[239]

41. As consequências jurídicas e práticas advindas dessas ponderações são de extrema relevância.

Se os resultados economicamente danosos decorrentes de um *dano lícito indenizável* são total ou parcialmente reconhecidos antes da concreta irradiação dos efeitos jurídicos dessa medida estatal, o particular tem direito subjetivo à prévia indenização.

Caso o Poder Público não efetue o pagamento da quantia devida a esse título, o particular poderá obstar judicialmente à eficácia da medida estatal adotada.[240]

E isso porque, em nosso juízo, o ato estatal impositivo de sacrifício especial e anormal a um direito economicamente mensurável não irradia seus efeitos até que se dê o pagamento da prévia indenização.

de Segurança do Gabinete de Segurança Institucional da Presidência da República; VI – os integrantes dos órgãos policiais referidos no art. 51, IV, e no art. 52, XIII, da Constituição Federal; VII – os integrantes do quadro efetivo dos agentes e guardas prisionais, os integrantes das escoltas de presos e as guardas portuárias; VIII – as empresas de segurança privada e de transporte de valores constituídas nos termos desta Lei; IX – para os integrantes das entidades de desporto legalmente constituídas, cujas atividades esportivas demandem o uso de armas de fogo, na forma do regulamento desta Lei, observando-se, no que couber, a legislação ambiental; X – integrantes das carreiras de Auditoria da Receita Federal do Brasil e de Auditoria Fiscal do Trabalho, cargos de Auditor Fiscal e Analista Tributário".

239. E nem se alegue que a comercialização desse produto se hospeda nas dobras da liberdade, e não do direito de liberdade, a teor do art. 21, VI, da Constituição da República (segundo o qual compete à União *autorizar e fiscalizar a produção e o comércio de material bélico*).

Do fato de se condicionar o exercício de uma atividade à autorização do Poder Público não se segue que dela não nasça um direito subjetivo. Verifique-se, por exemplo, que o emprego da expressão "autorização" no art. 165, § 8º, da Constituição da República enseja o nascimento de um direito subjetivo (segundo o qual *a lei orçamentária anual não conterá dispositivo estranho à previsão da receita e à fixação da despesa, não se incluindo na proibição a **autorização** para abertura de créditos suplementares e contratação de operações de crédito, ainda que por antecipação de receita, nos termos da lei*).

Não se poderia entender, pois, que a expressão "autorização" pretende revelar a existência de um ato precário e revogável ao juízo de conveniência e oportunidade da União.

240. E, nesse caso, o particular só poderia adotar o direito de resistência passiva, tal como apregoa Celso Antônio Bandeira de Mello (*Curso de Direito Administrativo*, cit., 27ª ed., pp. 482-483, item 175).

150 RESPONSABILIDADE PATRIMONIAL DO ESTADO

Caso o Poder Público pretenda dar curso a essa medida sacrificativa sem as cautelas impostas pelo Estado de Direito, praticará conduta em desvio de finalidade, o que deve ser coartado pelo Poder Judiciário.

42. Mas alguns poderiam arguir que a necessidade de prévia indenização em face do Poder Público ou de quem lhe faça as vezes só existe na desapropriação, que envolve direitos reais ou a eles equiparados pela lei.[241]

Sob essa óptica, a necessidade de prévia indenização só existiria em relação aos direitos reais e aos a eles equiparados pela legislação, não sendo extensível aos outros direitos patrimoniais e extrapatrimoniais. E, se tais considerações prosperarem, a proposta aqui alinhavada supostamente perderia seu sustento.

Não se vê, logo de início, procedência nessa objeção se tomarmos em conta que o direito à prévia indenização nas hipóteses acima decorrem do ideal republicano e do Estado de Direito.

Por essa razão, não haveria necessidade de disposição normativa prevendo *explicitamente* essa consequência, salvo se ela pretendesse ser invulgarmente didática e pedagógica – conduta, aliás, elogiável em vista da cidadania.[242]

Assim, seria despiciendo procurar encontrar assento jurídico desse encargo estatal em outro dispositivo constitucional, senão naqueles já assinalados acima.

Todavia, ainda que esse primeiro raciocínio encontrasse alguma espécie de resistência, ao argumento de que o primado republicano é por demais vago e impreciso, a objeção feita à luz do instituto da desapropriação também não prosperaria.

Vale dizer: não prospera a tese segundo a qual a prévia indenização é cabível apenas em relação às hipóteses legislativamente indicadas de desapropriação (por utilidade pública, por necessidade pública e por interesse social).

---

241. Daí por que, pautado nessa ideia, José de Aguiar Dias afirma que não há como se estabelecer um paralelo entre a desapropriação e a responsabilidade civil do Estado ("Responsabilidade civil do Estado", cit., *RDA* 11/29-30).

242. Art. 1º, II, da Constituição da República.

RESPONSABILIDADE DO ESTADO POR ATOS LEGISLATIVOS   151

IV – 3.1.3.2 As formas de sacrifício de direito
estão englobadas no conceito de "direito de propriedade"
e o direito de propriedade pode ser objeto de desapropriação

43. O art. 5º, XXII, da Constituição da República alçou o direito de propriedade à condição de cláusula pétrea. Não obstante isso, é possível sacrificá-lo para satisfação do interesse público, conforme já se demonstrou à exaustão.

Alguns autores de grande nomeada sustentam que o direito de propriedade está englobado na noção de direito real. Entre nós, esse é o caso de Maria Sylvia Zanella Di Pietro,[243] Sílvio de Salvo Venosa,[244] Maria Helena Diniz,[245] Weida Zancaner[246] e Hely Lopes Meirelles.[247] No Estrangeiro comungam dessa opinião Guido Zanobini[248] e G. Balladore Pallieri,[249] dentre tantos outros.

243. Maria Sylvia Zanella Di Pietro, *Direito Administrativo*, cit., 20ª ed., p. 110.

244. Esse autor sustenta, ademais, que o direito de propriedade é direito real, assim qualificável como "a relação jurídica entre uma coisa, ou conjunto de coisas, e um ou mais sujeitos, pessoas naturais ou jurídicas" (Sílvio de Salvo Venosa, *Direito Civil*, cit., 3ª ed., vol. IV, pp. 20-33).

Essa ideia segundo a qual existe uma relação jurídica entre pessoa e coisa é inaceitável pela noção de Direito que se acolhe.

245. Para a professora Maria Helena Diniz o direito das coisas regula relações jurídicas concernentes aos bens materiais ou imateriais suscetíveis de apropriação pelo homem. Nesse viés, ela adota a noção de Clóvis Beviláqua, segundo o qual *direito das coisas* "é o complexo das normas reguladoras das relações jurídicas referentes aos bens corpóreos e ao direito autoral". Segundo a autora, os direitos autorais estão incluídos no objeto disciplinado pelo direito das coisas, pois o legislador civil os considerou como modalidade especial de propriedade, ou seja, como propriedade imaterial, para uns, ou propriedade intelectual, como preferem outros.

246. Weida Zancaner, *Da Responsabilidade Extracontratual da Administração Pública*, cit., p. 40.

247. Para Hely Lopes Meirelles o direito de propriedade é afeto às coisas corpóreas, razão por que o direito de propriedade se insere na classe dos direitos reais. Afirma que a propriedade é direito real, pois incide diretamente sobre a coisa (*Direito de Construir*, 9ª ed., atualizada por Eurico de Andrade Azevedo, Adilson Abreu Dallari e Daniela Libório Di Sarno, São Paulo, Malheiros Editores, 2005, p. 19).

248. Guido Zanobini, *Corso di Diritto Amministrativo*, cit., 8ª ed., vol. I, pp. 164-168 (Capítulo IV, itens 2-4).

249. G. Balladore Pallieri, *Diritto Costituzionale*, 10ª ed., Milão, Giuffrè, 1972, pp. 441-442.

152 RESPONSABILIDADE PATRIMONIAL DO ESTADO

Há, no entanto, quem pense que o direito de propriedade no âmbito do direito público está abarcado pelo conceito de direito patrimonialmente mensurável.[250] No Estrangeiro têm essa opinião Carlos E. Delpiazzo,[251] Thomas Cooley,[252] Renato Alessi,[253] Santi Romano,[254] Eduardo García de Enterría,[255] Fritz Fleiner,[256] Konrad Hesse[257] e Hartmut Maurer,[258] dentre

250. Já se esclareceu que os direitos extrapatrimoniais só serão indenizáveis na medida em que forem patrimonial e economicamente mensuráveis.

251. Para o autor existe um direito de propriedade em abstrato e outro em concreto. Na acepção concreta o conceito constitucional de "propriedade" compreende *todos os direitos de natureza patrimonial*, tirantes, por isso mesmo, os de natureza personalíssima, eis que são despidos de caráter patrimonial. É, portanto, uma expansão do conceito clássico de propriedade como direito real (Carlos E. Delpiazzo, *Derecho Administrativo Uruguayo*, México/DF, Editorial Porrúa, 2005, pp. 379 e 381-382).

252. Thomas Cooley sustenta que nos Estados Unidos da América propriedade é tudo aquilo que o homem realiza por seu labor ou sua mente, aí se incluindo o direito de exercer uma atividade profissional (*Princípios Constitucionais dos Estados Unidos da América do Norte*, 2ª ed., trad. de Alcides Cruz, São Paulo, Ed. RT, 1982, pp. 269-270).

253. Renato Alessi, *Principi di Diritto Amministrativo*, cit., 4ª ed., vol. I, p. 519.

254. Santi Romano, *Princípios de Direito Constitucional Gerais*, trad. da 10ª ed. italiana, São Paulo, Ed. RT, 1977, p. 169.

255. Esse autor sustenta que, sob o ângulo constitucional, propriedade não é apenas a propriedade privada, mas sim a propriedade e direitos de conteúdo patrimonial (Eduardo García de Enterría, *Curso de Derecho Administrativo*, cit., 10ª ed., t. II, pp. 120-121).

256. Para Fritz Fleiner a garantia do direito de propriedade abrange não apenas a propriedade – direito real –, mas todo direito de conteúdo patrimonial (*Instituciones de Derecho Administrativo*, cit., trad. da 8ª ed. alemã, pp. 238 e 311-312).

257. Para Konrad Hesse a garantia da propriedade na Alemanha não guarda mais semelhança com a noção de propriedade existente no âmbito do direito civil, assim entendida como as bases materiais para existência individual. A propriedade protegida pela Constituição daquela Nação consiste no aproveitamento privado de um direito de valor patrimonial e o poder de disposição desse direito de valor patrimonial. Daí por que, para ele, no conceito constitucional de "propriedade" podem ser incluídos as reivindicações salariais e o direito à percepção do salário (Konrad Hesse, *Elementos de Direito Constitucional da República Federal da Alemanha*, cit., trad. da 20ª ed. alemã, pp. 340-342, itens 443-444).

258. Com fundamento no conceito de "propriedade" acolhido para fins de desapropriação, Hartmut Maurer entende que a definição de "direito de propriedade" no âmbito do direito público é mais vasta que a utilizada para fins privados. Nela se compreendem os valores patrimoniais típicos da esfera privada – aí se incluído a

RESPONSABILIDADE DO ESTADO POR ATOS LEGISLATIVOS 153

tantos outros. Entre nós comungam desse pensamento, dentre outros, José Afonso da Silva,[259] Luís Alberto Thompson Flores Lenz,[260] Ruy Cirne Lima,[261] Seabra Fagundes,[262] Diógenes Gasparini,[263] Pontes de Miranda[264] e Celso Antônio Bandeira de Mello.[265]

prerrogativa de explorar a indústria e comércio, direitos de crédito e direito de ação, que, na venda, comporiam o preço da compra – e aqueles inerentes ao direito público – tal como o trabalho (Hartmut Maurer, *Direito Administrativo Geral*, cit., trad. da 14ª ed. alemã, pp. 802 e ss.).

259. Esse autor observa que na origem se sustentava que a noção de "propriedade" estava umbilicalmente associada a uma relação entre a pessoa e a coisa, mas que isso vem sendo superado. Pondera que o art. 5º, XXII, da CF é o conteúdo mínimo essencial dessa garantia, pois propriedade compreende uma correlação com diversos tipos de bens e titulares. Daí por que, aliás, menciona que a expressão correta deveria ser "propriedades", pois o texto constitucional garante, com a mesma envergadura jurídica, a propriedade de empresa jornalística, a propriedade autoral, a propriedade de inventos, dentre outras (José Afonso da Silva, *Curso de Direito Constitucional Positivo*, cit., 33ª ed., pp. 271-281).

260. Luís Alberto Thompson Flores Lenz, "A responsabilidade civil do Estado pela prática de ato lícito", cit., *RDA* 205/120.

261. Ruy Cirne Lima, *Princípios de Direito Administrativo*, 7ª ed., revista e elaborada por Paulo Alberto Pasqualini, São Paulo, Malheiros Editores, 2007, pp. 355-356.

262. M. Seabra Fagundes, *O Controle dos Atos Administrativos pelo Poder Judiciário*, cit., 7ª ed., p. 405, nota de rodapé 123.

263. Tratando de desapropriação, Diógenes Gasparini sustenta que os bens economicamente apreciáveis podem ser objeto de desapropriação, salvo as proibições legais (*Direito Administrativo Brasileiro*, cit., 13ª ed., pp. 836-837).

264. Pontes de Miranda, *Comentários à Constituição de 1967 com a Emenda n. 1 de 1969*, 2ª ed., t. V, São Paulo, Ed. RT, 1969, p. 369.

265. Também tratando de desapropriação, Celso Antônio Bandeira de Mello esclarece que todo objeto de propriedade pode ser desapropriado. A partir dessa consideração, esclarece que estão inseridos nesse conceito os direitos em geral, corpóreos ou incorpóreos, móveis ou imóveis. Ele afasta desse conceito os direitos personalíssimos, visto que eles não se definem por um conteúdo patrimonial.

Ainda que não tenha sido expresso a esse respeito, tudo indica que esse autor também acolhe o conceito de propriedade da forma como exposta – ou seja, como direito subjetivo ou interesse juridicamente protegido patrimonialmente mensurável (*Curso de Direito Administrativo*, cit., 27ª ed., p. 876 – Capítulo XVI, item 18). E, em artigo específico, afirma que "tudo o que pode ser objeto de patrimônio pode ser expropriado. Mais fácil, pois, perguntar: o que não pode ser expropriado? Não se pode desapropriar o que não é um objeto, mas um sujeito. Também não se podem desapropriar direitos personalíssimos ou coisas inapropriáveis" ("Desapropriação no Direito Brasileiro", *Revista Jurídica Lemi* 142/25, Belo Horizonte, Lemi, setembro/1979).

44. A adoção de uma ou de outra corrente trará efeitos distintos na delimitação do alcance do regime de prévia indenização fixado para fins de desapropriação.

Deveras, se o regime de recomposição patrimonial aplicável à desapropriação for restrito aos direitos reais, apenas essas modalidades de sacrifício de direito ensejariam a prévia indenização. Se, por outro lado, esse regime de indenização contemplar em seu bojo todos os direitos patrimoniais, então, o sacrifício desses direitos também demandaria o pagamento de prévia indenização para sua concretização.

45. A solução que melhor acolhe as aspirações positivadas pelo constituinte está representada na corrente doutrinária que insere no direito de propriedade todos os direitos patrimoniais.

Primeiro porque não se pode interpretar a Constituição da República à luz das disposições normativas de direito privado delimitadoras do conceito do direito de propriedade. Aliás, é justamente o inverso que deve ser feito.[266]

Isso não significa dizer que a Constituição não possa acolher ou não tenha acolhido certos conceitos de direito privado, tal como existentes no direito positivo à época da sua promulgação. Significa dizer, pelo contrário, que se conceituou "direito de propriedade" de forma diversa daquela usualmente aceita no direito privado, e que esse conceito não pode ser restringido pelo poder constituído.[267]

---

266. No campo do direito tributário, aliás, essa é uma ideia corrente e largamente aceita. Vale dizer, não se interpreta um conceito constitucional à luz da legislação ordinária; ou, ainda, a legislação ordinária não goza de aptidão jurídica para alterar um conceito positivado pela Constituição da República. Nesse sentido, v.: *RDTributário* 63/15-39 e 40-68, São Paulo, Malheiros Editores, 1993, onde transcritas as Mesas de Debates "Periodicidade do Imposto de Renda I" e "Periodicidade do Imposto de Renda II" realizadas no VII Congresso Brasileiro de Direito Tributário, 15-17.9.1993; Geraldo Ataliba, "Imposto sobre a renda – Não incidência nas indenizações por desapropriação", *RDTributário* 36/50, São Paulo, Ed. RT; Roque Antônio Carrazza, *Curso de Direito Constitucional Tributário*, cit., 26ª ed., pp. 733-740, nota de rodapé 251; e Celso Antônio Bandeira de Mello, "Imposto sobre a renda – Depósitos bancários – Sinais exteriores de riqueza", *RDTributário* 23-24/92, São Paulo, Ed. RT).

Causam estranheza, pois, certas vozes que procuram extrair essa consequência do art. 2º do Decreto-lei 3.365/1941, e não diretamente da Constituição da República.

267. É o que, por exemplo, sucedeu em relação ao imposto sobre circulação de mercadorias, de competência dos Estados e do Distrito Federal. Ele grava as operações mercantis, assim entendidas as que tenham por objeto uma mercadoria, objeto de ato do comércio ou ato mercantil.

RESPONSABILIDADE DO ESTADO POR ATOS LEGISLATIVOS   155

Segundo porque a Constituição da República emprega a expressão "propriedade" para além dos confins dos direitos reais.

Com efeito, no art. 5º, XXV, o vocábulo "propriedade" engloba não apenas bens imóveis, mas também móveis, semoventes, materiais e imateriais e até mesmo serviços.[268]

No art. 5º, XXIX, "propriedade" é empregada para representar direito sobre marcas, nomes de empresas e outros signos distintivos.[269]

Já, nos arts. 54, II, "a", e 222, "propriedade" designa direito às ações de uma pessoa jurídica.[270]

Por fim, no art. 176, *caput*, "propriedade" pretende significar o produto móvel extraído de jazidas.[271]

Logo, se a própria Constituição emprega o vocábulo "propriedade" para designar objetos jurídicos que extravasam os estritos limites dos direitos reais, não pode o intérprete pretender fazê-lo ao argumento de que essa é a acepção acolhida no direito privado.

Assim deve-se entender o direito de propriedade, tal como previsto na Constituição. Propriedade como direito patrimonialmente mensurável. E, se isso é verdade, os direitos economicamente mensuráveis podem ser desapropriados.

Ocorre que, com a entrada em vigor do Novo Código Civil, foram revogados os conceitos de ato de comércio e mercadoria, mas, nem por isso, revogou-se, por tabela, a possibilidade de instituição e cobrança desse imposto.

268. CF, art. 5º, XXV: "XXV – no caso de iminente perigo público, a autoridade competente poderá usar de propriedade particular, assegurada ao proprietário indenização ulterior, se houver dano".

269. CF, art. 5º, XXIX: "XXIX – a lei assegurará aos autores de inventos industriais privilégio temporário para sua utilização, bem como proteção às criações industriais, à propriedade das marcas, aos nomes de empresas e a outros signos distintivos, tendo em vista o interesse social e o desenvolvimento tecnológico e econômico do País".

270. CF, arts. 54 e 222: "Art. 54. Os deputados e senadores não poderão: (...) II – desde a posse: a) ser proprietários, controladores ou diretores de empresa que goze de favor decorrente de contrato com pessoa jurídica de direito público, ou nela exercer função remunerada"; "Art. 222. A propriedade de empresa jornalística e de radiodifusão sonora e de sons e imagens é privativa de brasileiros natos ou naturalizados há mais de 10 (dez) anos, ou de pessoas jurídicas constituídas sob as leis brasileiras e que tenham sede no País".

271. CF, art. 176: "Art. 176. As jazidas, em lavra ou não, e demais recursos minerais e os potenciais de energia hidráulica constituem propriedade distinta da do solo, para efeito de exploração ou aproveitamento, e pertencem à União, garantida ao concessionário a propriedade do produto da lavra".

156 RESPONSABILIDADE PATRIMONIAL DO ESTADO

Não se trata, no entanto, de visão desconhecida e, por isso mesmo, inovadora nesse aspecto.

Segundo José Carlos de Moraes Salles[272] podem ser objeto de desapropriação todos os bens, assim entendidos os móveis e os imóveis, corpóreos ou incorpóreos, fungíveis ou infungíveis, ou, ainda, coisas divisíveis ou indivisíveis, simples ou compostas. Só não estariam contemplados nesse conceito os bens em relação ao quais não cabe renúncia e os inexpropriáveis pela sua própria natureza (e.g., direitos personalíssimos).

Nesse contexto, José Carlos de Moraes Salles expressamente assinala que até mesmo as ações representativas de uma sociedade podem ser desapropriadas à luz da lei brasileira, tal como ocorre, e.g., desapropriação de ações de capital de sociedades.[273]

Mas caberia, aqui, uma pergunta: as situações acolhidas pelo regime jurídico da desapropriação estão indicadas de forma taxativa ou exemplificativa pelas leis disciplinadoras do art. 5º, XXIV, da Constituição da República? Caberia utilizar seu regime para outras hipóteses de sacrifício de direito?

IV – 3.1.3.3 Aplicam-se as garantias do regime de desapropriação
às hipóteses de sacrifício de direito

46. A desapropriação é instituto jurídico criado para satisfação do interesse público, estando, outrossim, didaticamente incluído no rol dos direitos e das garantias fundamentais. Aliás, sem desconhecer o legítimo interesse do particular – acolhido como verdadeira expressão do interesse público –, o art. 5º, XXIII, da Constituição da República prevê que a propriedade deve atender à sua função social.

Ao assim assinalar, é inegável que essa garantia é prescrita em vista da satisfação do interesse público.[274] Daí por que, na mesma toada, não se pode imaginar que a desapropriação é instrumento concebido *apenas*

272. José Carlos de Moraes Salles, *A Desapropriação à Luz da Doutrina e da Jurisprudência*, cit., 4ª ed., pp. 125-126 (I Parte, Capítulo IV, item 3.1).

273. Foi, aliás, tema submetido à análise do STF por ocasião da desapropriação das ações da empresa *Union Sucrière de L'Aisne S/A* pelo Estado de Minas Gerais (2ª Turma, RE 38.644, rel. Min. Henrique D'Ávila, *DJU* 17.9.1958).

274. Afinal, a função social da propriedade, a despeito de primordialmente curar o bem comum, preserva, indiretamente, o interesse de cada membro da sociedade. É, pois, uma garantia coletiva com inegável projeção individual concretamente identificável.

RESPONSABILIDADE DO ESTADO POR ATOS LEGISLATIVOS   157

para preservação do interesse individual. É muito mais que isso, ainda que também seja isso.

É instrumento concebido para satisfação do interesse público, como já se teve oportunidade de dissertar, com apoio nas lições de Celso Antônio Bandeira de Mello, Hely Lopes Meirelles, Sergio Ferraz e Seabra Fagundes, dentre tantos outros.[275]

Sob essa óptica, as leis que pretenderam definir o interesse público autorizador da desapropriação – desmembrado em interesse social, necessidade pública e utilidade pública – seriam meramente exemplificativas, ou exaustivas?

47. Para Hely Lopes Meirelles[276] e Celso Antônio Bandeira de Mello[277] as definições de "utilidade" e "necessidade pública" e "interesse social" devem estar expressamente previstas em lei federal.

Há, no entanto, espaço para uma visão diferente a respeito da matéria.

De acordo com o art. 5º, XXIV, da Constituição da República, a lei definirá o *procedimento* para a desapropriação.

E "procedimento", até mesmo em sentido vernacular, pretende significar o modo de se proceder para se satisfazer algo. Pretende significar, em termos jurídicos, direito adjetivo (direito-meio), e não direito substantivo (direito-fim).

A partir dessas considerações, poder-se-ia afirmar que a Constituição da República não outorgou competência ao legislador infraconstitucional para definir quais situações serão submetidas ao regime jurídico da desapropriação. Outorgou-lhe, pelo contrário, aptidão para ditar o *iter* a ser obedecido na desapropriação e, quando muito, a prerrogativa para revelar algumas das hipóteses cabíveis.

Não é por outra razão que José Carlos de Moraes Salles,[278] na companhia de Pontes de Miranda,[279] opina no sentido de que o rol das hipó-

275. Daí por que não se adere ao pensamento de Carlos Ari Sundfeld, que vê nisso uma garantia do particular (*Direito Administrativo Ordenador*, cit., 1ª ed., 3ª tir., p. 99).

276. Hely Lopes Meirelles, *Direito Administrativo Brasileiro*, 15ª ed., 1990, p. 496; 36ª ed., 2010, p. 642.

277. Celso Antônio Bandeira de Mello, *Curso de Direito Administrativo*, cit., 27ª ed., p. 873 (Capítulo XVI, item 11).

278. José Carlos de Moraes Salles, *A Desapropriação à Luz da Doutrina e da Jurisprudência*, cit., 4ª ed., pp. 97-99 (I Parte, Capítulo III, item 1.5).

158 RESPONSABILIDADE PATRIMONIAL DO ESTADO

teses submetidas ao regime da desapropriação é meramente exemplificativo. Afinal – dizem eles –, se assim não fosse, e houvesse manifesto interesse público na realização da desapropriação, ela não poderia ser realizada à míngua de autorização legislativa específica. E isso frustraria o bem comum, mormente porque a singela previsão desse instituto na Constituição da República já é suficiente para autorizar sua realização.

Logo, apesar de Pontes de Miranda entender que o rol legal é inútil, José Carlos de Moraes Salles vê nele uma forma de se evitar discussões judiciais sobre a matéria – o que revela tratar-se de preceito meramente didático.

É bem verdade que esses pensamentos poderiam ser questionados à luz do próprio preceito constitucional, pois nele se estabelece que a desapropriação se dará por necessidade ou utilidade pública ou, ainda, por interesse social. Diante desse quadro, haveria espaço para outras hipóteses?

A despeito das opiniões de Pontes de Miranda e José Carlos de Moraes Salles, acredita-se que a solução para esse problema seja diversa.

Sob o sistema constitucional anterior até se poderia imaginar que a aplicabilidade do regime jurídico da desapropriação se encontrava restrita aos confins legislativamente prescritos desse instituto. Ou seja, aplicavam-se as garantias da desapropriação àquilo que a lei dissesse que era desapropriação.[280]

E, ao assim estabelecer, a prévia indenização (considerada como uma garantia decorrente do regime jurídico da desapropriação) seria impositiva *apenas* às hipóteses legislativamente indicadas para aquisição compulsória da propriedade em razão de interesse público, utilidade pública e interesse social.

Logo, sob essa óptica não se poderia desmembrar a garantia da desapropriação (*prévia indenização*) do seu âmbito de aplicação explicitamente indicado em um versículo constitucional (aquisição compulsória da propriedade alheia), de modo a estendê-la a hipótese diversa.

279. Pontes de Miranda, *Comentários à Constituição de 1967 com a Emenda n. 1 de 1969*, cit., 2ª ed., t. V, p. 441.

280. Foi essa, aliás, a solução dada por Seabra Fagundes (*O Controle dos Atos Administrativos pelo Poder Judiciário*, cit., 7ª ed., p. 406, nota de rodapé 161). Apesar de reconhecer as diversas possibilidades de desapropriação na ordem jurídica, acabou afirmando que o legislador havia exercido de modo parcial essa prerrogativa constitucional.

RESPONSABILIDADE DO ESTADO POR ATOS LEGISLATIVOS   159

Não se poderia, assim, segregar o meio (prévia indenização) de um fim específico (desapropriação).

48. Nos dias que correm, todavia, o problema se resolve pela conjugação do primado republicano, do Estado de Direito, do direito de propriedade e, por fim, do art. 5º, § 1º, da Constituição da República.

Com efeito, ao mesmo tempo em que a Constituição da República protege juridicamente direitos patrimonialmente mensuráveis, ela permite, em certas ocasiões, seu sacrifício para satisfação do bem comum. A despeito disso, se esse sacrifício não se der de forma equânime entre os membros da sociedade, o primado da igualdade exige a adoção de medida reparadora.

Caso seja possível apurar previamente que uma medida estatal causará um sacrifício de direito, especial, anormal e economicamente mensurável, o Estado de Direito exige a adoção de medida capaz de preservar o patrimônio jurídico a ser esgarçado.

Nessa última hipótese a única medida capaz de resguardar esse direito economicamente mensurável é – insista-se – a prévia indenização.

E nem ao menos há necessidade de qualquer espécie de medida legislativa para o concreto acautelamento dessa garantia jurídica fundamental, pois, estando os direitos economicamente mensuráveis encartados no art. 5º da Constituição da República ou, de modo mais amplo, como direito e garantia fundamental, sua preservação independe de produção normativa, a teor do § 1º do mesmo dispositivo constitucional.

Logo, à míngua de especial previsão normativa, a defesa do patrimônio particular em face dessas medidas sacrificativas de direito se dará em estrita obediência às garantias da desapropriação.

Afinal, essa é a *única figura jurídica* que, entre nós, preserva o direito de propriedade antes da irradiação dos efeitos jurídicos de medida sacrificativa de direito.[281]

Daí por que não se confundem as hipóteses de desapropriação com as garantias expropriatórias. Enquanto a desapropriação é uma espécie do gênero "sacrifício de direito", a garantia expropriatória, consistente

---

281. Ainda que por fundamentos absolutamente diversos e, por vezes, inconciliáveis com os ora expostos, Carlos Ari Sundfeld chegou à mesma conclusão ao assinalar que as garantias expropriatórias se aplicam a todas as formas de sacrifício de direito (*Direito Administrativo Ordenador*, cit., 1ª ed., 3ª tir., p. 95).

160 RESPONSABILIDADE PATRIMONIAL DO ESTADO

no dever de realizar a prévia indenização,[282] aplica-se a *todas* as hipóteses de sacrifício de direito em que se souber previamente que seus efeitos lesarão de forma especial e anormal uma prerrogativa jurídica economicamente mensurável.

49. Como último obstáculo a essa ideia, poder-se-ia sustentar a inadaptabilidade do procedimento legislativo fixado para o pagamento da prévia indenização para desapropriação às demais hipóteses de sacrifício de direito.

Afora essa consideração não ser minimamente razoável,[283] vê-se, em rigor, ampla possibilidade de sua aplicação.

Não se nega encontrar certa dificuldade para o exercício do direito de petição nessas hipóteses, pois tal expediente não teria o condão de suspender automaticamente a irradiação dos efeitos de qualquer espécie de medida estatal sacrificativa de direito para que, então, se pudesse apurar o valor eventualmente devido em favor do lesado.

Afinal, nos termos da Lei federal 9.784/1999, a autoridade administrativa só está obrigada a (i) praticar atos interlocutórios no prazo máximo de 5 dias; (ii) se for o caso da oitiva de órgão consultivo, acresçam-se a isso outros 15 dias; (iii) encerrada a instrução, é dado prazo de 10 dias para apresentação de razões finais; e, concluído o processo, (iv) a Administração terá prazo de 30 dias para decidir.

Assim, diante da constatação de que dificilmente o "paquidérmico" Poder Público saberá ou terá condições de saber, antecipadamente, quais os particulares que podem ser concretamente atingidos por um *dano lícito indenizável* oriundo de um *sacrifício de direito*, é necessário que se inverta a posição jurídica dos sujeitos de direitos no que toca à ação de desapropriação.

A explicação é simples.

282. Por essa razão se recebe com reserva a afirmativa de Carlos Ari Sundfeld no sentido de que "o procedimento da desapropriação é o meio para imposição de qualquer sacrifício de direito" (*Direito Administrativo Ordenador*, cit., 1ª ed., 3ª tir., p. 99).

Pensa-se que os procedimentos para imposição de sacrifícios de direito são (e podem ser) distintos entre si. O que, pelo contrário, é comum a todas as espécies de sacrifício de direito, é a garantia expropriatória de prévia indenização em face dos danos lícitos indenizáveis, cujos efeitos, insista-se, já podem ser antevistos e mensurados *antes* da irradiação dos efeitos do ato jurídico que os veicula.

283. Mormente após o julgamento do MI 718, em que o STF determinou a parcial aplicação aos servidores públicos da Lei de Greve editada para os empregados privados.

RESPONSABILIDADE DO ESTADO POR ATOS LEGISLATIVOS 161

A ação de desapropriação é o instrumento processual por meio do qual se garante o pagamento da prévia indenização. Ocorre que seus preceptivos estão originalmente concebidos para que o Estado ocupe a posição ativa (autor) e o desapropriado a posição passiva (réu).

Como nas hipóteses de *danos jurídicos lícitos* antevistos a medida sacrificativa de direito pode gerar efeitos imediatos – o que não sucede nos casos de desapropriação –, o particular deve se antecipar, para evitar a ocorrência do dano.

Por força dessa observação, a posição jurídica do particular prevista na ação de desapropriação deve ser modificada: de réu para autor. Ou seja, a ação de desapropriação deve ser proposta pelo particular em face do Estado, para que ele seja obrigado ao pagamento da prévia indenização.

Nesse caso, o particular deve ajuizar ação que, *mutatis mutandis*, observará o rito do Decreto-lei 3.365/1941, especialmente em relação (i) à descrição do ato supostamente sacrificativo do direito (art. 13); (ii) à necessidade de avaliação pericial do *quantum* devido a título de indenização, se for o caso (art. 14); (iii) à formação do convencimento do magistrado no sentido de que a hipótese é, de fato, de sacrifício jurídico, econômico, especial e anormal, caso em que ele deverá determinar a intimação da pessoa jurídica a esclarecer se deseja que a medida estatal irradie seus efeitos jurídicos imediatamente.[284] E, em caso afirmativo, deve o juiz, por analogia, arbitrar o valor supostamente devido a título de caução em vista do sacrifício em comento;[285] após o quê (iv) segue-se o curso normal de uma ação de desapropriação, para apuração de eventual diferença.

Percebe-se, então, que, por meio desse expediente, a garantia da desapropriação (prévia indenização) passa a ser aplicável a situação diversa daquela originalmente contemplada pelo Decreto-lei 3.365/1941. Não há nisso qualquer inconveniente. Pelo contrário. Por meio de tal medida se preserva a incolumidade da ordem jurídica.

Caso o Estado imponha um *dano jurídico ilícito* ao terceiro a solução será necessariamente diversa da propugnada acima.

---

284. Algo que se assemelharia à imissão provisória na posse.
285. Variável caso a caso. De qualquer modo, nos exemplos dados, em que se proíbe determinada atividade comercial, esses valores envolveriam (i) os custos da dispensa dos empregados contratados e (ii) eventuais multas contratuais pela impossibilidade de cumprir o objeto social e entregar bens e serviços relacionados com a atividade proibida.

162 RESPONSABILIDADE PATRIMONIAL DO ESTADO

IV – 3.2 A construção da teoria da responsabilidade do Estado por danos ilícitos oriundos de atos legislativos

IV – 3.2.1 *A* omissão legislativa ilícita *causa* dano ilícito *indenizável?*

50. A Constituição da República outorga à sociedade um plexo de direitos, obrigações, deveres e poderes.

O desfrute das prerrogativas jurídicas outorgadas pela Constituição ou o encargo de praticar certa conduta nem sempre se processam independentemente de produção normativa ulterior, tal como sucede em relação aos "direitos e deveres individuais", a teor do disposto no art. 5º, § 1º, da Constituição republicana.[286]

Em certas circunstâncias o nascimento dessas prerrogativas jurídicas depende do concreto exercício da competência legislativa a cargo do poder constituído. Nessas hipóteses, ausente a lei material, não há viabilidade jurídica do imediato e positivo desfrute de direitos constitucionalmente outorgados ao corpo social, como acertadamente observou Celso Antônio Bandeira de Mello.[287]

Sem embargo, caso o poder constituído seja omisso no seu dever de legislar e, com isso, frustre a legítima expectativa dos membros da sociedade ao gozo de uma situação jurídica prescrita na Constituição, restará configurada a prática de uma *conduta ilícita.*[288]

286. O que, aliás, já foi objeto de explícita confirmação pelo STF (Ext 986, rel. Min. Eros Grau, *DJU* 5.10.2007).

287. Celso Antônio Bandeira de Mello, *Eficácia das Normas Constitucionais e Direitos Sociais*, cit., 1ª ed., 2ª tir., p. 15 (Capítulo I, item 13).

Tomando como critério diferenciador a consistência e a amplitude dos direitos imediatamente resultantes para os indivíduos, esse autor agrupa as normas constitucionais em três categorias distintas, a saber: (i) normas concessivas de poderes jurídicos fruíveis em si mesmos – fora, pois, de uma relação jurídica (à moda de Massimo Severo Giannini e Santi Romano), e que, portanto, não exigem produção normativa ulterior para seu imediato desfrute; (ii) normas atributivas de direito subjetivo – na intimidade, pois, de uma relação jurídica – cuja fruição, todavia, depende de prestação alheia, pois a relação jurídica exige, para sua formação, a existência de, no mínimo, um sujeito ativo e outro passivo; e (iii) normas indicativas de uma finalidade a ser cumprida pelo Poder Público sem que a ordem jurídica, no entanto, tenha indicado quais os meios necessários a tanto.

288. Nesse sentido, e dentre tantos outros: Celso Antônio Bandeira de Mello, *Eficácia das Normas Constitucionais e Direitos Sociais*, cit., 1ª ed., 2ª tir., pp. 12-13 (Capítulo I, item 9); Almiro do Couto e Silva, "A responsabilidade extracontratual do Estado no Direito Brasileiro", cit., *RDA* 202/37-39; Jorge Luis Salomoni, "La responsabilidad del Estado por omisión en la República Argentina", in Isaac Augusto Damnsky, Miguel Alejandro López Olvera e Libardo Rodríguez Rodríguez (orgs.),

RESPONSABILIDADE DO ESTADO POR ATOS LEGISLATIVOS   163

Quando, no entanto, se materializa juridicamente a omissão legislativa ilícita?

51. Define-se "procedimento legislativo" como um conjunto de atos sequenciais, vinculados por um liame de causalidade, por meio do qual se pretende inovar a ordem jurídica de modo inaugural.

Onde há omissão legislativa? Na deflagração do processo legislativo, no seu desenvolvimento ou na sua ultimação?

O rompimento da inação daninha aos interesses juridicamente protegidos da sociedade dá-se com a produção do ato normativo capaz de romper com o estado de inação, e não com a simples intenção de desfazer essa situação. Afinal, a simples deflagração do processo legislativo não traz como consequência a obrigatória inovação da ordem jurídica.

Deveras, a despeito de haver possibilidade de se controlar a higidez do processo legislativo,[289] no âmbito dessa prerrogativa não se com-

Estudios sobre la Responsabilidad del Estado en Argentina, Colombia y México, México/DF, UNAM, 2007, pp. 229-246. Além de reiteradas manifestações do STF (Tribunal Pleno, ADI 3.682, rel. Min. Gilmar Mendes, *DJU* 6.9.2007, m.v.; Tribunal Pleno, ADI 3.489, rel. Min. Eros Grau, *DJU* 3.8.2007; e Tribunal Pleno, ADI 1.439, rel. Min. Celso de Mello, *DJU* 30.5.2003, m.v.

A propósito desse assunto, Miguel S. Marienhoff sustenta que o dano na responsabilidade por omissão é ilícito. No entanto: "De acuerdo con mi criterio, la *antijuridicidad* que justificará la responsabilidad del autor de la *omisión* tiene exactamente los mismos caracteres que la que justifica la responsabilidad en los supuestos de hechos o actos de *comisión* (Miguel S. Marienhoff, *Responsabilidad Extracontratual del Estado por las Consecuencias de su Actitud "Omisiva" en el Ámbito del Derecho Público*, cit., pp. 12-13).

Seu pensamento guarda certa plausibilidade diante da ideia segundo a qual "não agir é querer não agir". Caso o juízo de Marienhoff prospere, a *omissão ilícita* será, em rigor, uma *comissão ilícita*.

E, à luz da teoria segundo a qual a responsabilidade patrimonial do Estado por atos comissivos é objetiva e por atos omissivos é subjetiva, a omissão em comento ensejaria o nascimento da responsabilidade objetiva. Em rigor, aliás, não haveria hipótese de *responsabilidade estatal subjetiva*.

Ainda que por fundamentos diversos, essa é a mesma conclusão atingida por Weida Zancaner (*Da Responsabilidade Extracontratual da Administração Pública*, cit., p. 62).

Essa proposição, todavia, não tem feito coro em nossos Tribunais (exemplificativamente: STJ, 2ª Turma, REsp 1.059.562, rel. Min. Herman Benjamin, *DJU* 9.3.2009; STJ, 2ª Turma, REsp 721.439, rela. Min. Eliana Calmon, *DJU* 31.8.2007; STF, 2ª Turma, AgR no RE 213.525, rela. Min. Ellen Gracie, *DJU* 5.2.2009; e STF, 2ª Turma, RE 369.820m rel. Min. Carlos Velloso, *DJU* 27.2.2004).

289. STF, ADI 3.146, rel. Min. Ministro Joaquim Barbosa, *DJU* 19.12.2006; STF, MC na ADI 2.135, rela. Min. Ellen Gracie, *DJU* 2.8.2007.

164 RESPONSABILIDADE PATRIMONIAL DO ESTADO

preende o direito de ver esse processo ultimado com a publicação da lei material.

Aliás, a essência de uma democracia reside justamente na possibilidade de a contraposição de ideias ensejar o malogro de uma proposta legislativa contrária ao interesse popular, assim manifestado por meio dos seus representantes. A despeito disso, o natural balanceamento de interesses em um Estado Democrático não autoriza o amesquinhamento dos fins a serem curados em um Estado de Direito. Afinal, a democracia é forma de viabilizar a satisfação do interesse público, e não de frustrá-lo.

Assim, o Estado Democrático não se constitui em um óbice ao Estado de Direito[290] – como, aliás, está pedagogicamente prescrito no art. 1º da Constituição da República, que exige a harmônica convivência entre os objetos jurídicos veiculados nesses postulados, ao assinalar que o Brasil é um "Estado Democrático de Direito".

Por essa razão, a simples intenção de inovar a ordem jurídica não apazigua a legítima expectativa do corpo social de ver edificada uma solução normativa que lhe permita concretamente desfrutar de uma situação jurídica prescrita na Constituição.

Logo, é a inovação da ordem jurídica – e não a intenção de inová-la – que rompe a ilícita omissão legislativa.[291]

Mas a ilicitude dessa conduta somente surtirá efeito jurídico quando o Poder Judiciário, manifestando-se por meio de ação própria,[292] reconhecer essa mora legislativa.[293]

290. Esses dois institutos são ontologicamente distintos entre si, como já tivemos oportunidade de sustentar (Maurício Zockun, *Regime Jurídico da Obrigação Tributária Acessória*, cit., pp. 46-50).

291. Essa opinião, aliás, já foi acolhida pela Suprema Corte, que, em pronunciamento específico do Min. Moreira Alves, assinalou: "Esta Corte, ao julgar a ADI n. 4, entendeu, por maioria de votos, que o disposto no § 3º do art. 192 da CF não era autoaplicável, razão por que necessita de regulamentação. Passados mais de 12 anos da promulgação da Constituição, sem que o Congresso Nacional haja regulamentado o referido dispositivo constitucional, e *sendo certo que a simples tramitação de projetos nesse sentido não é capaz de elidir a mora legislativa*, não há dúvida de que esta, no caso, ocorre" (MI 584, rel. Min. Ministro Moreira Alves, *DJU* 22.2.2002).

292. A saber: mandado de injunção individual ou coletivo (art. 5º, LXXI, da Constituição da República) e ação direta de inconstitucionalidade por omissão (art. 102, I, "a", cumulado com o art. 103, § 2º, da Constituição da República).

293. Essa manifestação jurisdicional tem efeito (i) declaratório e (ii) cominatório. Afinal, o Poder Judiciário (i) reconhece que o Poder competente está *irrazoavelmente* tardando a produzir o ato normativo capaz de permitir o desfrute de uma dada situação jurídica, consignando o estado de mora. Além disso, o Poder Judiciário (ii)

RESPONSABILIDADE DO ESTADO POR ATOS LEGISLATIVOS   165

Por meio de construção pretoriana, a natureza declaratória dessa decisão judicial – originalmente aplicável à ação direta de inconstitucionalidade por omissão, nos termos do art. 103, § 2º, da Constituição da República – foi estendida ao mandado de injunção.[294]

Logo, somente com o transcurso do prazo fixado pelo Poder Judiciário para a quebra da mora é que restará configurada a conduta ilícita capaz de ensejar, outrossim, a prerrogativa de esse Poder atuar como legislador positivo,[295] suprimindo a inércia estatal nesse campo.

Vale dizer: a inércia legislativa ilícita surge com a manifestação do Poder Judiciário. E, na esteira do pensamento de diversas manifestações da nossa Suprema Corte, apenas quando vencido o prazo por ela fixado para o rompimento da mora é que a omissão passa a ser juridicamente ilícita.[296]

---

fixa prazo para que o Poder competente rompa este estado de inércia (nesse sentido: STF, Tribunal Pleno, MI 361, rel. Min. Sepúlveda Pertence, *DJU* 17.6.1994).

294. Não se imagine, contudo, que essa é uma solução cartesiana. Com efeito, caso a inércia legislativa coloque em risco a subsistência do próprio direito que se procura acautelar em juízo, o magistrado é obrigado a adotar a medida que lhe pareça mais adequada à preliminar preservação do direito em pauta, nos moldes em que prescrito no art. 4º da Lei de Introdução do Código Civil/LICC.

295. A respeito das possibilidades de o Poder Judiciário atuar como legislador positivo: Maurício Zockun, "A separação dos Poderes e o Judiciário como legislador positivo e negativo", *RTDP* 47/162-173, São Paulo, Malheiros Editores, 2004.

Felizmente nesse ponto encontra-se superada a ideia segundo a qual "o mandado de injunção nem autoriza o Judiciário a suprir a omissão legislativa ou regulamentar, editando o ato normativo omitido, nem, menos ainda, lhe permite ordenar, de imediato, ato concreto de satisfação do direito reclamado; mas no pedido, posto que de atendimento impossível, para que o Tribunal o faça se contém o pedido de atendimento possível para a declaração de inconstitucionalidade da omissão normativa, com ciência ao órgão competente para que a supra" (STF, Tribunal Pleno, MI 168, rel. Min. Sepúlveda Pertence, *DJU* 20.4.1990).

Justamente por força desta evolução no pensamento do STF que, mais recentemente, ao julgar o MI 718, o STF determinou a parcial aplicação aos servidores públicos da Lei de Greve editada para os empregados privados. Ou seja, atuou como legislador positivo por expressa autorização constitucional.

296. Com acerto, o Min. Celso de Mello assinalou que "a mera superação dos prazos constitucionalmente assinalados é bastante para qualificar como *omissão juridicamente relevante* a *inércia estatal*, apta a ensejar, como ordinário efeito consequencial, o reconhecimento, *hic et nunc*, de uma situação de inatividade inconstitucional" (voto proferido no MI 543, rel. Min. Octávio Gallotti, *DJU* 25.5.2002). Por essa razão, uma vez esgotado o prazo assinalado pelo Poder Judiciário, não há necessidade de renovação de declaração de mora, pois a deflagração dos seus efeitos jurídicos já restará configurada (MI 562, rela. para o acórdão Min. Ellen Gracie, *DJU* 20.6.2003).

166   RESPONSABILIDADE PATRIMONIAL DO ESTADO

Por essa razão, o *dano jurídico ilícito* (primeiro pressuposto para o surgimento da responsabilidade patrimonial do Estado) opera com o escoamento do prazo fixado pelo Poder Judiciário para o rompimento da mora legislativa, e não antes disso.

Assim, antes do exaurimento desse prazo não há falar em *dano jurídico*, pois a ordem jurídica não terá sido descumprida. E por essa razão não se pode conceber o nascimento do *dano indenizável* capaz de ensejar o dever estatal de indenizar terceiro por lesão a direito de propriedade. Afinal, o *dano indenizável* pressupõe a ocorrência do *dano jurídico*.

De qualquer forma, uma vez materializado o dano ilícito pela omissão legislativa, tal circunstância faz nascer o dano indenizável?

52. O dano jurídico, ainda que oriundo de ato ilícito, é indenizável na medida em que seus contornos econômicos forem determináveis.

Se na omissão legislativa a inércia estatal passa a ser juridicamente relevante com o decurso do prazo fixado para o rompimento desse estado de inação,[297] antes desse instante não se tem configurado o pressuposto para caracterização do dano indenizável. Afora isso, a edição do ato normativo rompendo com essa inércia não pode, diante do princípio da irretroatividade e da segurança jurídica, operar efeitos retroativos, de modo a autorizar que a indenização em comento adote como "suporte fático" os fatos supostamente danosos ocorridos antes da sua entrada em vigor.

Sob essa óptica, o administrado encontra-se aparentemente desguarnecido em relação aos fatos ocorridos até o advento da lei, eis que somente com sua produção é que se poderia dimensionar eventual lesão econômica. Paradoxalmente, no entanto, com a edição dessa lei deixa de haver lesão jurídica – e, por isso mesmo, nada se pode reclamar.

Não se vê nisso qualquer espécie de desamparo aos interesses dos administrados, pois a própria Constituição da República revela que só há *dano jurídico* com a configuração da inércia estatal ilegitimamente resistida.[298]

A situação descrita, todavia, adquire um colorido diverso naquelas hipóteses em que o Poder Judiciário tem sufragado o entendimento no sentido de que lhe é interdito atuar como legislador positivo, ainda que a mora estatal esteja configurada.

297. Como prescreve o art. 103, § 2º, da Constituição da República.
298. Sob o pálio da antiga jurisprudência do STF, que se via impedido de legislar em qualquer hipótese, a solução haveria de ser necessariamente outra. Modernamente, no entanto, a questão ganhou viés diverso.

RESPONSABILIDADE DO ESTADO POR ATOS LEGISLATIVOS 167

Na visão da Suprema Corte, essa interdição se dá naquelas hipóteses em que a medida legislativa enseja o comprometimento de parte do orçamento do Estado, representando, enfim, dispêndio financeiro estatal.

É o que, por exemplo, sucede com a fixação do valor do salário mínimo (nos termos do art. 7º, IV, da Constituição da República)[299] e a necessidade de revisão geral anual dos vencimentos dos servidores estatais (consoante o art. 37, X, da Constituição da República),[300] cujos pleitos indenizatórios em face da omissão legislativa estatal têm sido sistematicamente negados pelo STF.[301]

O fato de haver sido reservada ao chefe do Poder Executivo a iniciativa privativa para elaboração de projeto de lei orçamentária não se constitui em óbice à atuação do Poder Judiciário como legislador positivo caso o ato normativo a ser produzido por esse último órgão tenha o condão de ensejar o dispêndio de recursos públicos.

299. STF, ADI 1.442, rel. Min. Celso de Mello, *DJU* 29.4.2005.

300. STF, 1ª Turma, AgR no RE 547.020, rel. Min. Ricardo Lewandowski, *DJU* 15.2.2008; STF, 1ª Turma, AgR no RE 548.967, rela. Min. Cármen Lúcia, *DJU* 8.2.2008; e STF, 2ª Turma, AgR no RE 529.489, rel. Min. Joaquim Barbosa, *DJU* 1.2.2008.

301. E isso ao argumento de que eventual condenação nesse sentido exigiria que o Poder Judiciário fixasse o montante supostamente devido a título de revisão de vencimentos ou do piso elementar do salário mínimo. Como a competência para a adoção dessas medidas é atribuição privativa do chefe do Poder Executivo, seria interdito ao Poder Judiciário substituí-lo no exercício dessa função.

Por óbvio que, pelas premissas eleitas, não se pode concordar com essa solução, pois nessa hipótese teríamos uma norma jurídica sem correspondente medida sancionatória decorrente do seu descumprimento, o que tornaria o Direito um "faz de conta".

Não fosse isso suficiente, a Suprema Corte, embora tenha reconhecido a mora do Chefe do Poder Executivo no encaminhamento de projeto de lei para fixação da revisão dos vencimentos dos servidores públicos, deixou de fixar prazo para o rompimento dessa inércia estatal. E isso ao argumento de que essa providência pode ser realizada apenas em relação aos órgãos, e não em face de agentes públicos, a teor do disposto no art. 103, § 2º, da Constituição da República (STF, Tribunal Pleno, ADI 2.517, rel. Min. Ilmar Galvão, *DJU* 22.3.2002).

Esse pensamento nos soa desacertado. Com efeito, sendo incontestável que os órgãos públicos são destituídos de personalidade jurídica, o encargo aduzido pela Constituição da República nessa passagem volta-se aos agentes que se encontram encartados na referida estrutura. Ainda que assim não fosse, não seria razoável imaginar que a garantia em questão contempla apenas as omissões realizadas no bojo de estruturas orgânicas, não sendo extensível à inércia praticada por ocupantes de cargos isolados alocados fora de órgãos públicos.

168   RESPONSABILIDADE PATRIMONIAL DO ESTADO

Com efeito, o preceito constitucional que aquinhoou o chefe do Poder Executivo com a competência para iniciar o processo legislativo orçamentário[302] ou para dispor legislativamente sobre tema que implique dispêndio de recursos públicos[303] não se encontra em posição de intocabilidade em relação aos direitos e garantias fundamentais.[304] Pelo contrário, é serviente aos sobreditos interesses, que – insista-se no ponto – têm aplicabilidade imediata e se encontram alçados à posição de cláusulas pétreas.

Não se nega ser proibido ao Poder Judiciário atuar como legislador positivo naquelas hipóteses em que a *ampliação de uma prerrogativa jurídica* está assinalada ao juízo de conveniência e oportunidade do Poder Legislativo.[305] Coisa bem diversa opera quando se está diante da *preservação de uma garantia fundamental* que se manifesta juridicamente por meio de sua dimensão econômica.

Quer-se com isso assinalar que, diante da competência discricionária para *ampliação* de um direito e garantia fundamental, não há direito subjetivo a ser postulado e, pela mesma razão, não pode o Judiciário atuar positivamente como se legislador fosse. Está-se, por assim dizer, defronte de uma expectativa de direito.

302. Mas não se encontra contemplada nessa proibição a iniciativa de lei a respeito de isenções tributárias ou anistia de multas pelo descumprimento de obrigações tributárias (STF, Tribunal Pleno, ADI 2.659, rel. Min. Nelson Jobim, *DJU* 6.2.2004; STF, Tribunal Pleno, ADI 2.474, rela. Min. Ellen Gracie, *DJU* 25.4.2003; e STF, Tribunal Pleno, ADI 2.464, rela. Min. Ellen Gracie, *DJU* 11.4.2007).

303. Por essa razão o STF já declarou inconstitucional lei deflagrada por iniciativa parlamentar que implicou a criação de órgão público (STF, Tribunal Pleno, ADI 3.178, rel. Min. Gilmar Mendes, *DJU* 2.3.2007) ou preceito de lei orçamentária que, oriundo de emenda parlamentar a projeto de lei orçamentária, implicou aumento de despesas (STF, Tribunal Pleno, ADI 4.062 e 4.072, rel. Min. Joaquim Barbosa, *DJU* 4.6.2008 e 20.6.2008).

304. STF, 2ª Turma, AgR no RE 273.042, rel. Min. Carlos Velloso, *DJU* 21.9.2001, e STF, 2ª Turma, AgR no RE 393.175, rel. Min. Celso de Mello, *DJU* 2.2.2007 – hipóteses em que se obrigou o Estado a fornecer medicamentos a particulares; STF, 2ª Turma, AgR no RE 410.715, rel. Min. Ministro Celso de Mello, *DJU* 22.11.2005, e STF, 1ª Turma, AgR no RE 384.201, rel. Min. Marco Aurélio, *DJU* 26.4.2007 – em que se reconheceu e determinou a matrícula compulsória de crianças em creches e pré-escolas, independentemente de dotação orçamentária.

305. Tal como ocorre com o aumento real dos vencimentos dos servidores estatais ou aumento real do valor do salário mínimo – apenas para se limitar aos casos examinados.

RESPONSABILIDADE DO ESTADO POR ATOS LEGISLATIVOS   169

Todavia, se se coloca em pauta a *preservação* desses mesmos direitos, a conduta estatal tendente a reduzir seus limites jurídicos, mesmo que por via de omissão, será flagrantemente ilícita. E, nessas circunstâncias, ainda que a preservação desse direito fundamental exija gastos orçamentários, sendo provocado, deve o Poder Judiciário determinar a adoção de medidas capazes de acautelar essa garantia, sob pena de, assim não o fazendo, tornar os direitos e garantias fundamentais um "faz de conta".

Mais uma vez a Constituição brilha nesse ponto por seu didatismo. Perceba-se que o art. 5º, § 2º, da Carta contempla a possibilidade de inclusão de direitos e garantias, mas não sua mitigação.

Isso significa dizer que a inserção de novos direitos fundamentais reveste-se de uma mera expectativa jurídica; já, sua preservação é imperativa, inescusável e oponível judicialmente a qualquer agente ou pessoa pública, independentemente do órgão ou estrutura em que eventualmente estejam encartados, ainda que tal medida comprometa recursos orçamentários.

Feitos esses esclarecimentos, volta-se a examinar os exemplos do salário mínimo e dos vencimentos dos servidores estatais.

Na primeira hipótese, a *preservação* dessa garantia consiste (i) na capacidade de o salário mínimo atender às *necessidades vitais básicas* e (ii) no dever de reajuste para preservação do seu poder aquisitivo. Se não houver lei fixando o patamar econômico capaz de preservar essa garantia jurídica, pode o Poder Judiciário fazê-lo, sob pena de desobediência ao art. 5º, § 1º, da Constituição da República.[306]

Na mesma situação encontra-se a fixação dos vencimentos dos servidores estatais. A revisão geral anual prescrita pelo art. 37, X, da Constituição da República pretende preservar a expressão financeira dos vencimentos pagos e, com isso, garantir a dignidade da pessoa humana, por força da indiscutível natureza alimentar desses valores.

Logo, uma vez configurada a mora ilícita do legislador, deve o Poder Judiciário corrigir monetariamente esses valores. E isso pelos mesmos fundamentos já indicados acima.

306. E nem se diga que a necessidade de estudos prévios para apuração desses valores impediria a atuação do Poder Judiciário. A singela leitura do art. 9º, § 1º, da Lei federal 9.868/1999 já revela a ampla possibilidade de *dilação probatória* em ação direta de inconstitucionalidade, inclusive por meio de perícia. O mesmo não se pode assinalar em relação ao mandado de injunção, pois nessa hipótese haveria necessidade de prova pré-constituída.

170   RESPONSABILIDADE PATRIMONIAL DO ESTADO

IV – 3.2.2 *A* comissão legislativa ilícita *causa* dano ilícito *indenizável?*

53. Esse derradeiro ponto do trabalho é, por assim dizer, o mais simples de todos, especialmente diante do seu explícito e reiterado reconhecimento pelo STF.[307]

Sendo declarada a inconstitucionalidade da lei e sendo comprovado que o particular sofreu prejuízo econômico com a medida estatal impugnada, segue-se o direito à indenização.

Logo, não basta a declaração de inconstitucionalidade da lei. Para que o Estado seja colocado na contingência da indenizar o particular, deve ele comprovar que (i) foi atingido pela medida estatal declarada inconstitucional[308] e (ii) sofreu prejuízo econômico dela decorrente,[309] sendo ele certo e determinado.[310]

Mas o tema comporta algumas peculiaridades.

Sendo a lei declarada inconstitucional em via difusa, apenas as partes diretamente envolvidas na lide poderão postular eventual indenização do Poder Público. Terceiros estranhos à lide terão que se socorrer das vias ordinárias, de modo a que o mesmo e idêntico vício também lhes seja *individualmente* reconhecido.

Nesse contexto, a suspensão do ato nos termos do art. 52, X, da Constituição da República teria o condão de constituir terceiros prejudicados em título jurídico autorizador da imediata propositura de ação indenizatória ou, pelo contrário, os particulares devem primeiro reconhecer que a sobredita inconstitucionalidade também lhes é aplicável?

A redação do art. 52, X, da Constituição da República não deixa margem a dúvidas. Nele se prevê apenas a suspensão da execução da

307. Dentre tantos e inúmeros julgados, especialmente em matéria tributária – universo capaz de demonstrar a riqueza e o acerto dessa afirmativa –, menciona- se apenas a decisão do Min.o Celso de Mello no RE 153.464 (*RDA* 189/305-306, Rio de Janeiro, FGV, julho-setembro/1992).

308. É necessário, pois, que (i) o particular esteja compreendido no campo de abrangência da lei declarada inconstitucional e (ii) demonstre que foi juridicamente atingido pelos seus efeitos.

309. Assim, se um tributo foi declarado inconstitucional mas o particular era um inadimplente contumaz, e jamais recolheu um tostão sequer ao erário, por óbvio que não se coloca em pauta qualquer espécie de prejuízo econômico, nem mesmo, nessa hipótese, dano moral.

310. Daí a necessidade de, ao menos em matéria tributária, o particular se encontrar na contingência de juntar aos autos os comprovantes de pagamento do tributo indevido.

RESPONSABILIDADE DO ESTADO POR ATOS LEGISLATIVOS   171

lei declarada inconstitucional.[311] Tal providência legislativa, contudo, não exclui a norma do sistema jurídico; retira-lhe apenas a vigência, de forma a que ela não tenha mais eficácia.

Desse modo, a produção dessa resolução do Senado Federal não enseja o reconhecimento ou declaração de inconstitucionalidade de um ato normativo. Apenas afasta o dever-poder dos agentes públicos de a aplicarem de ofício, de modo a, com isso, sustar a eclosão de conflitos sociais em vista de um preceito normativo que deixou de gozar de presunção de validade.

Caso a declaração de inconstitucionalidade opere por meio de controle concentrado não haverá necessidade de que o mesmo vício seja reconhecido individualmente. Individual, pelo contrário, será a necessidade de demonstrar que o sobredito ato normativo produziu efeitos concretos em relação ao jurisdicionado.

Mas o tema também comporta desdobramentos.

Apesar de a decisão em controle concentrado ser *erga omnes*, o art. 27 da Lei federal 9.868/1999[312] e o art. 11 da Lei federal 9.882/1999 preveem a possibilidade de a inconstitucionalidade de um ato normativo produzir efeitos *ex nunc*.

Como esse dispositivo legal confere ao STF a prerrogativa de fixar o momento em que a declaração de inconstitucionalidade produzirá efeitos, para fins de responsabilização patrimonial do Estado só as condutas praticadas após esse momento poderão ensejar o pagamento de indenização.[313]

Curiosamente, escapa do campo da responsabilidade patrimonial do Estado a conduta estatal contrária à declaração de inconstitucionalidade ou conforme à Constituição sem redução do texto impugnado.

Nesse caso, inconstitucional não será a lei, mas sim a interpretação que dela se extrai. Daí por que, nestes termos, a responsabilidade patrimonial do Estado não se coloca mais em face da atividade estatal legislativa, mas sim administrativa – campo de outro estudo, ainda que o pensamento aqui edificado seja amplamente aplicável naquela seara, especialmente em relação aos atos estatais lícitos (pois a teoria

311. Caso das Resoluções 14/1995, 18/1995 e 50/1995.

312. A validade desse dispositivo constitucional está sendo questionada por meio da ADI 2.258.

313. E, nesse caso, a responsabilidade patrimonial do Estado não decorreria mais de um ato legislativo, mas de um ato administrativo.

172 RESPONSABILIDADE PATRIMONIAL DO ESTADO

que preside o regime jurídico aplicável à indenização é rigorosamente a mesma).

E, por não se vislumbrar outra consequência patrimonial para o Estado em razão de ele ter praticado um *dano ilícito*, dá-se por concluído o exame do tema, sem prejuízo de novas reflexões e oportunas contribuições que poderão influir no exame da responsabilidade patrimonial do Estado, seja ela oriunda de *danos lícitos* ou de *dano ilícitos*.

Capítulo V

RESPONSABILIDADE PATRIMONIAL DO ESTADO E A IMUNIDADE PARLAMENTAR

V – 1 Colação do problema. V – 2 Antecedentes históricos. V – 3 Os limites da imunidade parlamentar. V – 4 A "venda" de voto e o nascimento da responsabilidade pessoal do parlamentar por dano causado pelo Estado: V – 4.1 Responsabilidade parlamentar por danos causados em razão de omissão legislativa ilícita; V – 4.2 Responsabilidade parlamentar por danos causados em razão de comissão legislativa ilícita

V – 1 Colação do problema

1. A par da responsabilidade patrimonial do Estado até aqui examinada, cumpre examinar a possibilidade de o art. 37, § 6º, da Constituição da República autorizar o nascimento de responsabilização patrimonial do Estado em razão de uma específica faceta relativa ao exercício da função legislativa que, salvo melhor exame, ainda não foi explorada pela doutrina.

Logo de início cumpre destacar que sob o rótulo de *função legislativa* alocam-se duas figuras juridicamente distintas, ainda que umbilicalmente associadas: a atividade de legislar (ou procedimento legislativo) e o resultado dela decorrente (ou produto legislado).[1]

---

1. Não há consenso acerca da nomenclatura destas atividades estatais. Nesse sentido, e apenas a título exemplificativo, confira-se o pensamento de Oswaldo Aranha Bandeira de Mello (*Princípios Gerais de Direito Administrativo*, vol. I, cit., p. 277), que emprega as expressões *ação de legislar* e *matéria legislada* para se referir aos mencionados fenômenos jurídicos.

174 RESPONSABILIDADE PATRIMONIAL DO ESTADO

A atividade de legislar compreende o procedimento legislativo, cujo início se dá com a apresentação do projeto de lei, de resolução, de decreto legislativo e, ainda, de emenda à constituição.[2] Uma vez iniciado, este projeto é, em regra, apreciado pelas comissões parlamentares,[3] submetido à votação plenária,[4] sanção ou veto a ser realizado pelo Chefe do Poder Executivo e, por fim, sua publicação. Já o resultado desta atividade, seu produto, portanto, é a lei em si mesma considerada.

Valendo-nos da classificação de normas jurídicas que tomam em consideração o seu conteúdo, tem-se que as prescrições normativas podem ser segregadas em *formais* ou *adjetivas* e *materiais* ou *substantivas*.[5] O processo legislativo é, por isto, direito instrumental, sendo, por esta razão, disciplinado por comandos normativos de natureza formal. Já o produto legislado (ou lei formal) tipifica-se como direito fim, sendo, portanto, ajustável ao conceito de norma jurídica substantiva.

Logo, o tema da responsabilidade patrimonial do Estado pode ser examinado considerando estas duas vertentes da função legislativa, ou seja: como processo legislativo ou como produto legislado.

2. Neste contexto, dirigem-se esforços para um tema virgem: a possibilidade de o Estado ser responsabilizado por conduta *ilegítima* de parlamentar no curso de um processo legislativo. E mais. A possibilidade de o art. 37, § 6º, da Constituição da República, autorizar que a responsabilidade pela reparação do dano patrimonial ou extrapatrimonial causado ao administrado seja – diretamente ou via ação regressiva – imputada ao parlamentar por sua ação ou omissão no processo legislativo. Eis o que abordaremos.

2. Este é o rol de leis materiais referidos no art. 59 da Constituição da República.

3. Sobre as espécies de comissões parlamentares, seu modo de atuação e princípios regentes, confira-se obra específica da lavra da jovem professora Gabriela Zancaner: *As Competências do Poder Legislativo e as Comissões Parlamentares*, São Paulo, Malheiros Editores, 2010, pp. 78 a 109.

4. Nem sempre estes projetos são submetidos à votação formal no Plenário do Poder Legislativo, tal como apregoa o art. 65 da Constituição da República. Em determinadas circunstâncias, admite-se que a aprovação ou reprovação destes projetos se dê no seio de uma comissão parlamentar, a teor do disposto no art. 58, § 2º, I, da Constituição da República.

5. No mesmo sentido: Oswaldo Aranha Bandeira de Mello, *Princípios Gerais de Direito Administrativo*, vol. I, cit., p. 273.

RESPONSABILIDADE E A IMUNIDADE PARLAMENTAR   175

V – 2 Antecedentes históricos

3. A história recente do Brasil é bastante rica na veiculação de notícias quanto à ocorrência da prática de suposta "compra de voto" de parlamentares, de modo a *influenciar* na aprovação ou reprovação de determinado projeto de lei.

Apesar de a prudência recomendar muita cautela e severo exame crítico na apreciação do conteúdo das notícias a esse respeito, mormente se divulgadas pelos grandes meios de comunicação,[6] pode-se cogitar, apenas para os fins deste trabalho, na procedência de uma ou outra assertiva a este respeito (e que, ao menos em tese, podem ocorrer).

Desta situação decorre uma pergunta que se pretende equacionar neste texto: sendo comprovado que um ou alguns parlamentares optaram por votar em um ou outro sentido por força de pagamento de determinada quantia de dinheiro, poder-se-ia imputar a eles a responsabilidade a que alude o art. 37, § 6º, da Constituição da República?

V – 3 Os limites da imunidade parlamentar

3. Entre nós é corrente a idéia segundo a qual não existem direitos absolutos.

Ainda que esse pensamento possa – e deva – merecer reparos pontuais,[7] não se pode imaginar que uma dada prerrogativa jurídica ve-

6. Apenas para refrescar a memória do leitor, é imperioso recordarmos que a grande imprensa é pródiga em alardear escândalos cujo exame mais acurado, e convenientemente realizado *a posteriori*, pode, ao final, revelar que eles nem mesmo ocorreram. Isto é feito, por óbvio, para fomentar uma ávida massa de leitores interessada na desgraça alheia e que, por isto mesmo, imprime os meios de comunicação a narrar ou a inflar artificialmente estas narrativas para nutrir este apetite incivil da massa. Apesar de a imprensa avocar para si o papel de paladino da justiça e defensora das instituições democráticas (ao ponto de ser imaculadamente intocável neste aspecto, como alguns Ministros do STF sustentaram nos autos da ADPF 130, ocasião em que declarou não ter sido a Lei de Imprensa recepcionada pela Constituição da República de 1988), substancial parcela dos empresários que atuam neste campo econômico é mais habituada à secular (e cômoda) prática do "pão e circo". Basta relembrar o paradigmático caso da "Escola de Base" que ensejou, pela inverdade das notícias veiculadas na grande imprensa e por seu manifesto prejulgamento, na condenação de diversos veículos de comunicação (apenas no STJ, podem-se consultar as seguintes decisões – apenas sobre este caso específico: RE 988.903 e AI 801.495).

7. Pois, em nosso juízo, alguns bens jurídicos constitucionalmente protegidos jamais poderão ter sua aplicabilidade afastada por outro preceito constitucional, ainda que de mesma estatura hierárquica (pois, como averbava acertadamente Geraldo

176 RESPONSABILIDADE PATRIMONIAL DO ESTADO

nha a ser desempenhada sem qualquer espécie de limite. Afinal, se isto fosse possível, haveria um direito ou poder sem fronteiras; ilimitado, portanto.

Ocorre que um poder concebido para ser exercido de forma ilimitada, não é poder ou prerrogativa; é, pelo contrário, abuso de poder ou autoritarismo.

Daí porque, ciente de que aquele que detém o poder tende a exercê-lo de forma abusiva, o direito positivo é edificado como instrumento de contenção e balizada regência do seu exercício para, com isso, pretender[8] conferir segurança jurídica. E essa imprescindível e imperativa necessidade de limitação ou contenção do exercício do poder, registre-se, volve-se tanto ao particular quanto ao Estado.

4. Calcado nestas idéias, não se pode conceber que os mandatários do povo com assento no Poder Legislativo, pelo simples fato de exercerem a mais alta e relevante função republicada,[9] possam, sob este fundamento, valerem-se do mandato que lhes foi outorgado de forma irresponsável.

É bem verdade que se poderia buscar equacionar este tema adotando-se a teoria do paralelismo de forma ou fontes. Sob os auspícios deste

Ataliba (*República e Constituição*, São Paulo, Malheiros Editores, 2ª ed., 1998), certos princípios constitucionais têm grau hierárquico mais elevado do que outros). É o que se dá, por exemplo, com a vedação à tortura, à prescrição segundo a qual a lei de caráter sancionatório só retroagirá em benefício do acusado etc.

Aliás, é por esta razão que a teoria proposta por Robert Alexy (*Teoria dos Direitos Fundamentais*, 5ª edição alemã, São Paulo, Malheiros Editores, 2008), ainda que objeto de severas e contundentes críticas em sua terra natal, feita, dentre outros, por Hartmut Maurer (*Direito Administrativo Geral*, 14ª edição alemã, São Paulo, Manole, 2006), só poderia ser aplicada entre nós com certas adaptações, o que foi argutamente observado por Virgílio Afonso da Silva (*A Constitucionalização do Direito – Os direitos fundamentais nas relações entre os particulares*, São Paulo, Malheiros Editores, 1ª ed., 2ª tir., 2008).

8. Nunca é demais relembrar que o direito positivo não cria uma realidade no campo natural. Ele, pelo contrário, pretende que as relações intersubjetivas se aperfeiçoem de uma determinada forma. Assim, o direito positivo edifica um conjunto de proposições normativas para, com isso, *pretender dar segurança jurídica* aos seus destinatários. Mas coisa diversa pode ocorrer no mundo fenomênico, pois, como é por todos sabido, o direito positivo e as condutas humanas estão em planos lógicos distintos que não se tocam (o primeiro está no plano do *dever-ser* e o segundo no plano do *ser*).

9. E aqui acompanhamos o pensamento de Geraldo Ataliba (*República e Constituição*, São Paulo, Malheiros Editores, 2ª ed., 1998).

RESPONSABILIDADE E A IMUNIDADE PARLAMENTAR 177

pensamento, poder-se-ia concluir que, o que o povo deu com uma mão (mandato eletivo) somente por ele poderia ser retirado (censurando-o ao não reconduzi-lo no cargo eletivo ou, como querem alguns, por meio do *recall*[10]).

Este raciocínio procuraria assinalar que a responsabilidade do parlamentar, quanto ao legítimo exercício do poder que lhe foi outorgado, seria objeto de avaliação popular se, e quando, os detentores do poder fossem chamados a se manifestar em sufrágio.

5. Não se nega o acerto desta idéia tomando em consideração o primado da democracia. A democracia, materializada no voto – um dos mais importantes instrumentos para o seu exercício –, se presta ao controle social do parlamentar. Ou seja, o "julgamento" levado a efeito nas urnas não está preordenado a avaliar a legitimidade ou ilegitimidade jurídica do comportamento praticado pelo parlamentar. Volta-se, pelo contrário, ao exame da conveniência da manutenção daquele agente no Poder Legislativo segundo a vontade popular.

Vê-se, portanto, que o "julgamento popular" levado a efeito pelo voto não tem o condão de aquilatar o desempenho das condutas do parlamentar sob a ótica jurídica. Há um campo próprio para isto.

6. A questão ganha especial relevo, pois o art. 53 prescreve a *imunidade* do parlamentar por suas opiniões, palavras e *votos*.

Segundo a nova redação do *caput* desse dispositivo constitucional (EC 35/2001), as palavras, opiniões e votos dos parlamentares, desde que motivadas pelo desempenho do mandato, são penal e civilmente incontrastáveis.

Logo, esta imunidade acolhe em seu campo a conduta do parlamentar que venha a causar dano a terceiros (patrimonial e extrapatrimonial), desde que tal fato tenha nascido por força (e no exercício) do ofício do mandato eletivo, ainda que possam ser externadas fora do parlamento.

Daí porque, em rigor, a prática destas condutas pelo parlamentar não terá o condão de fazer nascer um dano indenizável, mas, quando muito, um dano econômico. Todavia, como nesta circunstância não

10. Este instituto, existente alhures, confere a prerrogativa popular de *revogar* o mandato outorgado ao parlamentar antes do seu término, o que, se aplicado entre nós, geraria grave distorções, pois, dentre outros fundamentos, não praticamos o regime eleitoral que acolhe o voto distrital. Sobre o assunto, confira-se o pensamento de Paulo Bonavides (Curso de Direito Constitucional, São Paulo, Malheiros Editores, 10ª ed., 2000, p. 292).

178   RESPONSABILIDADE PATRIMONIAL DO ESTADO

haverá um dano jurídico (este, sim, acolhido pela teoria da responsabilidade civil subjetiva ou objetiva), não há falar em responsabilidade civil do parlamentar.

7. A essa *imunidade* agrega-se a legitimidade do parlamentar de não dar a conhecer, na condição de testemunha, a fonte a partir da qual certa informação lhe foi prestada, nem, tampouco, quanto ao seu conteúdo.

As limitações ou proibições constitucionalmente impostas aos parlamentares podem interditar-lhes a prática de condutas exógenas ao exercício do mandato (*e.g.*, art. 54) e sancionar-lhes pela prática de ato endógeno ao exercício do mandato eletivo. Nestas duas oportunidades, a sanção decorrente da violação de uma ou outra norma proibitiva enseja a perda do mandato (art. 55 da Constituição da República).

Logo, vê-se que a imunidade parlamentar não é ilimitada.[11] Ela nasceu delimitada.[12]

8. Neste contexto, questiona-se: apurando-se que o parlamentar votou em tal ou qual sentido em razão de contrapartida patrimonial ou extrapatrimonial prestada por terceiro interessado em específico desenlace da votação, além de praticar crime e quebra do decoro parlamentar, pode este agente político[13] ser atingido pela sanção prescrita pelo art. 37, § 6º, da Constituição da República? É dizer, poderia este parlamentar ser obrigado, diretamente, ou em via de ação regressiva, a responder por danos causados pelo Estado por força da prática desta conduta vil?

9. Não se pode negar que a *imunidade parlamentar* foi concebida como instrumento que permite ao parlamentar exercer legitimamente o seu ofício para, com isto, cumprir o mandato eletivo que lhe foi outorgado. A *imunidade parlamentar* é, portanto, um meio que se destina a garantir um fim. Ela não é um fim em si, desgarrado, deste modo, de um propósito.

11. A este respeito, confira-se: Mirtô Fraga ("Imunidade Parlamentar. Elaboração de Norma Jurídica por Interpretação. Construção no Direito Constitucional", in *RTDP* 20/133) e Celso de Mello ("Imunidade Parlamentar. Indiciado. Testemunha. Jurisprudência do STF", in *Revista de Direito Administrativo* 220/246, Rio de Janeiro, FGV).

12. Aqui empregamos delimitação no mesmo sentido de Oswaldo Aranha Bandeira de Mello, *Princípios Gerais de Direito Administrativo*, vol. I, cit., 3ª ed., 2007.

13. Advirta-se que, dentre as várias classificações de agentes públicos, aqui se adota aquela proposta por Celso Antônio Bandeira de Mello, de sorte que agente público é categoria gênero, que acolhe, como espécies, os agentes políticos, os servidores estatais e, por fim, os particulares em atividade colaborada com a Administração.

RESPONSABILIDADE E A IMUNIDADE PARLAMENTAR   179

Aliás, valendo-nos da arguta observação de Celso Antônio Bandeira de Mello, no âmbito do direito público há dever-poder de gerir e curar o interesse público. O poder é, assim, instrumental à satisfação de um fim. O fim antecede, lógica e cronologicamente, o poder (que lhe é instrumental).

Quer-se com isto assinalar que a *imunidade parlamentar* é um meio para se garantir a desimpedida atividade parlamentar consistente (i) na manifestação da vontade popular, (ii) no exercício da atividade de fiscalização e julgamento e, por fim, (iii) na autorização de o Poder Executivo praticar determinados atos.[14]

Por isto mesmo, o parlamentar que transborde os confins das prerrogativas inerentes ao mandato para, com isso, praticar conduta delituosa, é sancionável pelo direito positivo.[15] Por isto mesmo, Raul Machado Horta observa que "(...) a inviolabilidade não pode cobrir comportamento delituoso: corrupção por meio de voto, agressão que acompanha a manifestação do pensamento" para, mais adiante, concluir que "(...) a inviolabilidade preserva apenas os atos de exercício das funções parlamentares ou conexas com elas, e não os de outros. É garantia da função e não da pessoa".[16]

10. Neste contexto, a responsabilização civil do parlamentar por conduta alheia ao exercício do mandato eletivo não mais exige a prévia licença do Poder Legislativo, como ocorria até o advento da Emenda Constitucional 35/2001.

Com efeito, esta inovação legislativa *atrelou* a imunidade parlamentar ao exercício da função (e não de modo ilimitado – jungido ou não a este atividade – como até então ocorria).

Daí porque, tendo a referida emenda constitucional revogado a figura da licença parlamentar (ou imunidade processual de que gozavam os parlamentares[17]), resta apenas a prerrogativa de o Poder Legislativo sustar o andamento da ação penal intentada contra esse agente político

14. Sobre o tema da imunidade parlamentar, confira-se: Raul Machado Horta, *Direito Constitucional*, Belo Horizonte, Del Rey, 4ª ed., 2003, pp. 591 a 615.

15. No âmbito do Supremo Tribunal Federal, confiram-se, dentre outros, os seguintes precedentes em abono a este pensamento: (i) Tribunal Pleno, Inq 2.295, rel. para acórdão Min. Menezes Direito, *DJ-e* 4.6.2009; e (ii) Tribunal Pleno, Inq. 2.390. rel. Min. Cármen Lúcia, *DJU* 30.11.2007.

16. Raul Machado Horta, *Direito Constitucional,* cit., p. 598.

17. No sentido da revogação desta garantia: STF, Tribunal Pleno, Inq 1.710, rel. Min. Sydney Sanches, *DJU* 28.6.2002.

180 RESPONSABILIDADE PATRIMONIAL DO ESTADO

(não havendo, registre-se, semelhante limitação em relação às ações de natureza diversa).

11. Logo, a conduta do parlamentar que, comprovadamente, aliena pecuniariamente a sua consciência em votação de modo a influenciar na aprovação ou não de projeto de lei, é sancionável no âmbito civil e criminal. E isto porque essa conduta não se encontra acobertada pela *imunidade parlamentar*.

Mas como se pode conceber que esta conduta faria, em tese, irradiar a responsabilidade patrimonial do Estado?

V – 4 A "venda" de voto e o nascimento da responsabilidade pessoal do parlamentar por dano causado pelo Estado

12. Para fins de responsabilização patrimonial do Estado, a função legislativa pode ser logicamente repartida da seguinte forma: (i) o Poder Legislativo se omite *licitamente* de produzir lei formal (*omissão lícita*); (ii) o Poder Legislativo se omite *ilicitamente* de produzir lei formal (*omissão ilícita*); (iii) o Poder Legislativo age comissivamente e produz lei formal *lícita* (*comissão lícita*) e (iv) o Poder Legislativo age comissivamente, mas produz lei formal, total ou parcialmente, contrária à ordem jurídica (*comissão ilícita*).

As duas primeiras hipóteses estão ligas à omissão no processo legislativo, ao passo que as duas últimas decorrem do produto legislado.

Na primeira hipótese (*omissão lícita*), não vemos como possa surgir responsabilidade do Estado. Neste ponto já nos manifestamos e acompanhamos o pensamento de Miguel S. Marienhoff.[18]

A terceira hipótese (*comissão lícita*) não enseja diretamente o nascimento da responsabilidade patrimonial do Estado, pois, como sustentamos, o art. 37, § 6º, da Constituição da República, é forma de sanção. Isto, contudo, não afasta o dever de o Estado, em certas ocasiões, indenizar o particular por ato lícito.[19]

Restaria analisar o tema nas hipóteses de *omissão legislativa ilícita* e *comissão legislativa ilícita*.

---

18. *Responsabilidad Extracontractual del Estado por las Consecuencias de su Actitud "Omisiva" en el Ámbito del Derecho Público*. Buenos Aires, Abeledo-Perrot, 2001, pp. 12 e 13.

19. V. Cap. II, item II-3.2.

RESPONSABILIDADE E A IMUNIDADE PARLAMENTAR 181

V – 4.1 Responsabilidade parlamentar
por danos causados em razão de omissão legislativa ilícita

13. Há omissão legislativa ilícita quando o Poder Legislativo de um ente político deixa de aprovar lei formal em hipótese que a Constituição da República (ou as Cartas Maiores das demais pessoas políticas) lhe imponha este encargo.

É dizer, só há omissão legislativa ilícita naquelas hipóteses em que a competência legiferante se qualifica como um encargo a ser cumprido de modo inescusável. Nestas circunstâncias a competência legislativa não será de fruição facultativa (como, em regra, ocorre[20]), mas de exercício obrigatório.

A omissão legislativa ganhará contornos de conduta ilícita se o prazo para o rompimento da inércia, fixado pelo Supremo Tribunal Federal ou pelos Tribunais de Justiça, for transcorrido sem que (i) o Parlamento da pessoa política tenha ultimado o processo legislativo com a aprovação do projeto de lei e, uma vez exaurida esta etapa, (ii) o Chefe do Poder Executivo sancione, no todo ou em parte, esse projeto.

Quer-se com isto dizer que apenas com a *publicação* da lei formal é que se tem por rompida a omissão legislativa.

14. Apesar de a sanção e do veto integrarem o processo legislativo, deixa-se de abordar os efeitos destes atos para os fins deste estudo. Isto porque, apesar de a inércia legislativa ser rompida apenas com a publicação da lei, o veto realizado pelo Chefe do Poder Executivo poderia, em tese, ensejar o nascimento de responsabilidade para este agente político (e não para os integrantes do Poder Legislativo).

Logo, apesar da importância do tema, não nos ocuparemos dele neste instante.

15. Como um parlamentar poderia ser pessoalmente responsabilizado por lesão patrimonial ou extrapatrimonial decorrente da omissão legislativa ilícita?

Primeiro, se os pressupostos para o nascimento da responsabilidade do Estado estiverem presentes, a saber: dano antijurídico, economicamente mensurável, certo e decorrente da conduta omissiva do Estado.[21]

20. Neste sentido: Luís Roberto Barroso, *O Direito Constitucional e a Efetividade de suas Normas*, Rio de Janeiro, Renovar, 4ª ed., 2000, p. 161.
21. Ou seja, que há nexo da causalidade entre a conduta do Estado e o dano causado. Sobre as várias teorias a respeito do nexo da causalidade – tema árido e que pouco se tem examinado –, confira-se o aprofundado estudo de Agostinho Alvim

182 RESPONSABILIDADE PATRIMONIAL DO ESTADO

Atendido isto, agrega-se um *segundo* pressuposto: demonstrar que estes efeitos – decorrentes da ausência de produção da lei – advêm de atuação do parlamentar estranhada aos limites jurídicos do seu ofício.

Com efeito, conforme as lições de Raul Machado Horta, a conduta do parlamentar que, comprovadamente, aliena pecuniariamente a sua consciência, de modo a influenciar na aprovação ou não de projeto de lei, é sancionável no âmbito civil e criminal, pois este comportamento não está abrigado pela *imunidade parlamentar*.

Todavia, para que haja responsabilização patrimonial do parlamentar nos termos do art. 37, § 6º, da Constituição da República, soma-se um *terceiro* requisito: é imperioso que o agir deletério do detentor de mandato eletivo tenha sido *determinante* para a consumação da omissão legislativa ilícita.

16. Logo, não basta haver nexo de causalidade entre a conduta ilícita do parlamentar e a omissão legislativa igualmente ilícita. Adicionalmente a isto, soma-se a imprescindível necessidade de que este comportamento parlamentar reprovável tenha, só por si, deflagrado a omissão legislativa ilícita.

Daí porque não há irradiação desta responsabilidade na hipótese de ser comprovado que *um parlamentar* votou contrariamente a aprovação de um projeto de lei mediante pagamento de "proprina" e, coincidentemente, a omissão legislativa ilícita se aperfeiçoou com a rejeição do referido projeto de lei pela diferença de apenas um voto.

Apesar de nestas circunstâncias o parlamentar ser passível de punição no âmbito civil, criminal e político, não se aperfeiçoaram os requisitos necessários para que lhe fosse imputada a responsabilidade a que alude o art. 37, § 6º, da Constituição da República.

Isto porque, como, em regra, não há responsabilidade objetiva no âmbito do direito sancionatório, não se pode, no exemplo dado, presumir que a rejeição do projeto de lei e a configuração da omissão legislativa ilícita se deram *apenas* em razão da conduta daquele parlamentar. Afinal, outros parlamentares também contribuíram para que o projeto de lei fosse rejeitado, sem que, em relação a eles, se pudesse aventar exercício dos mandatos eletivos de modo ilegítimo. Logo, neste caso, a conduta ilícita do parlamentar não foi *determinante* para a consumação do fato reprovável à luz do direito positivo.

(*Da Inexecução das Obrigações e suas Conseqüências*, São Paulo, Saraiva, 5ª ed., 1980, p. 339 a 374).

RESPONSABILIDADE E A IMUNIDADE PARLAMENTAR   183

Haveria solução diversa se se demonstrasse que, no exemplo dado, outros parlamentares foram economicamente aliciados para rejeitar o projeto de lei e, em seu conjunto, tivessem *formado a maioria necessária* para esta rejeição. Neste caso o comportamento ilícito dos parlamentares seria – independentemente da manifestação dos demais integrantes da Casa Legislativa – suficiente para aprovar ou rejeitar o projeto de lei.

Daí porque, na hipótese acima, a conduta ilícita dos parlamentares teria sido determinante para configuração da omissão legislativa ilícita, razão por quê a eles poderiam ser imputadas as conseqüências prescritas pelo art. 37, § 6º, da Constituição da República, sem prejuízo, insista-se, de sua responsabilização em outras esferas.

17. Para deixar este pensamento ainda mais claro, exemplifica-se.

Imagine-se que o Poder Judiciário tenha determinado o rompimento da mora legislativa em 60 dias. Após 60 dias da comunicação dessa decisão, o Poder Legislativo local rejeita o projeto de lei que, se aprovado, teria suprido esta omissão. Assim, a partir deste instante, configura-se a omissão legislativa ilícita. Além disto, esta omissão legislativa ilícita teria o condão de fazer nascer para os administrados um dano economicamente mensurável e que, portanto, poderia ensejar a responsabilização patrimonial do Estado.

Suponha-se, ademais, que este projeto de lei seria rejeitado com 32 votos contrários à sua aprovação, sendo que, concretamente, 40 parlamentares votaram neste sentido. Caso seja comprovado que 35 parlamentares receberam "propina" para rejeitarem o projeto de lei, então a conduta deletéria destes agentes políticos terá sido determinante para o nascimento da omissão legislativa ilícita e, portanto, de eventual responsabilização patrimonial do Estado.

Nesta hipótese, o art. 37, § 6º, da Constituição da República autoriza que esses 35 parlamentares sejam acionados diretamente pelos particulares que se sentirem prejudicados ou, ainda, pelo Estado (via ação regressiva).

18. A mesma situação pode se suceder nas hipóteses em que a rejeição do projeto de lei se deu em uma Comissão e não em votação plenária, tal como autorizado pelo art. 58, § 2º, I, da Constituição da República.[22] Se a maioria dos parlamentares foi aliciada – patrimonial ou extrapatrimonialmente – para rejeitar o projeto de lei e, por força disto, aperfeiçoou-se a omissão legislativa ilícita, então: (i) a conduta

22. Que sendo princípio estruturante da República, deve ser reproduzido nas Constituições Estaduais e nas Leis Orgânicas Municipais.

184 RESPONSABILIDADE PATRIMONIAL DO ESTADO

desses agentes políticos terá sido *determinante* para irradiação de dano patrimonial a ser recomposto na forma do art. 37, § 6º, da Constituição da República, razão por quê (ii) eles podem responder diretamente pelos danos eventualmente causados, ou por meio de ação regressiva.

19. Alguns poderiam concordar com esta ideia, mas observariam que haveria, quando muito, direito de regresso do Estado contra estes agentes políticos na hipótese de sua condenação ao pagamento de indenização, nos termos do art. 37, § 6º, da Constituição da República.

Apesar de a jurisprudência atualmente assinalar não caber responsabilização direta do agente público na hipótese do art. 37, § 6º, da Constituição da República, subscreve-se integralmente o pensamento de Celso Antônio Bandeira de Mello.[23] Para este festejado jurista, o art. 37, § 6º, da Constituição da República, faculta ao particular promover ação de responsabilidade patrimonial contra o Estado ou diretamente contra o agente, inclusive por força de remansoso entendimento do STF, muito recentemente confrontado em decisão de uma das Turmas daquela Corte.

V – 4.2 Responsabilidade parlamentar por danos causados em razão de comissão legislativa ilícita

20. Apenas uma lei contrária à ordem jurídica pode ensejar o nascimento da responsabilidade patrimonial do Estado com fundamento no art. 37, § 6º, da Constituição da República.

Apesar da inegável importância concernente às hipóteses em que a lei inválida pode ou não fazer nascer o direito individual à indenização nos termos do art. 37, § 6º, da Constituição da República, importa aqui examinar os pressupostos jurídicos capazes de autorizar o ajuizamento desta ação diretamente contra o parlamentar.

A solução é idêntica àquela apresentada no tópico anterior, salvo em relação ao seu desfecho, que, nesta hipótese, fará nascer um dano patrimonial aos administrados em razão da edição de lei contrária à ordem jurídica.

21. Logo: (i) se uma lei contrária à ordem jurídica e irradiadora da responsabilidade patrimonial do Estado foi aprovada em razão do voto de uma maioria parlamentar aliciada economicamente para esta finalidade; (ii) se esta circunstância foi *determinante* para este desfecho; então (iii) há responsabilidade pessoal destes agentes políticos à luz do art. 37, § 6º, da Constituição da República.

23. *Curso de Direito Administrativo*, cit., pp. 1.038 a 1.042 (itens 100 a 102).

CONCLUSÕES

Ao cabo e ao fim desta tese, indicamos sumariamente nossas conclusões:

1. O texto constitucional emprega a palavra "responsabilidade" para designar nove objetos jurídicos distintos. Uma destas passagens está assinalada no art. 37, § 6º, da Constituição da República.

2. O art. 37, § 6º, da Constituição da República emprega "responsabilidade" como norma jurídica. Ou seja, como instrumento lógico-jurídico composto por um antecedente (no qual se descreve um dano causado pelo Estado ou por quem lhe faça as vezes) e um consequente (cujo mandamento impõe ao Estado ou quem lhe faça as vezes o encargo de recompor o patrimônio alheio lesado).

3. Pautado na ideia de que o ordenamento jurídico deve veicular uma sanção caso um de seus comandos normativos seja desrespeitado, entendemos que a responsabilidade patrimonial do Estado é um dos meios capazes de recompor a desarmonia causada pela irradiação dos efeitos de um dano não querido pelo Direito. Daí por que a responsabilidade patrimonial do Estado se nos afigura uma norma jurídica de índole sancionatória.

4. Para fins de responsabilização patrimonial do Estado não importa saber se o dano foi causado por uma conduta lícita ou ilícita; importa saber se a conduta praticada causou um dano lícito (admitido pelo Direito) ou dano ilícito (não querido pelo Direito). Apenas a última hipótese é que se encontra sob a tutela jurídica do art. 37, § 6º, da Constituição da República.

5. Quando o Estado pratica uma conduta e causa um dano querido pelo Direito, o bem juridicamente protegido foi (i) sacrificado (hipótese em que teremos circunstância qualificada como de sacrifício de direito) ou (ii) esgarçado de forma equânime entre os membros da sociedade. Na primeira hipótese haverá dever de reparar o titular do direito lesado, ao passo que na segunda hipótese a lesão terá sido suportada de forma equânime pela sociedade, razão por que nenhum valor será devido a título de indenização.

6. A despeito disso, não existe obrigatoriedade de que as ordens jurídicas prevejam sua recomposição por meio da imputação da responsabilidade patrimonial do Estado. Trata-se de tema jurídico-positivo, e não lógico-jurídico, razão por que politicamente é que se optará, ou não, por esta solução.

7. Como entre nós a responsabilidade patrimonial do Estado descende diretamente do primado republicano (na especial conformação que a Constituição da República deu a este princípio), ela foi alçada à condição de cláusula pétrea.

8. Ao ensejo de tratar da responsabilidade patrimonial do Estado por atos legislativos mostrou-se imperioso conceituar "atos legislativos". Nesse contexto, e diante da multiplicidade de formas admitidas para se inovar originariamente a ordem jurídica, optou-se pela regra geral: *ato legislativo* é o produto decorrente de regular processo legislativo que tenha o condão de inovar inauguralmente a ordem jurídica.

9. Para tratar da responsabilidade patrimonial do Estado, estremamos esta figura daquelas tipificadoras de sacrifício de direito e de limitações administrativas à liberdade e à propriedade. Na última hipótese não há o dever do Estado de indenizar, pois a atuação se dará no campo exterior ao perfil jurídico da liberdade e da propriedade; não há, pois, dano jurídico. Coisa diversa dá-se nas hipóteses de sacrifício de direito, ocasião em que o Estado dilapida direito alheio para satisfação do bem comum; nesta hipótese há dano jurídico lícito.

10. O dano jurídico lícito tem seu fundamento no princípio da supremacia do interesse público sobre o interesse privado. O dano jurídico ilícito, por seu turno, tem como causa a quebra da igualdade ou da legalidade (em seu sentido mais abrangente, qual seja: descumprimento de norma jurídica inserida no sistema) e rende ensejo ao nascimento do dever do Estado, ou quem lhe faça as vezes, de indenizar.

11. Se o dano lícito causar lesão economicamente mensurável ao patrimônio alheio e, além disso, a ordem jurídica não cominar a ele dever de suportar solitariamente este efeito, então, deve-se operar a prévia indenização (circunstância em que *previamente* se reparte este encargo entre os membros da sociedade).

CONCLUSÕES

12. Caso esta repartição equânime dos encargos não se opere previamente, dar-se-á o nascimento de um dano ilícito, o que faz eclodir a dever de indenizar, nos termos do art. 37, § 6º, da Constituição da República.

13. O dano lícito é indenizável caso ele seja (i) um dano jurídico e econômico, (ii) certo e determinado, (iii) especial, ocasião em que se quebra o ideal da repartição equânime dos encargos, e (iv) anormal, ou seja, desproporcional aos encargos que se deve suportar pela vida em sociedade. Já, o dano ilícito estará configurado com os dois primeiros requisitos – "(i)" e "(ii)".

14. O primado republicano e o Estado de Direito impõem o dever de se realizar prévia indenização na hipótese de o dano lícito causar lesão jurídica, economicamente mensurável, certa, determinada, especial e anormal a terceiro. Afinal, não se pode conceber que o Estado – sabendo que uma conduta sua esgarçará legitimamente direito alheio e que tal circunstância lhe impõe o dever de indenizar – espere que a lesão se consume para *a posteriori* indenizar. Isso tanto mais soa como verdadeiro pois, nestas circunstâncias, o Estado saberá que uma conduta sua causará dano contrário à ordem jurídica e, pelos princípios do Estado de Direito e da boa-fé, o Poder Público deve *evitar* que esta lesão ocorra – o que se dá com o pagamento da prévia indenização.

15. O exercício da função legislativa também pode causar dano lícito e dano ilícito indenizável.

16. A omissão legislativa lícita não pode causar dano lícito (ou ilícito), pois nestas circunstâncias a ordem jurídica permite a inércia (*non facere*) do Parlamento.

17. A comissão legislativa lícita pode causar dano lícito, não sendo procedentes os óbices criados (i) pela teoria da soberania, (ii) pela ideia da supremacia estatal em razão dos atos de império, (iii) pela ideia segundo a qual atos gerais e abstratos não podem causar lesão. Nas hipóteses em que o dano lícito causar dano indenizável, deve-se evitar que primeiro haja lesão patrimonial para depois operar-se sua recomposição. Deve, pois, haver, prévia indenização.

18. A omissão legislativa ilícita rende ensejo a indenização. É que nestas circunstâncias a inércia do Parlamento faz nascer um dano ilícito a partir do exato instante em que se ultrapassar a mora fixada pelo Poder Judiciário em ação direta de inconstitucionalidade por omissão ou em mandado de injunção. Isso, no entanto, não basta para que a responsabilidade patrimonial do Estado concretamente se opere. É necessário, outrossim, que o interessado demonstre que o ato inválido esgarçou sua esfera juridicamente protegida, causando dano certo, determinado e economicamente mensurável.

19. Por fim, a comissão legislativa ilícita pode causar dano ilícito quando o ato legislativo for declarado inválido. A despeito disso, a parte deve demonstrar que os efeitos decorrentes do ato inválido atingiram sua esfera juridicamente protegida, causando dano certo, determinado e economicamente mensurável.

BIBLIOGRAFIA

AGUIAR DIAS, José de. Aguiar. *Da Responsabilidade Civil*. 6ª ed., vol. 2. Rio de Janeiro, Forense, 1979.

_____. "Responsabilidade civil do Estado". *RDA* 11. Rio de Janeiro, FGV, janeiro-março/1948.

ALESSI, Renato. *Diritto Amministrativo*. 4ª ed., vol. I. Milão, Giuffrè, 1995.

_____. *La Responsabilità della Pubblica Amministrazione*. 3ª ed. Milão, Giuffrè, 1955.

_____. *Principi di Diritto Amministrativo*. 4ª ed., vol. II. Milão, Giuffrè, 1978.

_____. *Sistema Istituzionale del Diritto Amministrativo Italiano*. 3ª ed. Milão, Giuffrè, 1960.

ALEXY, Robert. *Teoria dos Direitos Fundamentais*. trad. da 5ª edição alemã por Virgílio Afonso da Silva. São Paulo, Malheiros Editores, 2008.

ALVIM, Agostinho. *Da Inexecução das Obrigações e suas Conseqüências*. 5ª ed. São Paulo, Saraiva, 1980.

ARAÚJO, Edmir Netto de. *Curso de Direito Administrativo*. São Paulo, Saraiva, 2005.

ARAÚJO, Luís Eduardo Marrocos de. "A responsabilidade penal do Estado por condutas lesivas ao meio ambiente". Disponível em *www.escolamp.org.br/arquivos/Artigo_Responsabilidade%20 Penal.pdf*.

ARAÚJO, Luiz Alberto David, e NUNES JR., Vidal Serrano. *Curso de Direito Constitucional*. 9ª ed. São Paulo, Saraiva, 2005.

ATALIBA, Geraldo. *Hipótese de Incidência Tributária*. 6ª ed., 11ª tir. São Paulo, Malheiros Editores, 2010.

_____. "Imposto sobre a renda – Não incidência nas indenizações por desapropriação". *RDTributário* 36. São Paulo, Ed. RT.

_____. "IPTU – Progressividade". *RDTributário* 56/76 e ss. São Paulo, Ed. RT.

_____. *República e Constituição*. 2ª ed., 4ª tir. São Paulo, Malheiros Editores, 2007.

190 RESPONSABILIDADE PATRIMONIAL DO ESTADO

_____. *Sistema Constitucional Tributário Brasileiro*. São Paulo, Ed. RT, 1968.

BACELLAR FILHO, Romeu Felipe. "Responsabilidade civil da Administração Pública – Aspectos relevantes. A Constituição Federal de 1988. A questão da omissão. Uma visão a partir da doutrina e da jurisprudência brasileiras". In: FREITAS, Juarez (org.). *Responsabilidade Civil do Estado*. São Paulo, Malheiros Editores, 2006 (pp. 293-336).

_____. "Responsabilidade civil extracontratual das pessoas jurídicas de direito privado prestadoras de serviços públicos no Brasil". In: *Reflexões sobre Direito Administrativo*. Belo Horizonte, Fórum, 2009 (pp. 271-326).

BALLADORE PALLIERI, G. *Diritto Costituzionale*. 10ª ed. Milão, Giuffrè, 1972.

BANDEIRA DE MELLO, Celso Antônio. *Ato Administrativo e Direitos dos Administrados*. São Paulo, Ed. RT, 1981.

_____. "Criação de Secretarias Municipais". *RDP* 15. São Paulo, Ed. RT.

_____. *Curso de Direito Administrativo*. 27ª ed. São Paulo, Malheiros Editores, 2010.

_____. "Desapropriação no Direito Brasileiro". *Revista Jurídica Lemi* 142. Belo Horizonte, Lemi, setembro/1979.

_____. *Eficácia das Normas Constitucionais e Direitos Sociais*. 1ª ed., 2ª tir. São Paulo, Malheiros Editores, 2010.

_____. "Imposto sobre a renda – Depósitos bancários – Sinais exteriores de riqueza". *RDTributário* 23-24. São Paulo, Ed. RT.

_____. *Natureza e Regime Jurídico das Autarquias*. São Paulo, Ed. RT, 1968.

_____. *O Conteúdo Jurídico do Princípio da Igualdade*. 3ª ed., 18ª tir. São Paulo, Malheiros Editores, 2010.

_____. *O Homem e a Sociedade*. Inédito.

BANDEIRA DE MELLO, Oswaldo Aranha. *Princípios Gerais de Direito Administrativo*. 3ª ed., vol. I. São Paulo, Malheiros Editores, 2007.

BARROSO, Luís Roberto. *O Direito Constitucional e a Efetividade de suas Normas*. 4ª ed. Rio de Janeiro, Renovar, 2000.

BEZNOS, Clóvis. *Aspectos Jurídicos da Indenização na Desapropriação*. Belo Horizonte, Fórum, 2006.

BOBBIO, Norberto. *Teoria da Norma Jurídica*. 2ª ed. São Paulo, Edipro – Edições Profissionais, 2003.

BONAVIDES, Paulo. *Curso de Direito Constitucional*. 25ª ed. São Paulo, Malheiros Editores, 2010.

BORGES, Alice Gonzalez. "A responsabilidade civil do Estado à luz do Código Civil: um toque de direito público". In: FREITAS, Juarez (org.). *Responsabilidade Civil do Estado*. São Paulo, Malheiros Editores, 2006.

_____. "Supremacia do interesse público: desconstrução ou reconstrução". *RTDP* 44/93-108. São Paulo, Malheiros Editores, 2003.

BIBLIOGRAFIA   191

BURDEAU, Georges, HAMON, Francis, e TROPER, Michel. *Direito Constitu-cional*. 27ª ed. São Paulo, Manole, 2005.

CAETANO, Marcello. *Manual de Direito Administrativo*. 10ª ed., 7ª reimpr., t. II. Coimbra, Livraria Almedina, 2004.

CAMMAROSANO, Márcio. *O Princípio Constitucional da Moralidade e o Exercício da Função Administrativa*. Belo Horizonte, Fórum, 2006.

CANOTILHO, J. J. Gomes. *Direito Constitucional*. 6ª ed. Coimbra, Livraria Almedina, 1993.

_____. *Direito Constitucional e Teoria da Constituição*. 7ª ed. Coimbra, Livraria Almedina, 2003.

_____. *O Problema da Responsabilidade do Estado por Atos Lícitos*. Coimbra, Livraria Almedina, 1974.

_____. *Estudo sobre Direitos Fundamentais*. Coimbra, Coimbra Editora, 2004.

CARRAZZA, Roque Antônio. *Curso de Direito Constitucional Tributário*. 26ª ed. São Paulo, Malheiros Editores, 2010.

CARRIÓ, Genaro R. *Notas sobre Derecho y Lenguaje*. 1ª ed., 6ª reimpr. Buenos Aires, Abeledo-Perrot, 1976.

_____. *Princípios Jurídicos e Positivismo Jurídico*. Buenos Aires, Abele-do-Perrot, 1970.

CARVALHO FILHO, José dos Santos. *Manual de Direito Administrativo*. 13ª ed. Rio de Janeiro, Lumen Juris, 2005; 17ª ed. Rio de Janeiro, Lumen Juris, 2007.

CASSAGNE, Juan Carlos. *Derecho Administrativo*. 7ª ed., t. I. Buenos Aires, Abeledo-Perrot, 2003.

CAVALCANTI, Amaro. *Responsabilidade Civil do Estado*. Rio de Janeiro, Laemmert & Cia. Editores, 1905.

CAVALIERI FILHO, Sergio. *Programa da Responsabilidade Civil*. 6ª ed., 3ª tir. São Paulo, Malheiros Editores, 2006.

CIRNE LIMA, Ruy. *Princípios de Direito Administrativo*. 7ª ed., revista e ela-borada por Paulo Alberto Pasqualini. São Paulo, Malheiros Editores, 2007.

COMADIRA, Júlio R. *Derecho Administrativo*. 2ª ed. Buenos Aires, Abeledo--Perrot, 2003.

COOLEY, Thomas. *Princípios Constitucionais dos Estados Unidos da América do Norte*. 2ª ed., trad. de Alcides Cruz. São Paulo, Ed. RT, 1982.

CORREIA, Maria Lúcia C. A. Amaral Pinto. *Responsabilidade do Estado e Dever de Indemnizar do Legislador*. Coimbra, Coimbra Editora, 1998.

COSTA, Regina Helena. *Princípio da Capacidade Contributiva*. 3ª ed. São Paulo, Malheiros Editores, 2003.

COUTO E SILVA, Almiro do. "A responsabilidade extracontratual do Estado no Direito Brasileiro". *RDA* 202/25-29. Rio de Janeiro, Renovar, outubro-dezembro/1995.

192 RESPONSABILIDADE PATRIMONIAL DO ESTADO

_____. "O princípio da segurança jurídica (proteção à confiança) no direito público brasileiro e o direito da Administração Pública de anular seus próprios atos administrativos: o prazo decadencial do art. 54 da Lei do Processo Administrativo da União (Lei 9.784/1999)". *RDA* 237. Rio de Janeiro, Renovar, julho-setembro/2004.

CUADROS, Oscar Álvaro. *Responsabilidad del Estado*. Buenos Aires, Abeledo-Perrot, 2008.

DALLARI, Adilson Abreu. "Servidões administrativas". *RDP* 59-60/88-98. São Paulo, Ed. RT.

DAMNSKY, Isaac Augusto, OLVERA, Miguel Alejandro López, e RODRÍGUEZ, Libardo Rodríguez (orgs.). *Estudios sobre la Responsabilidad del Estado en Argentina, Colombia y México*. México/DF, UNAM, 2007.

DELPIAZZO, Carlos E. *Derecho Administrativo Uruguayo*. México/DF, Editorial Porrúa, 2005.

DI PIETRO, Maria Sylvia Zanella. *Direito Administrativo*. 20ª ed. São Paulo, Atlas, 2007.

DINIZ, Maria Helena. *As Lacunas no Direito*. 7ª ed. São Paulo, Saraiva, 2002.

_____. *Compêndio de Introdução à Ciência do Direito*. São Paulo, Saraiva, s/d.

_____. *Curso de Direito Civil Brasileiro*. 17ª ed., vol. 7. São Paulo, Saraiva, 2003.

_____. *Dicionário Jurídico*. 3ª ed. São Paulo, Saraiva, 2007.

DUEZ, Paul. *La Responsabilité de la Puissance Publique: en Dehors du Contrat*. Paris, Dalloz, 1927.

ENTERRÍA, Eduardo García de. *Curso de Derecho Administrativo*. 10ª ed., t. II. Madri, Civitas, 2006.

_____. "El principio de 'la responsabilidad de los Poderes Públicos' según el art. 9.3 de la Constitución y la responsabilidad del Estado Legislador". *Revista Española de Derecho Constitucional* 67/15-47. Madri, Civitas, janeiro-abril/2003.

FERNÁNDEZ, Tomás-Ramón. *Curso de Derecho Administrativo*. 10ª ed., t. II. Espanha, Thomson-Civitas, 2006.

FERRAZ, Sergio. *Três Estudos de Direito*. São Paulo, Ed. RT, 1977.

FIGUEIREDO, Lúcia Valle. *Curso de Direito Administrativo*. 9ª ed. São Paulo, Malheiros Editores, 2008.

FLEINER, Fritz. *Instituciones de Derecho Administrativo*. Trad. da 8ª ed. alemã. Madri, Editorial Labor, 1933.

FRAGA, Mirto. "Imunidade Parlamentar. Elaboração de Norma Jurídica por Interpretação. Construção no Direito Constitucional". *RTDP* 20/133-150. São Paulo, Malheiros Editores.

BIBLIOGRAFIA 193

FREITAS, Juarez. "Responsabilidade civil do Estado e o princípio da proporcionalidade: vedação de excesso e de inoperância". In: FREITAS, Juarez (org.). *Responsabilidade Civil do Estado*. São Paulo, Malheiros Editores, 2006 (pp. 170-197).

_____ (org.). *Responsabilidade Civil do Estado*. São Paulo, Malheiros Editores, 2006.

GABARDO, Emerson. *Interesse Público e Subsidiariedade*. Belo Horizonte, Fórum, 2009.

GALLI, Rocco. *Corso di Diritto Amministrativo*. 2ª ed. Pádua, CEDAM, 1996.

GARRIDO FALLA, Fernando. "Sobre la responsabilidad del Estado Legislador". *Revista de Administración Pública* 118. Madri, Civitas, janeiro-abril/1989.

_____. *Tratado de Derecho Administrativo*. 11ª ed., vol. II. Madri, Tecnos, 2002.

GASPARINI, Diógenes. *Direito Administrativo Brasileiro*. 13ª ed. São Paulo, Saraiva, 2008.

GIANNINI, Massimo Severo. *Lezioni di Diritto Amministrativo*. vol. I. Milão, Giuffrè, 1950.

GIORGI, Giorgio. *Teoria delle Obbligazioni*. 7ª ed., vol. 2. Turim, UTET, 1930.

HAMON, Francis, BURDEAU, Georges, e TROPER, Michel. *Direito Constitucional*. 27ª ed. São Paulo, Manole, 2005.

HESSE, Konrad. *Elementos de Direito Constitucional da República Federal da Alemanha*. trad. da 20ª ed. alemã. Porto Alegre, Sérgio Antônio Fabris Editor, 1998.

HORTA, Raul Machado. *Direito Constitucional*. 4ª ed. Belo Horizonte, Del Rey, 2003.

HORVATH, Estevão. *O Princípio do Não-Confisco no Direito Tributário*. São Paulo, Dialética, 2002.

KELSEN, Hans. *Teoria Pura do Direito*. São Paulo, Martins Fontes, 1998.

KLOSS, Eduardo Soto. "Responsabilidad del Estado, globalización, regulaciones y seguridad jurídica". *Revista Chilena de Derecho* 31(2).

_____. "La responsabilidad extracontractual del Estado Administrador, un principio general del Derecho Chileno". *La Revista de Derecho Público* 21-22. Santiago, Universidade de Chile, 1977.

LAFERRIÈRE. *Traité de la Juridiction Administrative et des Recours Contentieux*. 2ª ed., vol. II. Paris, Berger-Levrault, 1896.

LAUBADÈRE, André de. *Manuel de Droit Administratif*. 8ª ed. Paris, LGDJ, 1967.

_____. *Traité Élémentaire de Droit Administratif*. 5ª ed. Paris, Dalloz.

194 RESPONSABILIDADE PATRIMONIAL DO ESTADO

LENZ, Luís Alberto Thompson Flores. "A responsabilidade civil do Estado pela prática de ato lícito". *RDA* 205. Rio de Janeiro, Renovar, julho-setembro/1996.

MARIENHOFF, Miguel S. *Responsabilidad Extracontratual del Estado por las Consecuencias de su Actitud "Omisiva" en el Ámbito del Derecho Público.* Buenos Aires, Abeledo-Perrot, 2001.

MARTINS, Ricardo Marcondes. *Efeitos dos Vícios do Ato Administrativo.* São Paulo, Malheiros Editores, 2008.

MAURER, Hartmut. *Direito Administrativo Geral.* Trad. da 14ª ed. alemã. São Paulo, Manole, 2006.

MAXIMILIANO, Carlos. *Hermenêutica e Aplicação do Direito.* 9ª ed. Rio de Janeiro, Forense, 1979.

MAZZILLI, Hugo Nigro. *A Defesa dos Interesses Difusos em Juízo.* 17ª ed. São Paulo, Saraiva, 2004.

MEDAUAR, Odete. *Direito Administrativo Moderno.* 12ª ed. São Paulo, Ed. RT, 2008.

MEIRELLES, Hely Lopes. *Direito Administrativo Brasileiro.* 36ª ed. São Paulo, Malheiros Editores, 2010.

_____. *Direito de Construir.* 9ª ed., atualizado por Eurico de Andrade Azevedo, Adilson Abreu Dallari e Daniela Libório Di Sarno. São Paulo, Malheiros Editores, 2005.

MELLO, Celso de. "Imunidade Parlamentar. Imunidade Parlamentar. Indiciado. Testemunha. Jurisprudência do STF". *RDA* 220/246-253. Rio de Janeiro, FGV.

MENDES DE ALCÂNTARA, Maria Emília. *Responsabilidade do Estado por Atos Legislativos e Jurisdicionais.* São Paulo, Ed. RT, 1988.

MENDES, Gilmar Ferreira. *Direitos Fundamentais e Controle de Constitucionalidade – Estudos de Direito Constitucional.* 3ª ed. São Paulo, Saraiva, 2004.

MIELE, Giovanni. *Principi di Diritto Amministrativo.* Pádua, CEDAM, 1966.

MIRANDA, Jorge. *Manual de Direito Constitucional.* 3ª ed., t. IV. Coimbra, Coimbra Editora, 2000.

_____. *Teoria do Estado e da Constituição.* Coimbra, Coimbra Editora, 2002.

MORAES, Alexandre de. *Direito Constitucional.* 15ª ed. São Paulo, Atlas, 2004.

MORAES SALLES, José Carlos de. *A Desapropriação à Luz da Doutrina e da Jurisprudência.* 4ª ed. São Paulo, Ed. RT, 2000.

MOREIRA NETO, Diogo de Figueiredo. *Curso de Direito Administrativo.* 14ª ed. Rio de Janeiro, Forense, 2005.

NEGREIROS, Teresa. "A dicotomia público-privado frente ao problema da colisão de princípios". In: TORRES, Ricardo Lobo (org.). *Teoria dos Direitos Fundamentais.* 2ª ed. Rio de Janeiro, Renovar, 2004.

BIBLIOGRAFIA 195

NOBRE JR., Edilson Pereira. "Responsabilidade civil do Estado por atos legislativos (revivescimento de uma antiga questão)". *RTDP* 43/79-95. São Paulo, Malheiros Editores, 2003.

NOGUEIRA, Ataliba. *O Estado é Meio e Não Fim.* 3ª ed. São Paulo, Saraiva, 1955.

NUNES JR., Vidal Serrano, e ARAÚJO, Luiz Alberto David. *Curso de Direito Constitucional.* 9ª ed. São Paulo, Saraiva, 2005.

OLIVEIRA, José Roberto Pimenta. *Os Princípios da Razoabilidade e da Proporcionalidade no Direito Administrativo Brasileiro.* São Paulo, Malheiros Editores, 2006.

OLVERA, Miguel Alejandro López, DAMNSKY, Isaac Augusto, e RODRÍGUEZ, Libardo Rodríguez (orgs.). *Estudios sobre la Responsabilidad del Estado en Argentina, Colombia y México.* México/DF, UNAM, 2007.

PIRES, Luís Manuel Fonseca. *Limitações Administrativas à Liberdade e à Propriedade.* São Paulo, Quartier Latin, 2006.

PONTES DE MIRANDA, Francisco Cavalcanti. *Comentários à Constituição de 1967 com a Emenda n. 1 de 1969.* 2ª ed., t. V. São Paulo, Ed. RT, 1969.

_____. *Tratado de Direito Privado.* t. I. Campinas, Bookseller, 2001.

RIVERO, Jean. *Curso de Direito Administrativo Comparado.* 2ª ed. São Paulo, Ed. RT, 2004.

_____. *Direito Administrativo.* Coimbra, Livraria Almedina, 1981.

ROCHA, Silvio Luís Ferreira da. *Responsabilidade Civil do Fornecedor pelo Fato do Produto no Direito Brasileiro.* 2ª ed. São Paulo, Ed. RT, 2000.

RODRÍGUEZ, Libardo Rodríguez, DAMNSKY, Isaac Augusto, e OLVERA, Miguel Alejandro López (orgs.). *Estudios sobre la Responsabilidad del Estado en Argentina, Colombia y México.* México/DF, UNAM, 2007.

ROMANO, Santi. *Corso di Diritto Amministrativo.* Pádua, CEDAM, 1932.

_____. *Fragmentos de un Diccionario Jurídico.* Trad. de Santiago Sentís Melendo e Marino Ayerra Redín. Buenos Aires, EJEA, 1964.

ROMANO, Santi. *Princípios de Direito Constitucional Gerais.* trad. da 10ª ed. italiana. São Paulo, Ed. RT, 1977.

ROSS, Alf. *Direito e Justiça.* São Paulo, Edipro – Edições Profissionais, 2000.

RUIZ DE LA PEÑA, Fernando. "La responsabilidad de la Administración Pública". *Revista de Administración Pública* 13. México/DF, outubro-dezembro/1959.

SÁENZ, Juan Ignacio. "Responsabilidad del Estado por su intervención en la economía. Principios en la República Argentina". In: DAMNSKY, Isaac Augusto, OLVERA, Miguel Alejandro López, e RODRÍGUEZ, Libardo Rodríguez (orgs.). *Estudios sobre la Responsabilidad del Estado en Argentina, Colombia y México.* México/DF, UNAM, 2007.

196 RESPONSABILIDADE PATRIMONIAL DO ESTADO

SALOMONI, Jorge Luis. "La responsabilidad del Estado por omisión en la República Argentina". In: DAMNSKY, Isaac Augusto, OLVERA, Miguel Alejandro López, e RODRÍGUEZ, Libardo Rodríguez (orgs.). *Estudios sobre la Responsabilidad del Estado en Argentina, Colombia y México*. México, UNAM, 2007 (pp. 229-246).

SARMENTO, Daniel. "Os princípios constitucionais e a ponderação de bens". In: TORRES, Ricardo Lobo (org.). *Teoria dos Direitos Fundamentais*. 2ª ed. Rio de Janeiro, Renovar, 2ª ed., 2004.

SEABRA FAGUNDES, M. *O Controle dos Atos Administrativos pelo Poder Judiciário*. 7ª ed. Rio de Janeiro, Forense, 2006.

SERFATTI, Mario. "La responsabilidad civil de la Administración Pública. (*Crown Proceeding Bill*, 10-11 Geo. VI, 1947)". *Boletín del Instituto de Derecho Comparado de México* 7. México/DF, UNAM, janeiro-abril/1950.

SÉTIMO CONGRESSO BRASILEIRO DE DIREITO TRIBUTÁRIO. Transcrição das Mesas de Debates "Periodicidade do Imposto de Renda I e II", realizadas em 15-17.9.1993. *RDTributário* 63/15-68. São Paulo, Malheiros Editores, 1993.

SILVA, José Afonso da. *Aplicabilidade das Normas Constitucionais*. 7ª ed., 3ª tir. São Paulo, Malheiros Editores, 2009.

_____. *Curso de Direito Constitucional Positivo*. 33ª ed. São Paulo, Malheiros Editores, 2010.

SILVA, Juary C. "Responsabilidade civil por atos jurisdicionais". *RDP* 20. São Paulo, Ed. RT.

SILVA, Virgílio Afonso da. *A Constitucionalização do Direito – Os Direitos Fundamentais nas Relações Entre os Particulares*. 1ª ed., 2ª tir. São Paulo, Malheiros Editores, 2008.

STOCO, Rui. *Tratado de Responsabilidade Civil*. 7ª ed. São Paulo, Ed. RT, 2007.

SUNDFELD, Carlos Ari. *Direito Administrativo Ordenador*. 1ª ed., 3ª tir. São Paulo, Malheiros Editores, 2003.

TÁCITO, Caio. "O poder de polícia e seus limites". In: *Temas de Direito Público (Estudos e Pareceres)*. vol. 1. Rio de Janeiro, Renovar, 1997 (pp. 25-32).

_____. "Responsabilidade civil do Estado – Culpa administrativa – Risco". *RDA* 55/261-272. Rio de Janeiro, FGV, janeiro-março/1959.

_____. "Responsabilidade do Estado por dano moral". In: *Temas de Direito Público (Estudos e Pareceres)*. vol. I. Rio de Janeiro, Renovar, 1997.

TORRES, Ricardo Lobo (org.). *Teoria dos Direitos Fundamentais*. 2ª ed. Rio de Janeiro, Renovar, 2004.

TROPER, Michel, BURDEAU, Georges, e HAMON, Francis. *Direito Constitucional*. 27ª ed. São Paulo, Manole, 2005.

VALIM, Rafael. *O princípio da segurança jurídica no direito administrativo brasileiro*. São Paulo, Malheiros Editores, 2010.

BIBLIOGRAFIA

VENOSA, Sílvio de Salvo. *Direito Civil*. 3ª ed., vol. IV. São Paulo, Atlas, 2003.

VICENTE DE AZEVEDO, Vicente de Paulo. *Crime, Dano, Reparação*. São Paulo, Saraiva, s/d.

VILANOVA, Lourival. *Causalidade e Relação no Direito*. 4ª ed. São Paulo, Ed. RT, 2000.

VILLA, Jesus Leguina. "El fundamento de la responsabilidad de la Administración". *Revista Española de Derecho Administrativo* 23. Madri, Civitas.

_____. *La Nueva Ley de Régimen Jurídico de las Administraciones Públicas y del Procedimiento Administrativo Común*. Madri, Tecnos, 1993.

_____. *La Responsabilidad Civil de la Administración Pública*. Madri, Tecnos, 1970.

VIOQUE, Roberto Galán. "De la teoría a la realidad de la responsabilidad del Estado Legislador". *Revista de Administración Pública* 155. Madri, Civitas, maio-agosto/2001.

VIRGA, Pietro. *Diritto Amministrativo*. 4ª ed., vol. I. Milão, Giuffrè, 1995.

VITTA, Heraldo Garcia. *Poder de Polícia*. São Paulo, Malheiros Editores, 2010.

WALINE, Marcel. *Droit Admministratif.* 8ª ed. Paris, Librairie du Recueil Sirey, 1959.

ZANCANER, Gabriela. *As Competências do Poder Legislativo e as Comissões Parlamentares*. São Paulo, Malheiros Editores, 2010.

ZANCANER, Weida. *Da Convalidação e da Invalidação dos Atos Administrativos*. 3ª ed. São Paulo, Malheiros Editores, 2008.

_____. *Da Responsabilidade Extracontratual da Administração Pública*. São Paulo, Ed. RT, 1981.

ZANOBINI, Guido. *Corso di Diritto Amministrativo*. 8ª ed., vol. I. Milão, Giuffrè, 1958.

ZOCKUN, Carolina Zancaner. "Da responsabilidade do Estado na omissão da fiscalização ambiental". In: FREITAS, Juarez (org.). *Responsabilidade Civil do Estado*. São Paulo, Malheiros Editores, 2006 (pp. 70-76).

_____. "Natureza e limites da atuação dos tribunais administrativos". *Revista Interesse Público* 44/135-160. Belo Horizonte, Fórum, 2007.

ZOCKUN, Maurício. "A natureza jurídica das taxas destinadas ao Fundo de Fiscalização das Telecomunicações – FISTEL". In: BORGES, Eduardo de Carvalho (org.). *Tributação nas Telecomunicações*. São Paulo, Quartier Latin, 2004 (pp. 279-296).

_____. "A separação dos Poderes e o Judiciário como legislador positivo e negativo". *RTDP* 47/162-173. São Paulo, Malheiros Editores, 2004.

_____. "Natureza e limites da atuação dos tribunais administrativos". *Revista Interesse Público* 44/135-160. Belo Horizonte, Fórum, 2007.

_____. *Regime Jurídico da Obrigação Tributária Acessória*. São Paulo, Malheiros Editores, 2005.

ÍNDICE ALFABÉTICO-REMISSIVO

(Os numerais em romano referem o capítulo;
os numerais em arábico referem o item ou tópico
dentro do capítulo; a sigla "nr" refere a nota de rodapé)

Ação Regressiva
– contra o agente causador do dano, II/14
– dever-poder de o Estado propor a ação, II/14 e n. 50
Atos de império e atos de gestão
– conceito, IV/30
– exame crítico, IV/30, n. 162 e 31

Barreira a invalidação
– e lei federal 9.784, II/11, n. 44
– e teoria do fato consumado, II/11, n. 44

Caducidade
– conceito, II/11, n. 46
– forma de recomposição do Direito, quando violado, II/11
– teoria do fato consumado, II/11, n. 44
Cláusula pétrea – e responsabilidade patrimonial do Estado, II/29 e 30

Dano
– como pressuposto para o nascimento da Responsabilidade Patrimonial do Estado, II/4 e 6 e 15 a 18
– decorrente de ato legislativo, IV/33
– ilícito (ou antijurídico), II/6, n. 27, e 13 e 17
   – declaração em via concentrada de constitucionalidade, IV/53
   – declaração em via difusa de constitucionalidade, IV/53
   – e conduta do parlamentar, V/6 a 20
   – e ocupação temporária, IV/19
   – e desapropriação indireta, IV/23 e ns. 147 e 148
   – e omissão legislativa, IV/50, n. 288 a 52
      – momento da sua consumação, IV/51 e n. 293
      – supressão pelo Poder Judiciário, IV/51, n. 295 e 52
   – e requisição, IV/19 e ns. 108 e 109
   – e servidão, IV/22 e ns. 125

200 RESPONSABILIDADE PATRIMONIAL DO ESTADO

- fato ilícito, IV/10
- fundamento, IV/10
- recomposição *a posteriori*, IV/10
    - hipóteses de cabimento caso as conseqüências advindas do dano não seja, antevistas, IV/37
    - requisitos para indenização, IV/11 a 12
    - dano jurídico e economicamente mensurável, IV/11
    - dano certo e determinado, IV/12
    - projeções futuras de um dano, IV/12, n. 71
- ilícito e Responsabilidade do Estado, II/4, 6, n. 33 e 16, IV/2
- lícito (ou jurídico), II/14
- e ocupação temporária, IV/19
    - e desapropriação, IV/23, n. 139 a 143
    - e proporcionalidade, IV/7 e n. 43
    - e requisição, IV/19
    - e servidão, IV/22 e ns. 123, 124 e 126 a 129
    - e tombamento, IV/21 e ns. 114 a 116
    - fato lícito, IV/10
    - fundamento, IV/10
    - indenização ou recomposição *a priori*, IV/10, 34 a 36
        - aplicação do regime expropriatório, IV/39, 46 a 49
        - *non solve et repete*, IV/36, n. 211
        - requisitos para indenização, IV/11 a 14
    - dano jurídico e economicamente mensurável, IV/11
    - dano certo e determinado, IV/12
    - projeções futuras de um dano, IV/12, n. 71
    - dano especial, IV/13
    - dano anormal, IV/14
        - princípio da insignificância, IV/14, n. 81
- lícito, ou jurídico, havendo sacrifício de direito, IV/2
- nas omissões legislativas lícitas, IV/27
- presunção, IV/12, n. 72
    - de dano na servidão, IV/22 e n. 128
Desapropriação – Conceito, IV/23 e ns. 130 a 142
Desapropriação
- aplicação aos direitos reais e pessoais, IV/42 a 45
- cabimento, rol legal exemplificativo ou taxativo?, IV/47
- conceito, IV/23 e ns. 130 a 142
- da posse, IV/10, n. 50, 19 e 22, n. 129
    - na ocupação temporária, IV/19
- direito de resistência, IV/23, n. 148
- direito fundamental, IV/42, 46 e 49
- e garantia expropriatória, noções diferentes, IV/48, ns. 281 e 282
- hipótese de sacrifício de direito, IV/18
- indireta, IV/23 e ns. 147 e 148
- interesse público, IV/46
- momento em que se opera a transferência da propriedade, IV/23, n. 137
- negócio jurídico soberano, IV/23, n. 146
- regime aplicável às prévias indenizações, IV/42
- supremacia do interesse público sobre o interesse privado, IV/23
- venda forçada, IV/23, n. 145
Dever – Conceito, II/2, n. 17
Direito
- conceito, II/9

ÍNDICE ALFABÉTICO-REMISSIVO

- e sistema jurídico, IV/4 e n. 18
- finalidade, II/10
- formas de recomposição, em caso de violação, II/11
Direito de resistência
- na desapropriação, IV/35, n. 203
- na desapropriação indireta, IV/23, n. 148
- sem prévio ressarcimento nos danos lícitos indenizáveis, IV/35, n. 148 e 41
Direito subjetivo
- conceito, II/4, n. 22
- e interesse juridicamente protegido, I/5, II/6, n. 33
- esgarçamento via sacrifício de direito, IV/2
Direitos fundamentais
- noção formal de Alexy, IV/6, n. 32
- opiniões doutrinárias, IV/6, n. 33
- regime expropriatório, IV/42, 46 a 49

Eficácia das normas jurídicas – Classificação, IV/50, n. 287
Estado de Direito
- fundamento da Responsabilidade Patrimonial do Estado, posições doutrinárias, II/25 e 26
- e necessidade de prévia indenização, IV/36 e 39
    - aplicação do regime expropriatório, IV/39, 46 a 49
    - *non solve et repete*, IV/36, n. 211
Excludentes de responsabilidade – hipóteses, IV/15 e 16
Expropriação – ver **Desapropriação**

Fato ilícito
- irradiador de dano ilícito, IV/10
- representação gráfica, IV/10
Fato lícito
- irradiador de dano lícito, IV/10
- representação gráfica, IV/10
Funções estatais
- e ato legislativo, III/2, 3 e 8
- e procedimento legislativo, III/9, IV/51 e VI/1
- espécies e critério de classificação, III/2 e 3
- função legislativa e soberania, IV/26 e ns. 150 e 151
    - Poder Judiciário como legislador positivo, IV/51, n. 295 e 52
- inovação da ordem jurídica e princípio da legalidade, III/4 e 5

Garantia expropriatória e desapropriação – Noções diferentes, IV/48, ns. 281 e 282

Imunidade parlamentar
- conceito, V/6 a 11
- desfazimento pela "venda" do voto, V/12
    - na omissão legislativa ilícita, V/13 a 18
    - na comissão legislativa ilícita, V/19 a 20,
- *Recall*, V/4, n. 10
Indenização
- acautela a projeção econômica de direitos, IV/10, n. 49
- e ocupação temporária, IV/19 e ns. 99 e 100
- e requisição, IV/20 e ns. 105 a 107
- e ressarcimento, I/1, n. 2 e II/20
- e ressarcimento, no direito italiano, II/18 e ns. 76 e 77

202 RESPONSABILIDADE PATRIMONIAL DO ESTADO

- e servidão, IV/22 e ns. 121 e 122
- e tombamento, IV/21 e ns. 114 a 116
- modalidades, II/11, n. 45
- nas limitações administrativas, IV/1, n. 9
- prévia, I/5, II/17 e 20, IV/10, 34 a 36
  - aplicação do regime expropriatório, IV/39, 42, 46 a 49
  - exigência republicana, IV/36
  - *non solve et repete*, IV/36, n. 211
  - suspensão da eficácia da lei, IV/35 e 41
  - sentidos adotados pela Constituição, II/20, n. 92
Interesse juridicamente protegido
- e direito subjetivo, I/5, II/6, n. 33
- esgarçamento via sacrifício de direito, IV/2
- interesses coletivos e difusos, II/6, n. 33
Interesse Público
- conceito, IV/1, n. 7
- e desapropriação, IV/46
- e segurança jurídica, conflito, IV/31
- e prévia indenização, IV/39 e n. 223
- direitos e garantias fundamentais, IV/6, n. 33
Interpretação histórica
- conceito, II/1, n. 2
- e Responsabilidade Patrimonial do Estado, II/1
- e posição do Supremo Tribunal Federal, II/1, n. 3
Intervenção do Estado na liberdade e na propriedade – Classificação, IV/2

Leis de efeitos concretos – responsabilidade pelo exercício de função administrativa, IV/22, n. 189
Limitações Administrativas
- conceito, IV/1
- criação, IV/1, n. 6
- em sentido amplo e em sentido estrito, IV/1 e ns. 4 e 5
- reparação, não cabimento, IV/1 e n. 9

Negócio jurídico soberano – e desapropriação, IV/23, n. 146
Norma jurídica
- distinção entre regras e princípios, II/9, n. 39
- eficácia: classificação, IV/50, n. 287
- imputação de um fato a uma consequência, II/5, n. 26
- lógica deôntica, ou dever– ser, II/8, n. 35
- natureza da Responsabilidade do Estado, II/5 e 6 e 16, n. 57
- representação gráfica, II/5
- sancionatória, necessidade de sua previsão, II/10 e 10, n. 41
  - forma de recomposição do Direito, II/11
- suporte fático: conceito, II/4, n. 24

Obra pública – e Responsabilidade Patrimonial do Estado, II/20, IV/37
Ocupação temporária
- conceito, IV/19
- desapropriação da posse, IV/10, n. 50, 19 e 22, n. 129
- hipótese de sacrifício de direito, IV/18
- indenização, IV/19 e ns. 99 e 100
- sua remuneração pelo Poder Público, IV/19

ÍNDICE ALFABÉTICO-REMISSIVO

Omissão legislativa
- ilícita, IV/27, 50, n. 288 a 52
  - dano ilícito, IV/50, n. 288
  - declaração em via concentrada de constitucionalidade, IV/53
  - declaração em via difusa de constitucionalidade, IV/53
  - momento da sua consumação, IV/51 e n. 293
  - por conduta ilícita do parlamentar, V/12 a 20
  - responsabilidade subjetiva ou objetiva?, IV/50, n. 288
- lícita, IV/27
  - dano, IV/27
  - supressão pelo Poder Judiciário, IV/51, n. 295 e 52
Ordenamento jurídico – necessidade de normas sancionatórias, II/10 e 10, n. 41

Poder
- conceito, II/2, n. 17
- como prerrogativa para o autogoverno, III/1
Posse – desapropriação, IV/10, n. 50, 19 e 22, n. 129
Presunção – dano, IV/11, n. 72
Prévia indenização
- aplicação do regime expropriatório, IV/39 e 42
- fundamento republicano, IV/36
- necessidade, I/5, II/17, IV/10, 34 a 36
- *non solve et repete*, IV/36, n. 211
- proibição de conduta estatal diversa, II/20
Princípio
- acepções do conceito, IV/4
- como comando de otimização, Alexy, IV/5 e 6
  - exame crítico da sua adoção, IV/6
- conceito, II/9, n. 39 e IV/4, n. 23
- da supremacia do interesse público sobre o privado, IV/7 e n. 42
  - visão do STF, IV/7, n. 38
  - na desapropriação, IV/23
  - negação e refutação da negação, IV/7
- distinção de regra, II/9, n. 39
Princípio da Igualdade
- Responsabilidade Patrimonial do Estado
  - por violação da igualdade, II/4 e 13
  - como efeito indireto de ato lícito, IV/40
Princípio da Legalidade
- competência normativa do CNJ, ADC/MC n. 12, III/4, n. 155
- extensão e controle na França, III/6, n. 162
- fundamento e exceções, III/3 a 10
- regimento interno dos tribunais, III/4, n. 156
- Responsabilidade Patrimonial do Estado por violação da legalidade, II/4 e 13
  - como efeito indireto de ato lícito, IV/40
Princípio da precaução
- conceito, IV/36, n. 215
- vedação à indenização *a posteriori*, IV/36
Princípio da proteção à confiança
- *non solve et repete*, IV/36, n. 211
Princípio Republicano
- e poder popular, IV/25
- matriz constitucional do regime expropriatório, IV/42

204 RESPONSABILIDADE PATRIMONIAL DO ESTADO

- matriz constitucional da Responsabilidade Patrimonial do Estado no direito positivo brasileiro, I/2 e II/29 a 30, IV/36

Procedimento legislativo
- conceito, IV/51
- conteúdo, V/1
- controle judicial, IV/51, n. 289
- exame de constitucionalidade, III/10, n. 171

Processo legislativo – ver **Procedimento legislativo**

Proporcionalidade – limite à imposição de dano lítico pelo Estado, IV/7 e n. 43

Recall – conceito, V/4 e n. 10

Regimento Interno dos Tribunais – e princípio da legalidade, III/4, n. 156

Regra
- conceito, II/9, n. 39
- distinção de princípio, II/9, n. 39
- visão de Alexy, IV/5 e 6

Requisição
- conceito, IV/20 e ns. 102 a 104
- e ocupação temporária, IV/19, n. 98
- hipótese de sacrifício de direito, IV/18

Responsabilidade de Parlamentar
- Antecedentes históricos, V/3 a 4
- desfazimento pela "venda" do voto, V/12
  - na omissão legislativa ilícita, V/13 a 18
  - na comissão legislativa ilícita, V/19 a 20
- e imunidade parlamentar, V/6 a 11
- *Recall*, V/4, n. 10

Responsabilidade do Estado
- como norma jurídica – Representação gráfica, II/5
- critérios classificatórios da– Representação gráfica, II/15
- decorrente de fato lícito e ilícito – Representação gráfica, IV/10
- denominações, I/1, n. 1
- responsabilidade patrimonial do Estado, I/1

Responsabilidade Extracontratual do Estado
- Rejeição da nomenclatura, I/1
- Responsabilidade por atos legislativos: inaplicabilidade da utilização da expressão, I/1

Responsabilidade Patrimonial do Estado – Conceito:
- ação regressiva contra o agente causador do dano, II/14 e n. 50
- alcance (na Espanha e na Inglaterra), II/26
- cláusula pétrea, II/23
- conceito:
  - como conseqüência de um ilícito, II/3, ns. 7 a 10, e 13 e 15 e 17
  - como direito ou poder, II/3, ns. 15 e 16
  - como destinatário de uma sanção, II/3, n. 14
  - como feixe de prerrogativas, II/3, ns. 15 e 16
  - como obrigação ou dever, II/3, ns. 18 e 19
  - como norma jurídica, II/3, ns. 18 e 19, e 5 a 6 e 16, n. 57
    - representação gráfica, II/5
    - índole sancionatória, II/13
  - como pessoa que pratica o ilícito, II/3, ns. 13
  - como prática de um ato ilícito, II/3, ns. 11 e 12
  - como sujeito passivo de uma relação jurídica de índole não sancionatória, II/3, n. 20, e 17
- critério classificatório:

ÍNDICE ALFABÉTICO-REMISSIVO

– pela conduta do agente, II/15 e 19
– pelo resultado decorrente da conduta do agente, II/15
– representação gráfica, II/15
– dano: pressuposto para responsabilidade do Estado, II/4 e 16
– a direito subjetivo ou interesse juridicamente protegido, II/6, n. 33
– e sanção, II/13 e 15
– decorrente de fato ilícito ou ilícito, IV/10
– representação gráfica, IV/10
– e interpretação histórica, II/1
– e sacrifício de direito, I/5 e II/18
– e soberania, IV/26
– excludentes:
– hipóteses, IV/15 e 16
– inocorrência de um dos aspectos da norma jurídica, II/6
– extracontratual: rejeição da nomenclatura, I/1
– fato lícito ou ilícito, IV/10
– representação gráfica, IV/10
– fundamento constitucional, II/23
– posições doutrinárias, II/25 e 26
– como cláusula pétrea, II/29 e 30
– irresponsabilidade por atos legislativos (fundamentos), IV/29
– atos de império e atos de gestão, IV/30, n. 162, e 31
– generalidade e abstração das leis, IV/33
– na França, IV/30, ns. 166 e 167
– o Parlamento não age com culpa, IV/32
– segurança jurídica, IV/31
– teoria mista, IV/30 e, n. 161
– medida reparatória, II/4 e 12
– nascimento, II/6
– pelo resultado decorrente da conduta do agente, II/15
– por dano ilícito, II/4 e 6 e 15 a 18
– declaração em via concentrada de constitucionalidade, IV/53
– declaração em via difusa de constitucionalidade, IV/53
– por violação da legalidade ou da igualdade, II/4 e 13
– como efeito indireto de ato lícito, IV/40
– pressuposto ou "suporte fático", II/4 e 13 e 17
– natureza jurídica, II/6
– responsabilidade do Estado como sanção, II/13 e 17
– nexo causal, II/6, n. 29
– rompimento, IV/15
– teorias, V/15, n. 21
– nossa denominação, I/1
– obra pública – possibilidade de ensejar a responsabilidade do Estado, II/20
– omissão legislativa ilícita, IV/27, 50 a 52
– momento da sua consumação, IV/51 e n. 293
– declaração em via concentrada de constitucionalidade, IV/53
– declaração em via difusa de constitucionalidade, IV/53
– responsabilidade do parlamentar, V/12 a 20
– responsabilidade subjetiva ou objetiva?, IV/50, n. 288
– supressão pelo Poder Judiciário, IV/51, n. 295, e 52
– omissão legislativa lícita, IV/27
– opção legislativa de cada Nação, I/2, n. 3, e II/22
– por ato legislativo
– leis de efeitos concretos, IV/22, n. 189

206 RESPONSABILIDADE PATRIMONIAL DO ESTADO

- leis gerais e abstratas, IV/33 e n. 189
- suspensão da eficácia da lei à falta de prévia indenização, IV/35 e 41
- por ato legislativo lícito, I/1
  - Introdução ao Direito para os Estados Prussianos, IV/30, n. 172
  - caso *La Fleurette*, IV/30, ns. 168 e 169
- por atos lícitos e ilícitos (visão tradicional do tema), II/17 a 19 e IV/10
  - efeitos diretos e indiretos dos atos lícitos, IV/40
- pressupostos (visão tradicional), IV/10
  - para indenização, IV/11 a 14 e 27
    - dano jurídico e economicamente mensurável, IV/11
    - dano certo e determinado, IV/12
    - projeções futuras de um dano, IV/12, n. 71
    - dano especial, IV/13
    - dano anormal, IV/14
    - princípio da insignificância, IV/14, n. 81
- prévia indenização (necessidade)
  - aplicação do regime expropriatórios, IV/39, 46 a 49
  - dever do Estado se souber que a sua conduta lícita esgarçará direito alheio economicamente mensurável, II/20
  - fundamento, II/17 e IV/36
  - *non solve et repete*, IV/36, n. 211
  - suspensão da eficácia da lei causadora de dano lícito caso não haja prévia indenização, IV/35 e 41
  - proibição de conduta estatal diversa, II/20
- princípio republicano, I/2, II/29 e IV/36
- recomposição econômica do patrimônio jurídico esgarçado por uma conduta estatal, II/4
  - indenização ou recomposição *a priori* e *a posteriori*, IV/10, 34 a 36
  - *non solve et repete*, IV/36, n. 211
  - princípio da precaução, IV/36, n. 215
  - hipóteses de cabimento caso as conseqüências advindas do dano não seja, antevistas, IV/37
- pressupostos para indenização, IV/11 a 14
  - dano jurídico e economicamente mensurável, IV/11
  - dano certo e determinado, IV/12
    - projeções futuras de um dano, IV/12, n. 71
  - dano especial, IV/13
  - dano anormal, IV/14
  - princípio da insignificância, IV/14, n. 81
- requisitos para indenização, IV/11 a 14

Ressarcimento
- acautela a projeção econômica de direitos, IV/10, n. 49
- dever de o Estado ajuizar ação de regresso, II/14 e n. 50
- e indenização, I/1, n. 2 e II/20
- nas limitações administrativas, IV/1, n. 9

Sacrifício de Direito
- conceito, IV/2
- conversão do direito sacrificado em pecúnia,
  - II/18 e n. 72, IV/23 e n. 144, 34, n. 197 e 35
- e dano lícito, ou jurídico, IV/2
- e Responsabilidade Patrimonial do Estado, I/5 e II/18
- e prévia indenização, I/5 e IV/34 a 36
  - aplicação do regime expropriatório, IV/39, 46 a 49
  - *non solve et repete*, IV/36, n. 211

ÍNDICE ALFABÉTICO-REMISSIVO

- hipóteses tipificadoras, IV/18
- natureza expropriatória, IV/38 e ns. 219 e 220 e 39

Sanção – e Responsabilidad Patrimonial do Estado, II/13 e 15 e 17

Segurança jurídica – e Responsabilidade do Estado por atos legislativos, IV/31 e 39

Servidão administrativa – Conceito, IV/22 e ns. 117 a 122

Servidão administrativa
- conceito, IV/22 e ns. 117 a 122
- hipótese de sacrifício de direito, IV/18

Sistema jurídico – Conceito, IV/4 e n. 18

Sistema jurídico
- conceito, IV/4 e n. 18

Soberania
- e função legislativa, IV/26 e ns. 150 e 151
- e irresponsabilidade do Estado por atos legislativos, IV/29 e 30
  - visão na França, IV/30, ns. 166 e 167

Superior Tribunal de Justiça
- atos de império e atos de gestão, IV/30, n. 162
- barreira à invalidação, II/11, n. 44
- desapropriação da posse e da propriedade só se consuma com o pagamento da indenização, IV/35, n. 203
- erro judicial e o dever de indenizar, IV/37, n. 218
- estado de necessidade, IV/15, n. 85
- limitação administrativa, IV/1, n. 8
- ocupação temporária, IV/19, n. 100
- responsabilidade subjetiva ou objetiva por atos omissivos?, IV/50, n. 288

Suporte fático
- conceito, II/4, n. 24
- da responsabilidade patrimonial do Estado, II/4 e 13 e 16

Supremacia do interesse público sobre o interesse privado
- fundamento e alcance, IV/7 e ns. 38 e 42
  - da prática de danos lícitos pelo Estado, IV/10
- na desapropriação, IV/23
- negação e refutação da negação, IV/7
- visão do STF, IV/7, n. 38

Supremo Tribunal Federal
- aplicabilidade imediata dos direitos e garantias individuais, IV/50, n. 286
- competência normativa do CNJ, ADC– MC nº 12, III/4, n. 155
- controle judicial de proposta de emenda à constituição, IV/31, n. 177
- desapropriação de direito, ações, IV/45, n. 273
- interpretação histórica, II/1, n. 3
- limitações administrativas, IV/1, n. 9
- estado de necessidade, IV/15, n. 85
- exame de constitucionalidade por vício de iniciativa, III/10, n. 172
- exame do procedimento legislativo, III/10, n. 171 e IV/51, n. 289 a 299
- interesse público, IV/7, n. 38
- *non solve et repete*, IV/36, n. 211
- omissão legislativa ilícita causa dano ilícito, IV/50, n. 288
- princípio da legalidade
  - competência normativa do CNJ, III/4, n. 155
  - criação e cobrança do ICMS por Convênio, III/4, n. 152
- proporcionalidade como limite jurídico à imposição de danos lícitos pelo Estado, IV/7, n. 43
- responsabilidade subjetiva ou objetiva por atos omissivos?, IV/50, n. 288
- sacrifício de direito: legitimidade da sua realização, IV/40, n. 231

- supremacia do interesse público sobre o privado, IV/7, n. 38
- supressão de omissão legislativa pelo Poder Judiciário, IV/51, n. 295 e 52
- teoria do fato consumado, II/11, n. 44
- vício de iniciativa, III/10, n. 172
  - de lei isentiva de tributos, IV/52, n. 302
  - de lei criadora de órgãos públicos, IV/52, n. 303

Teoria do fato consumado
- decisões do STF, II/11, n. 44
- e Lei federal 9.784, II/11, n. 44

Tombamento
- conceito, IV/21 e ns. 111 a 113
- hipótese de sacrifício de direito, IV/18

Violação da ordem jurídica
- modalidades de recomposição, II/11
- reparação por meio da Responsabilidade do Estado, II/12, n. 48

* * *